Johann Wolfgang Faust I

Text 5

Anhang 155

1. Der historische Faust und seine Zeit
Georg Seeßlen: Der historische Faust 157
Darstellung einer Sektion im 15. Jahrhundert 160
Wirtshausszene aus Fausts Zeit 162

2. Fausts Weg zu Goethe
Aus dem Volksbuch von „Doctor Johann Fausten
(1587)" 164
Jörn Göres: Die Volksbücher vom Doktor Faust .. 171
Erzählung von Dr. Faust
(Neuruppiner Bilderbogen) 175
Fausts Tod (Illustration aus der holländischen
Faustbuch-Ausgabe von 1685) 178
Jörn Göres: Faust-Dramen vor Goethe 178

3. Biografische Bezüge des Dramas
Michael Fuchs: Johann Wolfgang von Goethe –
Kurzbiografie 183
Leben und Sterben der Kindsmörderin Susanna
Margaretha Brandt (aus den Prozessakten von 1771) 189
Goethe und sein „Faust" 192
Richard Friedenthal: Goethe. Sein Leben und seine
Zeit 197

4. Ausgang der Wette – „Faust II"

Klaus Jürgen Seidel: Faust II – Inhaltsangabe 202
Guido Stein: Von der „kleinen Welt" zur „großen Welt" – Zur Struktur von Faust II 207
Faust II, Erster Akt: „Anmutige Gegend" 209
Faust II, Fünfter Akt: „Palast". „Tiefe Nacht". „Mitternacht". „Großer Vorhof des Palastes". „Grablegung". „Bergschluchten" 212

5. Eine Szene analysieren – Tipps und Techniken 244

6. Wichtige rhetorische Figuren 247

Zueignung

Ihr naht euch wieder, schwankende Gestalten[1],
Die früh sich einst dem trüben Blick gezeigt.
Versuch ich wohl, euch diesmal festzuhalten?
Fühl ich mein Herz noch jenem Wahn[2] geneigt?
5 Ihr drängt euch zu! Nun gut, so mögt ihr walten,
Wie ihr aus Dunst und Nebel um mich steigt;
Mein Busen fühlt sich jugendlich erschüttert
Vom Zauberhauch, der euren Zug umwittert.

Ihr bringt mit euch die Bilder froher Tage[3],
10 Und manche liebe Schatten steigen auf;
Gleich einer alten, halb verklungnen Sage
Kommt erste Lieb und Freundschaft mit herauf;
Der Schmerz wird neu, es wiederholt die Klage
Des Lebens labyrinthisch irren Lauf
15 Und nennt die Guten, die, um schöne Stunden
Vom Glück getäuscht, vor mir hinweggeschwunden.

Sie hören nicht die folgenden Gesänge,
Die Seelen, denen ich die ersten sang;
Zerstoben ist das freundliche Gedränge,
20 Verklungen, ach! Der erste Widerklang.
Mein Lied ertönt der unbekannten Menge,
Ihr Beifall selbst macht meinem Herzen bang,
Und was sich sonst an meinem Lied erfreuet,
Wenn es noch lebt, irrt in der Welt zerstreuet.

25 Und mich ergreift ein längst entwöhntes Sehnen
Nach jenem stillen, ernsten Geisterreich,
Es schwebet nun in unbestimmten Tönen
Mein lispelnd Lied, der Äolsharfe[4] gleich,

---

[1] Die dichterischen Gestalten haben noch keine konkrete Form gefunden.
[2] dichterische Fantasie
[3] Der Dichter erinnert sich im Folgenden an Freunde und Verwandte aus der Zeit seiner ersten Beschäftigung mit der Faustsage.
[4] Windharfe; ein in der Goethezeit beliebtes Instrument mit geheimnisvollem Klang

Ein Schauer fasst mich, Träne folgt den Tränen,
30 Das strenge Herz, es fühlt sich mild und weich;
Was ich besitze, seh ich wie im Weiten,
Und was verschwand, wird mir zu Wirklichkeiten.

Vorspiel auf dem Theater

Direktor. Theaterdichter. Lustige Person.

DIREKTOR. Ihr beiden, die ihr mir so oft,
In Not und Trübsal, beigestanden,
Sagt, was ihr wohl in deutschen Landen
Von unsrer Unternehmung hofft?
Ich wünschte sehr der Menge zu behagen,
Besonders weil sie lebt und leben lässt.
Die Pfosten sind, die Bretter aufgeschlagen,
Und jedermann erwartet sich ein Fest.
Sie sitzen schon mit hohen Augenbrauen
Gelassen da und möchten gern erstaunen.
Ich weiß, wie man den Geist des Volks versöhnt[1];
Doch so verlegen bin ich nie gewesen:
Zwar sind sie an das Beste nicht gewöhnt,
Allein sie haben schrecklich viel gelesen.
Wie machen wir's, dass alles frisch und neu
Und mit Bedeutung auch gefällig sei?
Denn freilich mag ich gern die Menge sehen,
Wenn sich der Strom nach unsrer Bude drängt,
Und mit gewaltig wiederholten Wehen
Sich durch die enge Gnadenpforte[2] zwängt;
Bei hellem Tage, schon vor vieren,
Mit Stößen sich bis an die Kasse ficht
Und, wie in Hungersnot um Brot an Bäckertüren,
Um ein Billet sich fast die Hälse bricht.
Dies Wunder wirkt auf so verschiedne Leute
Der Dichter nur; mein Freund, o tu es heute!
DICHTER. O sprich mir nicht von jener bunten Menge,
Bei deren Anblick uns der Geist entflieht.
Verhülle mir das wogende Gedränge,
Das wider Willen uns zum Strudel zieht.
Nein, führe mich zur stillen Himmelsenge,
Wo nur dem Dichter reine Freude blüht;
Wo Lieb und Freundschaft unsres Herzens Segen

---
[1] befriedigt
[2] Pforte zum Glück

Mit Götterhand erschaffen und erpflegen.
Ach! Was in tiefer Brust uns da entsprungen,
Was sich die Lippe schüchtern vorgelallt,
Missraten jetzt und jetzt vielleicht gelungen,
70 Verschlingt des wilden Augenblicks Gewalt.
Oft, wenn es erst durch Jahre durchgedrungen,
Erscheint es in vollendeter Gestalt.
Was glänzt, ist für den Augenblick geboren,
Das Echte bleibt der Nachwelt unverloren.

LUSTIGE PERSON.
75 Wenn ich nur nichts von Nachwelt hören sollte.
Gesetzt, dass *ich* von Nachwelt reden wollte,
Wer machte denn der Mitwelt Spaß?
Den will sie doch und soll ihn haben.
Die Gegenwart von einem braven Knaben
80 Ist, dächt ich, immer auch schon was.
Wer sich behaglich mitzuteilen weiß,
Den wird des Volkes Laune nicht erbittern;
Er wünscht sich einen großen Kreis,
Um ihn gewisser zu erschüttern.
85 Drum seid nur brav und zeigt euch musterhaft,
Lasst Fantasie, mit allen ihren Chören,
Vernunft, Verstand, Empfindung, Leidenschaft,
Doch, merkt euch wohl, nicht ohne Narrheit hören.

DIREKTOR. Besonders aber lasst genug geschehn!
90 Man kommt zu schaun, man will am liebsten sehn.
Wird vieles vor den Augen abgesponnen,
So dass die Menge staunend gaffen kann.
Da habt Ihr in der Breite gleich gewonnen,
Ihr seid ein vielgeliebter Mann.
95 Die Masse könnt Ihr nur durch Masse zwingen,
Ein jeder sucht sich endlich selbst was aus.
Wer vieles bringt, wird manchem etwas bringen;
Und jeder geht zufrieden aus dem Haus.
Gebt Ihr ein Stück, so gebt es gleich in Stücken!
100 Solch ein Ragout, es muss Euch glücken;
Leicht ist es vorgelegt, so leicht als ausgedacht.
Was hilft's, wenn Ihr ein Ganzes dargebracht?
Das Publikum wird es Euch doch zerpflücken.

DICHTER.
Ihr fühlet nicht, wie schlecht ein solches Handwerk sei!
Wie wenig das dem echten Künstler zieme!
Der saubern Herren Pfuscherei
Ist, merk ich, schon bei Euch Maxime.
DIREKTOR. Ein solcher Vorwurf lässt mich ungekränkt:
Ein Mann, der recht zu wirken denkt,
Muss auf das beste Werkzeug halten.
Bedenkt, Ihr habet weiches Holz zu spalten,
Und seht nur hin, für wen Ihr schreibt!
Wenn diesen Langeweile treibt,
Kommt jener satt vom übertischten Mahle
Und, was das Allerschlimmste bleibt,
Gar mancher kommt vom Lesen der Journale.
Man eilt zerstreut zu uns, wie zu den Maskenfesten,
Und Neugier nur beflügelt jeden Schritt;
Die Damen geben sich und ihren Putz zum Besten
Und spielen ohne Gage mit.
Was träumet Ihr auf Eurer Dichterhöhe?
Was macht ein volles Haus Euch froh?
Beseht die Gönner in der Nähe!
Halb sind sie kalt[1], halb sind sie roh.
Der, nach dem Schauspiel, hofft ein Kartenspiel,
Der eine wilde Nacht an einer Dirne Busen.
Was plagt ihr armen Toren viel,
Zu solchem Zweck, die holden Musen?
Ich sag Euch, gebt nur mehr und immer, immer mehr,
So könnt Ihr Euch vom Ziele nie verirren.
Sucht nur die Menschen zu verwirren,
Sie zu befriedigen, ist schwer – –
Was fällt Euch an? Entzückung oder Schmerzen?
DICHTER. Geh hin und such dir einen andern Knecht!
Der Dichter sollte wohl das höchste Recht,
Das Menschenrecht, das ihm Natur vergönnt,
Um deinetwillen frevntlich verscherzen!
Wodurch bewegt er alle Herzen?

---

[1] reine Verstandesmenschen

Wodurch besiegt er jedes Element?
Ist es der Einklang nicht, der aus dem Busen dringt,
Und in sein Herz die Welt zurücke schlingt?
Wenn die Natur des Fadens ew'ge Länge,
Gleichgültig drehend, auf die Spindel zwingt,
Wenn aller Wesen unharmon'sche Menge
Verdrießlich durcheinander klingt –
Wer teilt die fließend immer gleiche Reihe
Belebend ab, dass sie sich rhythmisch regt?
Wer ruft das Einzelne zur allgemeinen Weihe,
Wo es in herrlichen Akkorden schlägt?
Wer lässt den Sturm zu Leidenschaften wüten?
Das Abendrot im ernsten Sinne glühn?
Wer schüttet alle schönen Frühlingsblüten
Auf der Geliebten Pfade hin?
Wer flicht die unbedeutend grünen Blätter
Zum Ehrenkranz Verdiensten jeder Art?
Wer sichert den Olymp, vereinet Götter?
Des Menschen Kraft, im Dichter offenbart.

LUSTIGE PERSON.
So braucht sie denn, die schönen Kräfte,
Und treibt die dichtrischen Geschäfte,
Wie man ein Liebesabenteuer treibt.
Zufällig naht man sich, man fühlt, man bleibt,
Und nach und nach wird man verflochten;
Es wächst das Glück, dann wird es angefochten,
Man ist entzückt, nun kommt der Schmerz heran,
Und eh man sich's versieht, ist's eben ein Roman.
Lasst uns auch so ein Schauspiel geben!
Greift nur hinein ins volle Menschenleben!
Ein jeder lebt's, nicht vielen ist's bekannt,
Und wo ihr's packt, da ist's interessant.
In bunten Bildern wenig Klarheit,
Viel Irrtum und ein Fünkchen Wahrheit,
So wird der beste Trank gebraut,
Der alle Welt erquickt und auferbaut.
Dann sammelt sich der Jugend schönste Blüte
Vor eurem Spiel und lauscht der Offenbarung,
Dann sauget jedes zärtliche Gemüte
Aus eurem Werk sich melanchol'sche Nahrung,

Dann wird bald dies, bald jenes aufgeregt,
Ein jeder sieht, was er im Herzen trägt.
180 Noch sind sie gleich bereit, zu weinen und zu lachen,
Sie ehren noch den Schwung, erfreuen sich am Schein;
Wer fertig ist, dem ist nichts recht zu machen;
Ein Werdender wird immer dankbar sein.
  DICHTER. So gib mir auch die Zeiten wieder,
185 Da ich noch selbst im Werden war,
Da sich ein Quell gedrängter Lieder
Ununterbrochen neu gebar,
Da Nebel mir die Welt verhüllten,
Die Knospe Wunder noch versprach,
190 Da ich die tausend Blumen brach,
Die alle Täler reichlich füllten.
Ich hatte nichts und doch genug:
Den Drang nach Wahrheit und die Lust am Trug.
Gib ungebändigt jene Triebe,
195 Das tiefe, schmerzenvolle Glück,
Des Hasses Kraft, die Macht der Liebe,
Gib meine Jugend mir zurück!
  LUSTIGE PERSON.
Der Jugend, guter Freund, bedarfst du allenfalls,
Wenn dich in Schlachten Feinde drängen,
200 Wenn mit Gewalt an deinen Hals
Sich allerliebste Mädchen hängen,
Wenn fern des schnellen Laufes Kranz
Vom schwer erreichten Ziele winket,
Wenn nach dem heft'gen Wirbeltanz
205 Die Nächte schmausend man vertrinket.
Doch ins bekannte Saitenspiel
Mit Mut und Anmut einzugreifen,
Nach einem selbst gesteckten Ziel
Mit holdem Irren hinzuschweifen,
210 Das, alte Herrn, ist eure Pflicht,
Und wir verehren euch darum nicht minder.
Das Alter macht nicht kindisch, wie man spricht,
Es findet uns nur noch als wahre Kinder.
  DIREKTOR. Der Worte sind genug gewechselt,
215 Lasst mich auch endlich Taten sehn!
Indes ihr Komplimente drechselt,

Kann etwas Nützliches geschehn.
Was hilft es, viel von Stimmung reden?
Dem Zaudernden erscheint sie nie.
Gebt ihr euch einmal für Poeten,
So kommandiert die Poesie.
Euch ist bekannt, was wir bedürfen,
Wir wollen stark Getränke[1] schlürfen;
Nun braut mir unverzüglich dran!
Was heute nicht geschieht, ist morgen nicht getan.
Und keinen Tag soll man verpassen,
Das Mögliche soll der Entschluss
Beherzt sogleich beim Schopfe fassen.
Er will es dann nicht fahren lassen
Und wirket weiter, weil er muss.

Ihr wisst, auf unsern deutschen Bühnen
Probiert ein jeder, was er mag;
Drum schonet mir an diesem Tag
Prospekte nicht und nicht Maschinen.
Gebraucht das groß' und kleine Himmelslicht[2],
Die Sterne dürfet ihr verschwenden;
An Wasser, Feuer, Felsenwänden,
An Tier und Vögeln fehlt es nicht.
So schreitet in dem engen Bretterhaus
Den ganzen Kreis der Schöpfung aus,
Und wandelt mit bedächt'ger Schnelle
Vom Himmel durch die Welt zur Hölle.

---

[1] starke Sinneseindrücke
[2] Sonne und Mond

Prolog im Himmel

Der Herr. Die himmlischen Heerscharen.
Nachher Mephistopheles.
Die drei Erzengel treten vor.

RAPHAEL. Die Sonne tönt nach alter Weise
In Brudersphären[1] Wettgesang,
Und ihre vorgeschriebne Reise
Vollendet sie mit Donnergang.
Ihr Anblick gibt den Engeln Stärke,
Wenn[2] keiner sie ergründen mag;
Die unbegreiflich hohen Werke
Sind herrlich wie am ersten Tag.
GABRIEL. Und schnell und unbegreiflich schnelle
Dreht sich umher der Erde Pracht;
Es wechselt Paradieseshelle
Mit tiefer, schauervoller Nacht;
Es schäumt das Meer in breiten Flüssen
Am tiefen Grund der Felsen auf,
Und Fels und Meer wird fortgerissen
In ewig schnellem Sphärenlauf.
MICHAEL. Und Stürme brausen um die Wette,
Vom Meer aufs Land, vom Land aufs Meer,
Und bilden wütend eine Kette
Der tiefsten Wirkung rings umher.
Da flammt ein blitzendes Verheeren
Dem Pfade vor[3] des Donnerschlags;
Doch deine Boten[4], Herr, verehren
Das sanfte Wandeln deines Tags.
ZU DREI. Der Anblick gibt den Engeln Stärke,
Da keiner dich ergründen mag[5],

---

[1] Sphären der anderen Planeten, die wie die Sonne eine für die Menschen unhörbare Musik ertönen lassen
[2] während andererseits
[3] Der verheerende Blitz geht dem Donner auf dem Pfade voran.
[4] Engel
[5] kann

Und alle deine hohen Werke
270 Sind herrlich wie am ersten Tag.
MEPHISTOPHELES.
Da du, o Herr, dich einmal wieder nahst
Und fragst, wie alles sich bei uns befinde,
Und du mich sonst gewöhnlich gerne sahst,
So siehst du mich auch unter dem Gesinde[1].
275 Verzeih, ich kann nicht hohe Worte machen,
Und wenn mich auch der ganze Kreis verhöhnt;
Mein Pathos brächte dich gewiss zum Lachen,
Hättst du dir nicht das Lachen abgewöhnt.
Von Sonn' und Welten weiß ich nichts zu sagen,
280 Ich sehe nur, wie sich die Menschen plagen.
Der kleine Gott der Welt bleibt stets von gleichem Schlag,
Und ist so wunderlich als wie am ersten Tag.
Ein wenig besser würd er leben,
Hättst du ihm nicht den Schein des Himmelslichts gegeben;
285 Er nennt's Vernunft und braucht's allein,
Nur tierischer als jedes Tier zu sein.
Er scheint mir, mit Verlaub von Euer Gnaden,
Wie eine der langbeinigen Zikaden,
Die immer fliegt und fliegend springt
290 Und gleich im Gras ihr altes Liedchen singt;
Und läg er nur noch immer in dem Grase!
In jeden Quark begräbt er seine Nase.
DER HERR.
Hast du mir weiter nichts zu sagen?
Kommst du nur immer anzuklagen?
295 Ist auf der Erde ewig dir nichts recht?
MEPHISTOPHELES.
Nein, Herr! Ich find es dort, wie immer, herzlich schlecht.
Die Menschen dauern mich in ihren Jammertagen,
Ich mag sogar die Armen selbst nicht plagen.
DER HERR. Kennst du den Faust?
MEPHISTOPHELES.   Den Doktor?
DER HERR.   Meinen Knecht!
MEPHISTOPHELES.
300 Fürwahr! Er dient Euch auf besondre Weise.

---

[1] Hofstaat Gottes (spöttisch)

Prolog im Himmel   15

Nicht irdisch ist des Toren Trank noch Speise.
Ihn treibt die Gärung in die Ferne,
Er ist sich seiner Tollheit halb bewusst;
Vom Himmel fordert er die schönsten Sterne
305 Und von der Erde jede höchste Lust,
Und alle Näh und alle Ferne
Befriedigt nicht die tiefbewegte Brust.

DER HERR. Wenn er mir jetzt auch nur verworren dient,
So werd ich ihn bald in die Klarheit führen.
310 Weiß doch der Gärtner, wenn das Bäumchen grünt,
Dass Blüt und Frucht die künft'gen Jahre zieren.

MEPHISTOPHELES.
Was wettet Ihr? Den sollt Ihr noch verlieren,
Wenn Ihr mir die Erlaubnis gebt,
Ihn meine Straße sacht zu führen!

315 DER HERR. Solang er auf der Erde lebt,
Solange sei dir's nicht verboten.
Es irrt der Mensch, solang er strebt.

MEPHISTOPHELES.
Da dank ich Euch; denn mit den Toten
Hab ich mich niemals gern befangen.
320 Am meisten lieb ich mir die vollen, frischen Wangen.
Für einen Leichnam bin ich nicht zu Haus;
Mir geht es wie der Katze mit der Maus.

DER HERR. Nun gut, es sei dir überlassen!
Zieh diesen Geist von seinem Urquell ab,
325 Und führ ihn, kannst du ihn erfassen,
Auf deinem Wege mit herab,
Und steh beschämt, wenn du bekennen musst:
Ein guter Mensch in seinem dunklen Drange
Ist sich des rechten Weges wohl bewusst.

MEPHISTOPHELES.
330 Schon gut! Nur dauert es nicht lange.
Mir ist für meine Wette gar nicht bange.
Wenn ich zu meinem Zweck gelange,
Erlaubt Ihr mir Triumph aus voller Brust.
Staub soll er fressen, und mit Lust,
335 Wie meine Muhme[1], die berühmte Schlange.

---

[1] Tante; hier: Gefährtin des Teufels

DER HERR. Du darfst auch da nur frei erscheinen;
Ich habe deinesgleichen nie gehasst.
Von allen Geistern, die verneinen,
Ist mir der Schalk am wenigsten zur Last.
Des Menschen Tätigkeit kann allzu leicht erschlaffen,
Er liebt sich bald die unbedingte Ruh;
Drum geb ich gern ihm den Gesellen zu,
Der reizt und wirkt und muss als Teufel schaffen.
Doch ihr, die echten Göttersöhne,
Erfreut euch der lebendig reichen Schöne!
Das Werdende, das ewig wirkt und lebt,
Umfass' euch mit der Liebe holden Schranken,
Und was in schwankender Erscheinung schwebt,
Befestiget mit dauernden Gedanken.
(Der Himmel schließt, die Erzengel verteilen sich.)
MEPHISTOPHELES *(allein)*.
Von Zeit zu Zeit seh ich den Alten gern
Und hüte mich, mit ihm zu brechen.
Es ist gar hübsch von einem großen Herrn,
So menschlich mit dem Teufel selbst zu sprechen.

Der Tragödie erster Teil

Nacht

In einem hochgewölbten, engen gotischen Zimmer.

Faust unruhig auf seinem Sessel am Pulte.

FAUST. Habe nun, ach! Philosophie,
355 Juristerei und Medizin,
Und leider[1] auch Theologie
Durchaus studiert, mit heißem Bemühn.
Da steh ich nun, ich armer Tor!
Und bin so klug als wie zuvor;
360 Heiße Magister, heiße Doktor gar,
Und ziehe schon an die zehen Jahr
Herauf, herab und quer und krumm
Meine Schüler an der Nase herum –
Und sehe, dass wir nichts wissen können!
365 Das will mir schier das Herz verbrennen.
Zwar bin ich gescheiter als alle die Laffen,
Doktoren, Magister, Schreiber und Pfaffen;
Mich plagen keine Skrupel noch Zweifel,
Fürchte mich weder vor Hölle noch Teufel –
370 Dafür ist mir auch alle Freud entrissen,
Bilde mir nicht ein, was Rechts zu wissen,
Bilde mir nicht ein, ich könnte was lehren,
Die Menschen zu bessern und zu bekehren.
Auch hab ich weder Gut noch Geld,
375 Noch Ehr und Herrlichkeit der Welt;
Es möchte kein Hund so länger leben!
Drum hab ich mich der Magie ergeben,
Ob mir durch Geistes Kraft und Mund
Nicht manch Geheimnis würde kund;
380 Dass ich nicht mehr, mit sauerm Schweiß,
Zu sagen brauche, was ich nicht weiß;
Dass ich erkenne, was die Welt

---

[1] Theologie führt am unmittelbarsten in unlösbare Fragen. Faust lehnt sie ab, bleibt aber auch als Magier Gottesucher.

Im Innersten zusammenhält,
Schau alle Wirkenskraft und Samen,
Und tu nicht mehr in Worten kramen.
O sähst du, voller Mondenschein,
Zum letzten Mal auf meine Pein,
Den ich so manche Mitternacht
An diesem Pult herangewacht:
Dann über Büchern und Papier,
Trübsel'ger Freund, erschienst du mir!
Ach! Könnt ich doch auf Bergeshöhn
In deinem lieben Lichte gehn,
Um Bergeshöhle mit Geistern schweben,
Auf Wiesen in deinem Dämmer weben,
Von allem Wissensqualm entladen,
In deinem Tau gesund mich baden!

Weh! Steck ich in dem Kerker noch?
Verfluchtes dumpfes Mauerloch,
Wo selbst das liebe Himmelslicht[1]
Trüb durch gemalte Scheiben bricht!
Beschränkt von diesem Bücherhauf,
Den Würme[2] nagen, staubbedeckt,
Den, bis ans hohe Gewölb hinauf,
Ein angeraucht Papier umsteckt;
Mit Gläsern, Büchsen rings umstellt,
Mit Instrumenten vollgepfropft,
Urväter Hausrat drein gestopft –
Das ist deine Welt! Das heißt eine Welt!

Und fragst du noch, warum dein Herz
Sich bang in deinem Busen klemmt?
Warum ein unerklärter Schmerz
Dir alle Lebensregung hemmt?
Statt der lebendigen Natur,
Da Gott die Menschen schuf hinein,
Umgibt in Rauch und Moder nur
Dich Tiergeripp und Totenbein[3].

---

[1] Licht der Sonne
[2] alte Mehrzahlbildung
[3] Totenknochen, ein Skelett

Flieh! Auf! Hinaus ins weite Land!
Und dies geheimnisvolle Buch,
420 Von Nostradamus'[1] eigner Hand,
Ist dir es nicht Geleit genug?
Erkennest dann der Sterne Lauf,
Und wenn Natur dich unterweist,
Dann geht die Seelenkraft dir auf,
425 Wie spricht ein Geist zum andern Geist.
Umsonst, dass trocknes Sinnen hier
Die heil'gen Zeichen dir erklärt.
Ihr schwebt, ihr Geister, neben mir;
Antwortet mir, wenn ihr mich hört!
(Er schlägt das Buch auf und erblickt das Zeichen des Makrokosmos[2].)
430 Ha! Welche Wonne fließt in diesem Blick
Auf einmal mir durch alle meine Sinnen!
Ich fühle junges, heil'ges Lebensglück
Neu glühend mir durch Nerv und Adern rinnen.
War es ein Gott, der diese Zeichen schrieb,
435 Die mir das innre Toben stillen,
Das arme Herz mit Freude füllen,
Und mit geheimnisvollem Trieb
Die Kräfte der Natur rings um mich her enthüllen?
Bin ich ein Gott? Mir wird so licht!
440 Ich schau in diesen reinen Zügen
Die wirkende Natur vor meiner Seele liegen.
Jetzt erst erkenn ich, was der Weise[3] spricht:
„Die Geisterwelt ist nicht verschlossen;
Dein Sinn ist zu, dein Herz ist tot!
445 Auf, bade, Schüler, unverdrossen
Die ird'sche Brust im Morgenrot!"
(Er beschaut das Zeichen.)
Wie alles sich zum Ganzen webt,
Eins in dem andern wirkt und lebt!
Wie Himmelskräfte auf und nieder steigen
450 Und sich die goldnen Eimer reichen!

---

[1] Astrologe und Naturforscher (1503–1566)
[2] Weltall, Natur (Mikrokosmos steht für den Menschen)
[3] Nostradamus (?)

Mit segenduftenden Schwingen
Vom Himmel durch die Erde dringen,
Harmonisch all das All durchklingen!

Welch Schauspiel! Aber ach! Ein Schauspiel nur!
455 Wo fass ich dich, unendliche Natur?
Euch Brüste, wo? Ihr Quellen allen Lebens,
An denen Himmel und Erde hängt,
Dahin die welke Brust sich drängt –
Ihr quellt, ihr tränkt, und schmacht ich so vergebens?
(Er schlägt unwillig das Buch um und erblickt das Zeichen des Erdgeistes[1].)

460 Wie anders wirkt dies Zeichen auf mich ein!
Du, Geist der Erde, bist mir näher;
Schon fühl ich meine Kräfte höher,
Schon glüh ich wie von neuem Wein,
Ich fühle Mut, mich in die Welt zu wagen,
465 Der Erde Weh, der Erde Glück zu tragen,
Mit Stürmen mich herumzuschlagen,
Und in des Schiffbruchs Knirschen nicht zu zagen.
Es wölkt sich über mir –
Der Mond verbirgt sein Licht –
470 Die Lampe schwindet!
Es dampft! – Es zucken rote Strahlen
Mir um das Haupt – Es weht
Ein Schauer vom Gewölb herab
Und fasst mich an!
475 Ich fühl's, du schwebst um mich, erflehter Geist.
Enthülle dich!
Ha! Wie's in meinem Herzen reißt!
Zu neuen Gefühlen
All meine Sinnen sich erwühlen[2]!
480 Ich fühle ganz mein Herz dir hingegeben!
Du musst! Du musst! Und kostet' es mein Leben!
(Er fasst das Buch und spricht das Zeichen des Geistes geheimnisvoll aus. Es zuckt eine rötliche Flamme, der Geist erscheint in der Flamme.)

---

[1] geheimnisvolles Wesen, hier kaum definierbar
[2] Aufwühlen und Steigern der Sinne

Geist. Wer ruft mir?
Faust *(abgewendet)*. Schreckliches Gesicht!
Geist. Du hast mich mächtig angezogen,
 An meiner Sphäre lang gesogen,
 Und nun –
485 Faust.   Weh! Ich ertrag dich nicht!
Geist. Du flehst eratmend[1] mich zu schauen,
 Meine Stimme zu hören, mein Antlitz zu sehn;
 Mich neigt dein mächtig Seelenflehn,
 Da bin ich! – Welch erbärmlich Grauen
490 Fasst Übermenschen[2] dich! Wo ist der Seele Ruf?
 Wo ist die Brust, die eine Welt in sich erschuf,
 Und trug und hegte, die mit Freudebeben
 Erschwoll, sich uns, den Geistern, gleich zu heben?
 Wo bist du, Faust, des Stimme mir erklang,
495 Der sich an mich mit allen Kräften drang?
 Bist *du* es, der, von meinem Hauch umwittert,
 In allen Lebenstiefen zittert,
 Ein furchtsam weggekrümmter Wurm?
Faust. Soll ich dir, Flammenbildung, weichen?
500 Ich bin's, bin Faust, bin deinesgleichen!
Geist. In Lebensfluten, im Tatensturm
 Wall ich auf und ab,
 Webe[3] hin und her!
 Geburt und Grab,
505 Ein ewiges Meer,
 Ein wechselnd Weben,
 Ein glühend Leben,
 So schaff ich am sausenden Webstuhl der Zeit,
 Und wirke der Gottheit lebendiges Kleid.
510 Faust. Der du die weite Welt umschweifst,
 Geschäftiger Geist, wie nah fühl ich mich dir!
Geist. Du gleichst dem Geist, den du begreifst,
 Nicht mir! *(Verschwindet.)*
Faust *(zusammenstürzend)*.
 Nicht dir!

---

[1] Zeichen höchst gespannten Verlangens
[2] spöttisch gebraucht
[3] Ausdruck für krafterfülltes Wirken

Nacht

515 Wem denn?
Ich Ebenbild der Gottheit!
Und nicht einmal dir!
(Es klopft.)
O Tod! Ich kenn's – das ist mein Famulus[1] –
Es wird mein schönstes Glück zunichte!
520 Dass diese Fülle der Gesichte
Der trockne Schleicher[2] stören muss!

Wagner im Schlafrock und der Nachtmütze, eine Lampe in der Hand. Faust wendet sich unwillig.

WAGNER. Verzeiht! Ich hör Euch deklamieren;
Ihr last gewiss ein griechisch Trauerspiel?
In dieser Kunst möcht ich was profitieren,
525 Denn heutzutage wirkt das viel.
Ich hab es öfters rühmen hören,
Ein Komödiant könnt einen Pfarrer lehren.
FAUST. Ja, wenn der Pfarrer ein Komödiant ist;
Wie das denn wohl zu Zeiten kommen mag.
530 WAGNER. Ach! Wenn man so in sein Museum[3] gebannt ist,
Und sieht die Welt kaum einen Feiertag,
Kaum durch ein Fernglas, nur von Weitem,
Wie soll man sie durch Überredung leiten?
FAUST. Wenn ihr's nicht fühlt, ihr werdet's nicht erjagen,
535 Wenn es nicht aus der Seele dringt,
Und mit urkräftigem Behagen
Die Herzen aller Hörer zwingt.
Sitzt ihr nur immer! Leimt zusammen,
Braut ein Ragout von andrer Schmaus,
540 Und blast die kümmerlichen Flammen
Aus eurem Aschehäufchen raus!
Bewundrung von Kindern und Affen,
Wenn euch darnach der Gaumen steht –
Doch werdet ihr nie Herz zu Herzen schaffen,
545 Wenn es euch nicht von Herzen geht.

---

[1] Student in höheren Semestern, Gehilfe eines Professors
[2] „schleichen" steht hier sinnbildlich für die Geistesart
[3] hier: Studierzimmer eines Gelehrten

WAGNER. Allein der Vortrag macht des Redners Glück;
  Ich fühl es wohl, noch bin ich weit zurück.
FAUST. Such Er den redlichen Gewinn!
  Sei Er kein schellenlauter Tor¹!
550 Es trägt Verstand und rechter Sinn
  Mit wenig Kunst sich selber vor;
  Und wenn's Euch Ernst ist, was zu sagen,
  Ist's nötig, Worten nachzujagen?
  Ja, Eure Reden, die so blinkend sind,
555 In denen Ihr der Menschheit Schnitzel kräuselt²,
  Sind unerquicklich wie der Nebelwind,
  Der herbstlich durch die dürren Blätter säuselt!
WAGNER. Ach Gott! Die Kunst ist lang!
  Und kurz ist unser Leben.
560 Mir wird, bei meinem kritischen Bestreben,
  Doch oft um Kopf und Busen bang.
  Wie schwer sind nicht die Mittel zu erwerben,
  Durch die man zu den Quellen steigt!
  Und eh man nur den halben Weg erreicht,
565 Muss wohl ein armer Teufel sterben.
FAUST. Das Pergament, ist das der heil'ge Bronnen,
  Woraus ein Trunk den Durst auf ewig stillt?
  Erquickung hast du nicht gewonnen,
  Wenn sie dir nicht aus eigner Seele quillt.
570 WAGNER. Verzeiht! Es ist ein groß Ergetzen,
  Sich in den Geist der Zeiten zu versetzen;
  Zu schauen, wie vor uns ein weiser Mann gedacht,
  Und wie wir's dann zuletzt so herrlich weit gebracht.
FAUST. O ja, bis an die Sterne weit!
575 Mein Freund, die Zeiten der Vergangenheit
  Sind uns ein Buch mit sieben Siegeln;
  Was Ihr den Geist der Zeiten heißt,
  Das ist im Grund der Herren eigner Geist,
  In dem die Zeiten sich bespiegeln.
580 Da ist's denn wahrlich oft ein Jammer!

---

¹ Narr, der durch Glöckchen an seiner Kappe sinnlosen Lärm macht
² Wendungen aus anderen Werken herauslösen und rhetorisch neu verwenden

Man läuft Euch bei dem ersten Blick davon.
Ein Kehrichtfass und eine Rumpelkammer,
Und höchstens eine Haupt- und Staatsaktion[1]
Mit trefflichen pragmatischen Maximen,
585 Wie sie den Puppen wohl im Munde ziemen!
WAGNER. Allein die Welt! Des Menschen Herz und Geist!
Möcht jeglicher doch was davon erkennen.[2]
FAUST. Ja, was man so erkennen[2] heißt!
Wer darf das Kind beim rechten Namen nennen?
590 Die wenigen, die was davon erkannt,
Die töricht gnug ihr volles Herz nicht wahrten,
Dem Pöbel ihr Gefühl, ihr Schauen offenbarten,
Hat man von je gekreuzigt und verbrannt.
Ich bitt Euch, Freund, es ist tief in der Nacht,
595 Wir müssen's diesmal unterbrechen.
WAGNER. Ich hätte gern nur immer fortgewacht,
Um so gelehrt mit Euch mich zu besprechen.
Doch morgen, als am ersten Ostertage,
Erlaubt mir ein' und andre Frage.
600 Mit Eifer hab ich mich den Studien beflissen;
Zwar weiß ich viel, doch möcht ich alles wissen. *(Ab.)*

FAUST *(allein)*.
Wie nur dem Kopf nicht alle Hoffnung schwindet,
Der immerfort an schalem Zeuge klebt,
Mit gier'ger Hand nach Schätzen gräbt,
605 Und froh ist, wenn er Regenwürmer findet!

Darf eine solche Menschenstimme hier,
Wo Geisterfülle mich umgab, ertönen?
Doch ach! Für diesmal dank ich dir,
Dem ärmlichsten von allen Erdensöhnen.
610 Du rissest mich von der Verzweiflung los,
Die mir die Sinne schon zerstören wollte.
Ach! Die Erscheinung war so riesengroß,
Dass ich mich recht als Zwerg empfinden sollte.

---

[1] hier: Fürsten- und Staatsgeschichte
[2] Gegensatz des äußerlichen und bloß theoretischen Verständnisses und des innerlich erfassenden Erlebens

Ich, Ebenbild der Gottheit, das sich schon
Ganz nah gedünkt dem Spiegel ew'ger Wahrheit,
Sein Selbst genoss in Himmelsglanz und Klarheit
Und abgestreift den Erdensohn;
Ich, mehr als Cherub[1], dessen freie Kraft
Schon durch die Adern der Natur zu fließen
Und, schaffend, Götterleben zu genießen
Sich ahnungsvoll vermaß, wie muss ich's büßen!
Ein Donnerwort hat mich hinweggerafft.

Nicht darf ich dir zu gleichen mich vermessen!
Hab ich die Kraft dich anzuziehn besessen,
So hatt ich dich zu halten keine Kraft.
In jenem sel'gen Augenblicke
Ich fühlte mich so klein, so groß;
Du stießest grausam mich zurücke,
Ins ungewisse Menschenlos.
Wer lehret mich? Was soll ich meiden?
Soll ich gehorchen jenem Drang?
Ach! Unsre Taten selbst, so gut als unsre Leiden,
Sie hemmen unsres Lebens Gang.

Dem Herrlichsten, was auch der Geist empfangen,
Drängt immer fremd und fremder Stoff sich an;
Wenn wir zum Guten dieser Welt gelangen,
Dann heißt das Bessre Trug und Wahn.
Die uns das Leben gaben, herrliche Gefühle,
Erstarren in dem irdischen Gewühle.

Wenn Fantasie sich sonst mit kühnem Flug
Und hoffnungsvoll zum Ewigen erweitert,
So ist ein kleiner Raum ihr nun genug,
Wenn Glück auf Glück im Zeitenstrudel scheitert.
Die Sorge nistet gleich im tiefen Herzen,
Dort wirket sie geheime Schmerzen,
Unruhig wiegt sie sich und störet Lust und Ruh;
Sie deckt sich stets mit neuen Masken zu,
Sie mag als Haus und Hof, als Weib und Kind erscheinen,
Als Feuer, Wasser, Dolch und Gift;

---

[1] Mehrzahl: Cherubim (hebr.): Engel; Wächter am Paradies und Thron Gottes, dargestellt mit vier Köpfen (Mensch, Löwe, Stier, Adler)

Du bebst vor allem, was nicht trifft,
Und was du nie verlierst, das musst du stets beweinen.

Den Göttern gleich ich nicht! Zu tief ist es gefühlt;
Dem Wurme gleich ich, der den Staub durchwühlt,
Den, wie er sich im Staube nährend lebt,
Des Wandrers Tritt vernichtet und begräbt.

Ist es nicht Staub, was diese hohe Wand
Aus hundert Fächern mir verenget?
Der Trödel, der mit tausendfachem Tand
In dieser Mottenwelt mich dränget?
Hier soll ich finden, was mir fehlt?
Soll ich vielleicht in tausend Büchern lesen,
Dass überall die Menschen sich gequält,
Dass hie und da ein Glücklicher gewesen? –
Was grinsest du mir, hohler Schädel, her?
Als dass dein Hirn wie meines einst verwirret
Den leichten Tag gesucht und in der Dämmrung schwer[1],
Mit Lust nach Wahrheit, jämmerlich geirret.
Ihr Instrumente freilich spottet mein,
Mit Rad und Kämmen[2], Walz und Bügel:
Ich stand am Tor, ihr solltet Schlüssel sein;
Zwar euer Bart ist kraus, doch hebt ihr nicht die Riegel.
Geheimnisvoll am lichten Tag
Lässt sich Natur des Schleiers nicht berauben,
Und was sie deinem Geist nicht offenbaren mag,
Das zwingst du ihr nicht ab mit Hebeln und mit Schrauben[3].

Du alt Geräte, das ich nicht gebraucht,
Du stehst nur hier, weil dich mein Vater brauchte.
Du alte Rolle, du wirst angeraucht,
Solang an diesem Pult die trübe Lampe schmauchte.
Weit besser hätt ich doch mein Weniges verprasst,
Als mit dem Wenigen belastet hier zu schwitzen!
Was du ererbt von deinen Vätern hast,
Erwirb es, um es zu besitzen.

---

[1] im düsteren Hin und Her zwischen Trug und Wahrheit
[2] Bestandteile der Elektrisiermaschine
[3] benutzt z.B. bei physikalischen Experimenten

Was man nicht nützt, ist eine schwere Last;
Nur was der Augenblick erschafft, das kann er nützen.

Doch warum heftet sich mein Blick auf jene Stelle?
Ist jenes Fläschchen dort den Augen ein Magnet?
Warum wird mir auf einmal lieblich helle,
Als wenn im nächt'gen Wald uns Mondenglanz umweht?

Ich grüße dich, du einzige Phiole[1],
Die ich mit Andacht nun herunterhole!
In dir verehr ich Menschenwitz und Kunst.
Du Inbegriff der holden Schlummersäfte,
Du Auszug aller tödlich feinen Kräfte,
Erweise deinem Meister deine Gunst!
Ich sehe dich, es wird der Schmerz gelindert,
Ich fasse dich, das Streben wird gemindert,
Des Geistes Flutstrom ebbet nach und nach.
Ins hohe Meer werd ich hinausgewiesen,
Die Spiegelflut erglänzt zu meinen Füßen,
Zu neuen Ufern lockt ein neuer Tag.

Ein Feuerwagen[2] schwebt, auf leichten Schwingen,
An mich heran! Ich fühle mich bereit,
Auf neuer Bahn den Äther zu durchdringen,
Zu neuen Sphären reiner Tätigkeit.
Dies hohe Leben, diese Götterwonne!
Du, erst noch Wurm, und die verdienest du?
Ja, kehre nur der holden Erdensonne
Entschlossen deinen Rücken zu!
Vermesse dich, die Pforten aufzureißen,
Vor denen jeder gern vorüberschleicht!
Hier ist es Zeit, durch Taten[3] zu beweisen,
Dass Manneswürde nicht der Götterhöhe weicht,
Vor jener dunkeln Höhle nicht zu beben,
In der sich Fantasie zu eigner Qual verdammt,
Nach jenem Durchgang hinzustreben,

---

[1] kugelförmiges Glasgefäß mit langem Hals
[2] 2 Kön 2, 11: die Entrückung des Propheten Elias
[3] gemeint ist Selbstmord

Um dessen engen Mund die ganze Hölle flammt;
Zu diesem Schritt sich heiter[1] zu entschließen,
Und wär es mit Gefahr, ins Nichts dahinzufließen.

720 Nun komm herab, kristallne reine Schale!
Hervor aus deinem alten Futterale,
An die ich viele Jahre nicht gedacht!
Du glänztest bei der Väter Freudenfeste,
Erheitertest die ernsten Gäste,
725 Wenn einer dich dem andern zugebracht.
Der vielen Bilder künstlich reiche Pracht,
Des Trinkers Pflicht, sie reimweis zu erklären,
Auf *einen* Zug die Höhlung auszuleeren,
Erinnert mich an manche Jugendnacht.
730 Ich werde jetzt dich keinem Nachbar reichen,
Ich werde meinen Witz an deiner Kunst nicht zeigen;
Hier ist ein Saft, der eilig trunken macht.
Mit brauner Flut erfüllt er deine Höhle.
Den ich bereitet, den ich wähle,
735 Der letzte Trunk sei nun, mit ganzer Seele,
Als festlich hoher Gruß, dem Morgen zugebracht!
(Er setzt die Schale an den Mund.)

Glockenklang und Chorgesang.

CHOR DER ENGEL. Christ ist erstanden!
    Freude dem Sterblichen,
    Den die verderblichen,
740   Schleichenden, erblichen[2]
    Mängel umwanden.
FAUST. Welch tiefes Summen, welch ein heller Ton
Zieht mit Gewalt das Glas von meinem Munde?
Verkündiget ihr dumpfen Glocken schon
745 Des Osterfestes erste Feierstunde?
Ihr Chöre, singt ihr schon den tröstlichen Gesang,
Der einst, um Grabes Nacht, von Engelslippen klang,
Gewissheit einem neuen Bunde?
CHOR DER WEIBER. Mit Spezereien

---

[1] klaren Geistes
[2] durch Erbsünde bedingt

750 Hatten wir ihn gepflegt,
Wir, seine Treuen,
Hatten ihn hingelegt;
Tücher und Binden
Reinlich umwanden wir,
755 Ach! Und wir finden
Christ nicht mehr hier.
CHOR DER ENGEL. Christ ist erstanden!
Selig der Liebende,
Der die betrübende,
760 Heilsam' und übende
Prüfung bestanden.
FAUST. Was sucht ihr, mächtig und gelind,
Ihr Himmelstöne, mich am Staube?
Klingt dort umher, wo weiche Menschen sind.
765 Die Botschaft[1] hör ich wohl, allein mir fehlt der Glaube;
Das Wunder ist des Glaubens liebstes Kind.
Zu jenen Sphären wag ich nicht zu streben,
Woher die holde Nachricht tönt;
Und doch, an diesen Klang von Jugend auf gewöhnt,
770 Ruft er auch jetzt zurück mich in das Leben.
Sonst stürzte sich der Himmelsliebe Kuss
Auf mich herab, in ernster Sabbatstille;
Da klang so ahnungsvoll des Glockentones Fülle,
Und ein Gebet war brünstiger Genuss;
775 Ein unbegreiflich holdes Sehnen
Trieb mich, durch Wald und Wiesen hinzugehn,
Und unter tausend heißen Tränen
Fühlt ich mir eine Welt entstehn.
Dies Lied verkündete der Jugend muntre Spiele,
780 Der Frühlingsfeier freies Glück;
Erinnrung hält mich nun mit kindlichem Gefühle
Vom letzten, ernsten Schritt zurück.
O tönet fort, ihr süßen Himmelslieder!
Die Träne quillt, die Erde hat mich wieder!
785 CHOR DER JÜNGER. Hat der Begrabene
Schon sich nach oben,
Lebend Erhabene,

---

[1] christliche Auferstehungsbotschaft

Herrlich erhoben;
Ist er in Werdelust
Schaffender Freude nah;
Ach! An der Erde Brust
Sind wir zum Leide da.
Ließ er die Seinen
Schmachtend uns hier zurück;
Ach! Wir beweinen,
Meister, dein Glück!
CHOR DER ENGEL. Christ ist erstanden,
Aus der Verwesung Schoß.
Reißet von Banden
Freudig euch los!
Tätig ihn Preisenden,
Liebe Beweisenden,
Brüderlich Speisenden,
Predigend Reisenden,
Wonne Verheißenden,
Euch ist der Meister nah,
Euch ist er da!

Vor dem Tor

Spaziergänger aller Art ziehen hinaus.

EINIGE HANDWERKSBURSCHEN.
   Warum denn dort hinaus?
ANDRE. Wir gehn hinaus aufs Jägerhaus.
DIE ERSTEN. Wir aber wollen nach der Mühle wandern.
EIN HANDWERKSBURSCH.
   Ich rat euch, nach dem Wasserhof zu gehn.
ZWEITER. Der Weg dahin ist gar nicht schön.
DIE ZWEITEN. Was tust denn du?
EIN DRITTER.   Ich gehe mit den andern.
VIERTER.
   Nach Burgdorf kommt herauf, gewiss dort findet ihr
   Die schönsten Mädchen und das beste Bier,
   Und Händel von der ersten Sorte.

FÜNFTER. Du überlustiger Gesell,
  Juckt dich zum dritten Mal das Fell?
  Ich mag nicht hin, mir graut es vor dem Orte.
DIENSTMÄDCHEN.
  Nein, nein! Ich gehe nach der Stadt zurück.
ANDRE. Wir finden ihn gewiss bei jenen Pappeln stehen.
820 ERSTE. Das ist für mich kein großes Glück;
  Er wird an deiner Seite gehen,
  Mit dir nur tanzt er auf dem Plan[1].
  Was gehn mich deine Freuden an!
ANDRE. Heut ist er sicher nicht allein,
825 Der Krauskopf, sagt er, würde bei ihm sein.
SCHÜLER[2]. Blitz, wie die wackern Dirnen[3] schreiten!
  Herr Bruder, komm! Wir müssen sie begleiten.
  Ein starkes Bier, ein beizender Toback,
  Und eine Magd im Putz, das ist nun mein Geschmack.
830 BÜRGERMÄDCHEN. Da sieh mir nur die schönen Knaben!
  Es ist wahrhaftig eine Schmach:
  Gesellschaft könnten sie die allerbeste haben
  Und laufen diesen Mägden nach!
ZWEITER SCHÜLER *(zum ersten)*.
835 Nicht so geschwind! Dort hinten kommen zwei,
  Sie sind gar niedlich angezogen,
  's ist meine Nachbarin dabei;
  Ich bin dem Mädchen sehr gewogen.
  Sie gehen ihren stillen Schritt
840 Und nehmen uns doch auch am Ende mit.
ERSTER. Herr Bruder, nein! Ich bin nicht gern geniert.
  Geschwind! Dass wir das Wildbret nicht verlieren.
  Die Hand, die samstags ihren Besen führt,
  Wird sonntags dich am besten karessieren[4].
BÜRGER. Nein, er gefällt mir nicht, der neue Burgemeister!
845 Nun, da er's ist, wird er nur täglich dreister.
  Und für die Stadt was tut denn er?
  Wird es nicht alle Tage schlimmer?

---

[1] Tanzplatz im Freien
[2] Student
[3] Mädchen (nicht abwertend)
[4] liebkosen

850 Gehorchen soll man mehr als immer
Und zahlen mehr als je vorher.
BETTLER *(singt).* Ihr guten Herrn, ihr schönen Frauen,
So wohl geputzt und backenrot,
Belieb es euch, mich anzuschauen,
855 Und seht und mindert meine Not!
Lasst hier mich nicht vergebens leiern[1]!
Nur der ist froh, der geben mag.
Ein Tag, den alle Menschen feiern,
Er sei für mich ein Erntetag.
ANDRER BÜRGER.
860 Nichts Bessers weiß ich mir an Sonn- und Feiertagen
Als ein Gespräch von Krieg und Kriegsgeschrei,
Wenn hinten, weit, in der Türkei,
die Völker aufeinanderschlagen.
Man steht am Fenster, trinkt sein Gläschen aus
865 Und sieht den Fluss hinab die bunten Schiffe gleiten;
Dann kehrt man abends froh nach Haus
Und segnet Fried und Friedenszeiten.
DRITTER BÜRGER.
Herr Nachbar, ja! So lass ich's auch geschehn:
Sie mögen sich die Köpfe spalten,
870 Mag alles durcheinandergehn;
Doch nur zu Hause bleib's beim Alten.
ALTE *(zu den Bürgermädchen).*
Ei! wie geputzt! Das schöne junge Blut!
Wer soll sich nicht in euch vergaffen? –
Nur nicht so stolz! Es ist schon gut!
875 Und was ihr wünscht, das wüsst ich wohl zu schaffen.
BÜRGERMÄDCHEN. Agathe, fort! Ich nehme mich in Acht,
Mit solchen Hexen öffentlich zu gehen;
Sie ließ mich zwar in Sankt Andreas' Nacht[2]
Den künft'gen Liebsten leiblich sehen –
880 DIE ANDRE. Mir zeigte sie ihn im Kristall[3],
Soldatenhaft, mit mehreren Verwegnen;

---

[1] auf der Leier spielen
[2] der 30. November; Träume in dieser Nacht gelten als Liebesorakel für junge Mädchen
[3] Kristallkugel – Werkzeug von Wahrsagerinnen

Ich seh mich um, ich such ihn überall,
Allein mir will er nicht begegnen.

SOLDATEN.
Burgen mit hohen
Mauern und Zinnen,
Mädchen mit stolzen
Höhnenden Sinnen
Möcht ich gewinnen!
Kühn ist das Mühen,
Herrlich der Lohn!

Und die Trompete
Lassen wir werben,
Wie zu der Freude,
So zum Verderben.
Das ist ein Stürmen!
Das ist ein Leben!
Mädchen und Burgen
Müssen sich geben.
Kühn ist das Mühen,
Herrlich der Lohn!
Und die Soldaten
Ziehen davon.

Faust und Wagner.

FAUST. Vom Eise befreit sind Strom und Bäche
Durch des Frühlings holden, belebenden Blick;
Im Tale grünet Hoffnungsglück;
Der alte Winter, in seiner Schwäche,
Zog sich in raue Berge zurück.
Von dorther sendet er, fliehend, nur
Ohnmächtige Schauer körnigen Eises
In Streifen über die grünende Flur;
Aber die Sonne duldet kein Weißes,
Überall regt sich Bildung und Streben,
Alles will sie mit Farben beleben;
Doch an Blumen fehlt's im Revier,
Sie nimmt geputzte Menschen dafür.
Kehre dich um, von diesen Höhen
Nach der Stadt zurückzusehen.
Aus dem hohlen finstern Tor

Dringt ein buntes Gewimmel hervor.
Jeder sonnt sich heute so gern.
Sie feiern die Auferstehung des Herrn,
Denn sie sind selber auferstanden,
Aus niedriger Häuser dumpfen Gemächern,
Aus Handwerks- und Gewerbesbanden,
Aus dem Druck von Giebeln und Dächern,
Aus der Straßen quetschender Enge,
Aus der Kirchen ehrwürdiger Nacht
Sind sie alle ans Licht gebracht.
Sieh nur, sieh! Wie behänd sich die Menge
Durch die Gärten und Felder zerschlägt,
Wie der Fluss, in Breit und Länge,
So manchen lustigen Nachen[1] bewegt,
Und, bis zum Sinken überladen,
Entfernt sich dieser letzte Kahn.
Selbst von des Berges fernen Pfaden
Blinken uns farbige Kleider an.
Ich höre schon des Dorfs Getümmel,
Hier ist des Volkes wahrer Himmel,
Zufrieden jauchzet Groß und Klein;
Hier bin ich Mensch, hier darf ich's sein!

WAGNER. Mit Euch, Herr Doktor, zu spazieren
Ist ehrenvoll und ist Gewinn;
Doch würd ich nicht allein mich her verlieren,
Weil ich ein Feind von allem Rohen bin.
Das Fiedeln, Schreien, Kegelschieben
Ist mir ein gar verhasster Klang;
Sie toben wie vom bösen Geist getrieben
Und nennen's Freude, nennen's Gesang.

Bauern unter der Linde.

Tanz und Gesang.
Der Schäfer putzte sich zum Tanz,
Mit bunter Jacke, Band und Kranz,
Schmuck war er angezogen.
Schon um die Linde war es voll,

---

[1] Kahn

Und alles tanzte schon wie toll.
Juchhe! Juchhe!
Juchheisa! Heisa! He!
So ging der Fiedelbogen.

Er drückte hastig sich heran,
Da stieß er an ein Mädchen an
Mit seinem Ellenbogen;
Die frische Dirne kehrt' sich um
Und sagte: Nun, das find ich dumm!
Juchhe! Juchhe!
Jucheisa! Heisa! He!
Seid nicht so ungezogen!

Doch hurtig in dem Kreise ging's,
Sie tanzten rechts, sie tanzten links,
Und alle Röcke flogen.
Sie wurden rot, sie wurden warm
Und ruhten atmend Arm in Arm,
Juchhe! Juchhe!
Juchheisa! Heisa! He!
Und Hüft an Ellenbogen.

Und tu mir doch nicht so vertraut!
Wie mancher hat nicht seine Braut
Belogen und betrogen!
Er schmeichelte sie doch beiseit,
Und von der Linde scholl es weit:
Juchhe! Juchhe!
Juchheisa! Heisa! He!
Geschrei und Fiedelbogen.

ALTER BAUER. Herr Doktor, das ist schön von Euch,
Dass Ihr uns heute nicht verschmäht,
Und unter dieses Volksgedräng,
Als ein so Hochgelahrter, geht.
So nehmet auch den schönsten Krug,
Den wir mit frischem Trunk gefüllt,
Ich bring ihn zu und wünsche laut,
Dass er nicht nur den Durst Euch stillt:
Die Zahl der Tropfen, die er hegt,
Sei Euren Tagen zugelegt.

FAUST. Ich nehme den Erquickungstrank,
Erwidr' euch allen Heil und Dank.
(Das Volk sammelt sich im Kreis umher.)
ALTER BAUER. Fürwahr, es ist sehr wohl getan,
Dass Ihr am frohen Tag erscheint;
995 Habt Ihr es vormals doch mit uns
An bösen Tagen gut gemeint!
Gar mancher steht lebendig hier,
Den Euer Vater noch zuletzt
Der heißen Fieberwut entriss,
1000 Als er der Seuche Ziel gesetzt.
Auch damals Ihr, ein junger Mann,
Ihr gingt in jedes Krankenhaus[1],
Gar manche Leiche trug man fort,
Ihr aber kamt gesund heraus,
1005 Bestandet manche harte Proben;
Dem Helfer half der Helfer droben.
ALLE. Gesundheit dem bewährten Mann,
Dass er noch lange helfen kann!
FAUST. Vor jenem droben steht gebückt,
1010 Der helfen lehrt und Hülfe schickt.
(Er geht mit Wagner weiter.)
WAGNER. Welch ein Gefühl musst du, o großer Mann,
Bei der Verehrung dieser Menge haben!
O glücklich, wer von seinen Gaben
Solch einen Vorteil ziehen kann!
1015 Der Vater zeigt dich seinem Knaben,
Ein jeder fragt und drängt und eilt,
Die Fiedel stockt, der Tänzer weilt.
Du gehst, in Reihen stehen sie,
Die Mützen fliegen in die Höh;
1020 Und wenig fehlt, so beugten sich die Knie,
Als käm das Venerabile.[2]
FAUST. Nur wenig Schritte noch hinauf zu jenem Stein,
Hier wollen wir von unsrer Wandrung rasten.
Hier saß ich oft gedankenvoll allein
1025 Und quälte mich mit Beten und mit Fasten.

---

[1] jedes Haus, in dem ein Kranker wohnt
[2] Monstranz mit Hostie, die der Priester dem Kranken bringt

An Hoffnung reich, im Glauben fest,
Mit Tränen, Seufzen, Händeringen
Dacht ich das Ende jener Pest
Vom Herrn des Himmels zu erzwingen.
Der Menge Beifall tönt mir nun wie Hohn.
O könntest du in meinem Innern lesen,
Wie wenig Vater und Sohn
Solch eines Ruhmes wert gewesen!
Mein Vater war ein dunkler Ehrenmann[1],
Der über die Natur und ihre heil'gen Kreise,
In Redlichkeit, jedoch auf seine Weise,
Mit grillenhafter Mühe sann;
Der, in Gesellschaft von Adepten[2],
Sich in die schwarze Küche schloss
Und, nach unendlichen Rezepten,
Das Widrige zusammengoss.
Da ward ein roter Leu[3], ein kühner Freier,
Im lauen Bad der Lilie[4] vermählt,
Und beide dann mit offnem Flammenfeuer
Aus einem Brautgemach[5] ins andere gequält.
Erschien darauf mit bunten Farben
Die junge Königin[6] im Glas,
Hier war die Arzenei, die Patienten starben,
Und niemand fragte: Wer genas?
So haben wir mit höllischen Latwergen[7]
In diesen Tälern, diesen Bergen
Weit schlimmer als die Pest getobt.
Ich habe selbst den Gift an Tausende gegeben:
Sie welkten hin, ich muss erleben,
Dass man die frechen Mörder lobt.

WAGNER.
Wie könnt Ihr Euch darum betrüben!
Tut nicht ein braver Mann genug,

---

[1] Alchemist
[2] in die Alchemie Eingeweihte
[3] rotes Quecksilberoxid HgO
[4] Salzsäure HCl
[5] Destillationskolben
[6] Quecksilberchlorid (gefährlich, giftig)
[7] Arzneien

Die Kunst, die man ihm übertrug,
Gewissenhaft und pünktlich auszuüben?
Wenn du als Jüngling deinen Vater ehrst,
So wirst du gern von ihm empfangen;
Wenn du als Mann die Wissenschaft vermehrst,
So kann dein Sohn zu höhrem Ziel gelangen.
FAUST. O glücklich, wer noch hoffen kann,
Aus diesem Meer des Irrtums aufzutauchen!
Was man nicht weiß, das eben brauchte man,
Und was man weiß, kann man nicht brauchen.
Doch lass uns dieser Stunde schönes Gut
Durch solchen Trübsinn nicht verkümmern!
Betrachte, wie in Abendsonne-Glut
Die grün umgebnen Hütten schimmern.
Sie rückt und weicht, der Tag ist überlebt,
Dort eilt sie hin und fördert neues Leben,
O dass kein Flügel mich vom Boden hebt,
Ihr nach und immer nach zu streben!
Ich säh im ewigen Abendstrahl
Die stille Welt zu meinen Füßen,
Entzündet alle Höhn, beruhigt jedes Tal,
Den Silberbach in goldne Ströme fließen.
Nicht hemmte dann den göttergleichen Lauf
Der wilde Berg mit allen seinen Schluchten;
Schon tut das Meer sich mit erwärmten Buchten
Vor den erstaunten Augen auf.
Doch scheint die Göttin endlich wegzusinken;
Allein der neue Trieb erwacht,
Ich eile fort, ihr ew'ges Licht zu trinken,
Vor mir den Tag und hinter mir die Nacht,
Den Himmel über mir und unter mir die Wellen.
Ein schöner Traum, indessen sie entweicht,
Ach! Zu des Geistes Flügeln wird so leicht
Kein körperlicher Flügel sich gesellen.
Doch ist es jedem eingeboren,
Dass sein Gefühl hinauf und vorwärts dringt,
Wenn über uns, im blauen Raum verloren,
Ihr schmetternd Lied die Lerche singt;
Wenn über schroffen Fichtenhöhen
Der Adler ausgebreitet schwebt,

Und über Flächen, über Seen
Der Kranich nach der Heimat strebt.

WAGNER.
Ich hatte selbst oft grillenhafte Stunden,
Doch solchen Trieb hab ich noch nie empfunden.
Man sieht sich leicht an Wald und Feldern satt;
Des Vogels Fittich werd ich nie beneiden.
Wie anders tragen uns die Geistesfreuden
Von Buch zu Buch, von Blatt zu Blatt!
Da werden Winternächte hold und schön,
Ein selig Leben wärmet alle Glieder,
Und ach! Entrollst du gar ein würdig Pergamen[1],
So steigt der ganze Himmel zu dir nieder.

FAUST. Du bist dir nur des einen Triebs bewusst,
O lerne nie den andern kennen!
Zwei Seelen wohnen, ach! in meiner Brust,
Die eine will sich von der andern trennen;
Die eine hält, in derber Liebeslust,
Sich an die Welt mit klammernden Organen;
Die andre hebt gewaltsam sich vom Dust[2]
Zu den Gefilden hoher Ahnen.
O gibt es Geister in der Luft,
Die zwischen Erd und Himmel herrschend weben,
So steiget nieder aus dem goldnen Duft
Und führt mich weg zu neuem, buntem Leben!
Ja, wäre nur ein Zaubermantel mein,
Und trüg er mich in fremde Länder!
Mir sollt er um die köstlichsten Gewänder,
Nicht feil um einen Königsmantel sein.

WAGNER. Berufe nicht die wohlbekannte Schar[3],
Die strömend sich im Dunstkreis überbreitet,
Dem Menschen tausendfältige Gefahr,
Von allen Enden her, bereitet.
Von Norden dringt der scharfe Geisterzahn
Auf dich herbei, mit pfeilgespitzten Zungen;
Von Morgen ziehn, vertrocknend, sie heran,

---

[1] Handschrift aus Pergament
[2] Spreu, Staub
[3] Geister

Und nähren sich von deinen Lungen;
Wenn sie der Mittag aus der Wüste schickt,
Die Glut auf Glut um deinen Scheitel häufen,
So bringt der West den Schwarm, der erst erquickt,
Um dich und Feld und Aue zu ersäufen.
Sie hören gern, zum Schaden froh gewandt,
Gehorchen gern, weil sie uns gern betrügen;
Sie stellen wie vom Himmel sich gesandt,
Und lispeln englisch[1], wenn sie lügen.
Doch gehen wir! Ergraut ist schon die Welt,
Die Luft gekühlt, der Nebel fällt!
Am Abend schätzt man erst das Haus. –
Was stehst du so und blickst erstaunt hinaus?
Was kann dich in der Dämmerung so ergreifen?

FAUST.
Siehst du den schwarzen Hund durch Saat und Stoppel
WAGNER.   streifen?
Ich sah ihn lange schon, nicht wichtig schien er mir.
FAUST. Betracht ihn recht! Für was hältst du das Tier?
WAGNER. Für einen Pudel, der auf seine Weise
Sich auf der Spur des Herren plagt.
FAUST. Bemerkst du, wie in weitem Schneckenkreise
Er um uns her und immer näher jagt?
Und irr ich nicht, so zieht ein Feuerstrudel
Auf seinen Pfaden hinterdrein.
WAGNER. Ich sehe nichts als einen schwarzen Pudel;
Es mag bei Euch wohl Augentäuschung sein.
FAUST. Mir scheint es, dass er magisch leise Schlingen
Zu künft'gem Band um unsre Füße zieht.
WAGNER.
Ich seh ihn ungewiss und furchtsam uns umspringen,
Weil er, statt seines Herrn, zwei Unbekannte sieht.
FAUST. Der Kreis wird eng, schon ist er nah!
WAGNER. Du siehst! Ein Hund, und kein Gespenst ist da.
Er knurrt und zweifelt, legt sich auf den Bauch,
Er wedelt. Alles Hundebrauch.
FAUST. Geselle dich zu uns! Komm hier!
WAGNER. Es ist ein pudelnärrisch Tier.

---

[1] flüstern wie ein Engel

Du stehest still, er wartet auf;
Du sprichst ihn an, er strebt an dir hinauf;
Verliere was, er wird es bringen,
Nach deinem Stock ins Wasser springen.

FAUST. Du hast wohl Recht; ich finde nicht die Spur
Von einem Geist, und alles ist Dressur.

WAGNER. Dem Hunde, wenn er gut gezogen,
Wird selbst ein weiser Mann gewogen.
Ja, deine Gunst verdient er ganz und gar,
Er, der Studenten trefflicher Skolar[1].
(*Sie gehen in das Stadttor.*)

Studierzimmer

Faust mit dem Pudel hereintretend.

FAUST. Verlassen hab ich Feld und Auen,
Die eine tiefe Nacht bedeckt,
Mit ahnungsvollem, heil'gem Grauen
In uns die bessre Seele weckt.
Entschlafen sind nun wilde Triebe
Mit jedem ungestümen Tun;
Es reget sich die Menschenliebe,
Die Liebe Gottes regt sich nun.
Sei ruhig, Pudel! Renne nicht hin und wider!
An der Schwelle was schnoperst du hier?
Lege dich hinter den Ofen nieder,
Mein bestes Kissen geb ich dir.
Wie du draußen auf dem bergigen Wege
Durch Rennen und Springen ergetzt uns hast,
So nimm nun auch von mir die Pflege,
Als ein willkommner stiller Gast.
Ach wenn in unsrer engen Zelle
Die Lampe freundlich wieder brennt,
Dann wird's in unserm Busen helle,
Im Herzen, das sich selber kennt.
Vernunft fängt wieder an zu sprechen,
Und Hoffnung wieder an zu blühn,

---

[1] Student, Lehrling

Man sehnt sich nach des Lebens Bächen,
Ach! Nach des Lebens Quelle hin.
Knurre nicht, Pudel! Zu den heiligen Tönen,
Die jetzt meine ganze Seel umfassen,
Will der tierische Laut nicht passen.
Wir sind gewohnt, dass die Menschen verhöhnen,
Was sie nicht verstehn,
Dass sie vor dem Guten und Schönen,
Das ihnen oft beschwerlich ist, murren;
Will es der Hund, wie sie, beknurren?

Aber ach, schon fühl ich, bei dem besten Willen,
Befriedigung nicht mehr aus dem Busen quillen.
Aber warum muss der Strom so bald versiegen,
Und wir wieder im Durste liegen?
Davon hab ich so viel Erfahrung.
Doch dieser Mangel lässt sich ersetzen,
Wir lernen das Überirdische schätzen,
Wir sehnen uns nach Offenbarung,
Die nirgends würd'ger und schöner brennt
Als in dem Neuen Testament.
Mich drängt's, den Grundtext[1] aufzuschlagen,
Mit redlichem Gefühl einmal
Das heilige Original
In mein geliebtes Deutsch zu übertragen,
(Er schlägt ein Volum[2] auf und schickt sich an.)
Geschrieben steht: „Im Anfang war das *Wort!*[3]"
Hier stock ich schon! Wer hilft mir weiter fort?
Ich kann das *Wort* so hoch unmöglich schätzen,
Ich muss es anders übersetzen,
Wenn ich vom Geiste recht erleuchtet bin.
Geschrieben steht: „Im Anfang war der *Sinn.*"
Bedenke wohl die erste Zeile,
Dass deine Feder sich nicht übereile!
Ist es der *Sinn*, der alles wirkt und schafft?

---

[1] Urtext; das Neue Testament wurde in griechischer Sprache verfasst
[2] Band einer Bücherreihe
[3] Faust übersetzt den ersten Satz des Johannes-Evangeliums wie Luther; Wort steht für den griechischen Begriff „logos", der bedeuten kann: Rede, Urteil, Begriff, Vernunft, Sinn, Gott, Kraft, Tat

Es sollte stehn: Im Anfang war die *Kraft*!
Doch, auch indem ich dieses niederschreibe,
Schon warnt mich was, dass ich dabei nicht bleibe.
Mir hilft der Geist! Auf einmal seh ich Rat
Und schreibe getrost: Im Anfang war die *Tat*!

Soll ich mit dir das Zimmer teilen,
Pudel, so lass das Heulen,
So lass das Bellen!
Solch einen störenden Gesellen
Mag ich nicht in der Nähe leiden.
Einer von uns beiden
Muss die Zelle meiden.
Ungern heb ich das Gastrecht auf,
Die Tür ist offen, hast freien Lauf.
Aber was muss ich sehen!
Kann das natürlich geschehen?
Ist es Schatten? Ist's Wirklichkeit?
Wie wird mein Pudel lang und breit!
Er hebt sich mit Gewalt,
Das ist nicht eines Hundes Gestalt!
Welch ein Gespenst bracht ich ins Haus!
Schon sieht er wie ein Nilpferd aus,
Mit feurigen Augen, schrecklichem Gebiss.
Oh! Du bist mir gewiss!
Für solche halbe Höllenbrut
Ist Salomonis Schlüssel[1] gut.

GEISTER *(auf dem Gange).*

    Drinnen gefangen ist einer!
    Bleibet haußen, folg' ihm keiner!
    Wie im Eisen der Fuchs,
    Zagt ein alter Höllenluchs.
    Aber gebt Acht!
    Schwebet hin, schwebet wider,
    Auf und nieder,

---

[1] Titel eines bekannten Geisterbuchs, mit dessen Hilfe Geister in ihre richtige Gestalt gehext werden sollten. Der Name Salomons, Sohn Davids, zeigt an, dass es sich um eine Übersetzung aus dem Hebräischen handelt, die im späten Mittelalter vorgenommen wurde.

> Und er hat sich losgemacht.
> Könnt ihr ihm nützen,
> Lasst ihn nicht sitzen!
> Denn er tat uns allen
> Schon viel zu Gefallen.

FAUST. Erst zu begegnen dem Tiere,
Brauch ich den Spruch der Viere[1]:
> Salamander[2] soll glühen,
> Undene[3] sich winden,
> Sylphe[4] verschwinden,
> Kobold[5] sich mühen.

Wer sie nicht kennte,
Die Elemente,
Ihre Kraft
Und Eigenschaft,
Wäre kein Meister
Über die Geister.
> Verschwind in Flammen,
> Salamander!
> Rauschend fließe zusammen,
> Undene!
> Leucht in Meteoren-Schöne,
> Sylphe!
> Bring häusliche Hülfe,
> Incubus[6]! Incubus!
> Tritt hervor und mache den Schluss!

Keines der Viere
Steckt in dem Tiere.
Es liegt ganz ruhig und grinst mich an;
Ich hab ihm noch nicht wehgetan.
Du sollst mich hören

---

[1] Erfindung Goethes, bezieht sich auf die vier Elemente Feuer, Wasser, Erde, Luft
[2] Schwanzlurch, der in eine Verbindung mit Geistern gebracht wird. Hier steht er für das Element Feuer.
[3] Plural von Undine, ein Wassergeist (lat. unda = die Welle)
[4] männlicher Luftgeist
[5] Erdgeist
[6] mittelalterlicher Buhlteufel

　　　　　　Stärker beschwören.
　　　　　　　　　Bist du, Geselle,
　　　　　　　　　Ein Flüchtling der Hölle?
　　　　　　　　　So sieh dies Zeichen[1],
　　　　　　　　　Dem sie sich beugen,
　　　　　　　　　Die schwarzen Scharen!
　　　　　　Schon schwillt es auf mit borstigen Haaren.
　　　　　　　　　Verworfnes Wesen!
　　　　　　　　　Kannst du ihn lesen?
　　　　　　　　　Den nie Entsprossnen[2]
　　　　　　　　　Unausgesprochnen[3],
　　　　　　　　　Durch alle Himmel Gegossnen[4],
　　　　　　　　　Freventlich Durchstochnen[5]?
　　　　　　Hinter den Ofen gebannt,
　　　　　　Schwillt es wie ein Elefant,
　　　　　　Den ganzen Raum füllt es an,
　　　　　　Es will zum Nebel zerfließen.
　　　　　　Steige nicht zur Decke hinan!
　　　　　　Lege dich zu des Meisters Füßen!
　　　　　　Du siehst, dass ich nicht vergebens drohe.
　　　　　　Ich versenge dich mit heiliger Lohe[6]!
　　　　　　Erwarte nicht
　　　　　　Das dreimal glühende Licht[7]!
　　　　　　Erwarte nicht
　　　　　　Die stärkste von meinen Künsten!

*Mephistopheles tritt, indem der Nebel fällt,
gekleidet wie ein fahrender Scholastikus[8],
hinter dem Ofen hervor.*

MEPHISTOPHELES.
　　Wozu der Lärm? Was steht dem Herrn zu Diensten?

---

[1] das Kreuz Christi
[2] Christus stammt von Ewigkeit, ist also in dem Sinne „nie entsprossen".
[3] Die ganze Bedeutung des Namens Christi ist unaussprechbar.
[4] Die Herrlichkeit Christi erfüllt alle Himmel.
[5] Der tote Christus wurde mit einer Lanze gestochen.
[6] die Glut der Beschwörung des christlichen Symbols
[7] die Dreieinigkeit Gottes
[8] ein elegant gekleideter Student, der zu den großen Universitäten der damaligen Welt reist

FAUST. Das also war des Pudels Kern!
  Ein fahrender Skolast? Der Kasus[1] macht mich lachen.
1325 MEPHISTOPHELES. Ich salutiere den gelehrten Herrn!
  Ihr habt mich weidlich schwitzen machen.
FAUST. Wie nennst du dich!
MEPHISTOPHELES.   Die Frage scheint mir klein
  Für einen, der das Wort so sehr verachtet,
  Der, weit entfernt von allem Schein,
1330 Nur in der Wesen Tiefe trachtet.
FAUST. Bei euch, ihr Herrn, kann man das Wesen
  Gewöhnlich aus dem Namen lesen,
  Wo es sich allzu deutlich weist,
  Wenn man euch Fliegengott[2], Verderber, Lügner heißt.
1335 Nun gut, wer bist du denn?
MEPHISTOPHELES.   Ein Teil von jener Kraft,
  Die stets das Böse will und stets das Gute schafft.
FAUST. Was ist mit diesem Rätselwort gemeint?
MEPHISTOPHELES. Ich bin der Geist, der stets verneint!
  Und das mit Recht; denn alles, was entsteht,
1340 Ist wert, dass es zugrunde geht;
  Drum besser wär's, dass nichts entstünde.
  So ist denn alles, was ihr Sünde,
  Zerstörung, kurz, das Böse nennt,
  Mein eigentliches Element.
FAUST.
1345 Du nennst dich einen Teil, und stehst doch ganz vor mir?
MEPHISTOPHELES. Bescheidne Wahrheit sprech ich dir.
  Wenn sich der Mensch, die kleine Narrenwelt,
  Gewöhnlich für ein Ganzes hält –
  Ich bin ein Teil des Teils, der anfangs alles war,
1350 Ein Teil der Finsternis, die sich das Licht gebar,
  Das stolze Licht, das nun der Mutter Nacht
  Den alten Rang, den Raum ihr streitig macht,
  Und doch gelingt's ihm nicht, da es, soviel es strebt,
  Verhaftet an den Körpern klebt.
1355 Von Körpern strömt's, die Körper macht es schön,

---

[1] Fall
[2] Im Alten Testament wird der Götze Baal so bezeichnet.

Ein Körper hemmt's auf seinem Gange;
so, hoff ich, dauert es nicht lange,
Und mit den Körpern wird's zugrunde gehn.
FAUST. Nun kenn ich deine würd'gen Pflichten!
Du kannst im Großen nichts vernichten
Und fängst es nun im Kleinen an.
MEPHISTOPHELES. Und freilich ist nicht viel damit getan.
Was sich dem Nichts entgegenstellt,
Das Etwas, diese plumpe Welt,
Soviel als ich schon unternommen,
Ich wusste nicht ihr beizukommen,
Mit Wellen, Stürmen, Schütteln, Brand –
Geruhig bleibt am Ende Meer und Land!
Und dem verdammten Zeug, der Tier- und Menschenbrut,
Dem ist nun gar nichts anzuhaben:
Wie viele hab ich schon begraben!
Und immer zirkuliert ein neues, frisches Blut.
So geht es fort, man möchte rasend werden!
Der Luft, dem Wasser wie der Erden
Entwinden tausend Keime sich,
Im Trocknen, Feuchten, Warmen, Kalten!
Hätt ich mir nicht die Flamme vorbehalten,
Ich hätte nichts Aparts für mich.
FAUST. So setzest du der ewig regen,
Der heilsam schaffenden Gewalt
Die kalte Teufelsfaust entgegen,
Die sich vergebens tückisch ballt!
Was anders suche zu beginnen
Des Chaos wunderlicher Sohn!
MEPHISTOPHELES.
Wir wollen wirklich uns besinnen,
Die nächsten Male mehr davon!
Dürft ich wohl diesmal mich entfernen?
FAUST. Ich sehe nicht, warum du fragst.
Ich habe jetzt dich kennenlernen,
Besuche nun mich, wie du magst.
Hier ist das Fenster, hier die Türe,
Ein Rauchfang ist dir auch gewiss.
MEPHISTOPHELES.
Gesteh ich's nur! Dass ich hinausspaziere,

> Verbietet mir ein kleines Hindernis,
> Der Drudenfuß[1] auf Eurer Schwelle –

FAUST. Das Pentagramma macht dir Pein?
> Ei sage mir, du Sohn der Hölle,
> Wenn das dich bannt, wie kamst du denn herein?
> Wie ward ein solcher Geist betrogen?

MEPHISTOPHELES.
> Beschaut es recht! Es ist nicht gut gezogen:
> Der eine Winkel, der nach außen zu,
> Ist, wie du siehst, ein wenig offen.

FAUST. Das hat der Zufall gut getroffen!
> Und mein Gefangner wärst denn du?
> Das ist von ungefähr gelungen!

MEPHISTOPHELES.
> Der Pudel merkte nichts, als er hereingesprungen,
> Die Sache sieht jetzt anders aus:
> Der Teufel kann nicht aus dem Haus.

FAUST. Doch warum gehst du nicht durchs Fenster?

MEPHISTOPHELES.
> 's ist ein Gesetz der Teufel und Gespenster:
> Wo sie hereingeschlüpft, da müssen sie hinaus.
> Das Erste steht uns frei, beim Zweiten sind wir Knechte.

FAUST. Die Hölle selbst hat ihre Rechte?
> Das find ich gut, da ließe sich ein Pakt,
> Und sicher wohl, mit euch, ihr Herren, schließen?

MEPHISTOPHELES.
> Was man verspricht, das sollst du rein genießen,
> Dir wird davon nichts abgezwackt.
> Doch das ist nicht so kurz zu fassen,
> Und wir besprechen das zunächst;
> Doch jetzo bitt ich, hoch und höchst,
> Für dieses Mal mich zu entlassen.

FAUST. So bleibe doch noch einen Augenblick,
> Um mir erst gute Mär zu sagen.

MEPHISTOPHELES.
> Jetzt lass mich los! Ich komme bald zurück;
> Dann magst du nach Belieben fragen.

---

[1] Ein fünfeckiger Stern, der als Schutzzeichen gegen Druden, böse Geister, verwendet wurde. Er heißt auch Pentagramm und muss in einem Zug gezeichnet werden.

FAUST. Ich habe dir nicht nachgestellt,
  Bist du doch selbst ins Garn gegangen.
  Den Teufel halte, wer ihn hält!
  Er wird ihn nicht so bald zum zweiten Male fangen.
MEPHISTOPHELES.
1430 Wenn dir's beliebt, so bin ich auch bereit,
  Dir zur Gesellschaft hierzubleiben;
  Doch mit Bedingnis, dir die Zeit
  Durch meine Künste würdig zu vertreiben.
FAUST. Ich seh es gern, das steht dir frei;
1435 Nur dass die Kunst gefällig sei!
MEPHISTOPHELES.
  Du wirst, mein Freund, für deine Sinnen
  In dieser Stunde mehr gewinnen
  Als in des Jahres Einerlei.
  Was dir die zarten Geister singen,
1440 Die schönen Bilder, die sie bringen,
  Sind nicht ein leeres Zauberspiel.
  Auch dein Geruch wird sich ergetzen,
  Dann wirst du deinen Gaumen letzen
  Und dann entzückt sich dein Gefühl.
1445 Bereitung braucht es nicht voran,
  Beisammen sind wir, fanget an!
GEISTER.   Schwindet, ihr dunklen
                Wölbungen droben!
                Reizender schaue
1450   Freundlich der blaue
                Äther[1] herein!
                Wären die dunkeln
                Wolken zerronnen!
                Sternelein funkeln,
1455   Mildere Sonnen
                Scheinen darein.
                Himmlischer Söhne
                Geistige Schöne,
                Schwankende Beugung
1460   Schwebet vorüber.
                Sehnende Neigung

---
[1] hier: der blaue Himmel

Folget hinüber;
Und der Gewänder
Flatternde Bänder
Decken die Länder,
Decken die Laube,
Wo sich fürs Leben,
Tief in Gedanken,
Liebende geben.
Laube bei Laube!
Sprossende Ranken!
Lastende Traube
Stürzt ins Behälter
Drängender Kelter,
Stürzen in Bächen
Schäumende Weine,
Rieseln durch reine,
Edle Gesteine,
Lassen die Höhen
Hinter sich liegen,
Breiten zu Seen
Sich ums Genügen
Grünender Hügel.
Und das Geflügel
Schlürfet sich Wonne,
Flieget der Sonne,
Flieget den hellen
Inseln entgegen,
Die sich auf Wellen
Gauklend bewegen;
Wo wir in Chören
Jauchzende hören,
Über den Auen
Tanzende schauen,
Die sich im Freien
Alle zerstreuen.
Einige klimmen
Über die Höhen,
Andere schwimmen
Über die Seen,
Andere schweben;

                    Alle zum Leben,
                    Alle zur Ferne
                    Liebender Sterne,
1505   Seliger Huld.
MEPHISTOPHELES.
     Er schläft! So recht, ihr luft'gen zarten Jungen!
     Ihr habt ihn treulich eingesungen!
     Für dies Konzert bin ich in eurer Schuld.
     Du bist noch nicht der Mann, den Teufel festzuhalten!
1510 Umgaukelt ihn mit süßen Traumgestalten,
     Versenkt ihn in ein Meer des Wahns;
     Doch dieser Schwelle Zauber zu zerspalten,
     Bedarf ich eines Rattenzahns.
     Nicht lange brauch ich zu beschwören,
1515 Schon raschelt eine hier und wird sogleich mich hören.

     Der Herr der Ratten und der Mäuse,
     Der Fliegen, Frösche, Wanzen, Läuse
     Befiehlt dir, dich hervorzuwagen
     Und diese Schwelle zu benagen,
1520 Sowie er sie mit Öl betupft –
     Da kommst du schon hervorgehupft!
     Nur frisch ans Werk! Die Spitze, die mich bannte,
     Sie sitzt ganz vornen an der Kante.
     Noch einen Biss, so ist's geschehn. –
1525 Nun, Fauste, träume fort, bis wir uns wiedersehn.
FAUST (erwachend).
     Bin ich denn abermals betrogen?
     Verschwindet so der geisterreiche Drang,
     Dass mir ein Traum den Teufel vorgelogen,
     Und dass ein Pudel mir entsprang?

Studierzimmer

Faust. Mephistopheles.

1530 FAUST. Es klopft? Herein! Wer will mich wieder plagen?
MEPHISTOPHELES. Ich bin's.
FAUST.   Herein!
MEPHISTOPHELES.   Du musst es dreimal sagen.[1]

---

[1] Gedacht als eine für den Verkehr in der Hölle vorgeschriebene Bedingung für den Einlass, der sich Faust jetzt beugen muss.

FAUST. Herein denn!
MEPHISTOPHELES.   So gefällst du mir.
  Wir werden, hoff ich, uns vertragen;
  Denn dir die Grillen zu verjagen,
1535 Bin ich als edler Junker[1] hier,
  In rotem, goldverbrämtem Kleide,
  Das Mäntelchen von starrer Seide,
  Die Hahnenfeder auf dem Hut,
  Mit einem langen, spitzen Degen,
1540 Und rate nun dir, kurz und gut,
  Dergleichen gleichfalls anzulegen;
  Damit du, losgebunden, frei,
  Erfahrest, was das Leben sei.
FAUST. In jedem Kleide werd ich wohl die Pein
1545 Des engen Erdelebens fühlen.
  Ich bin zu alt, um nur zu spielen,
  Zu jung, um ohne Wunsch zu sein.
  Was kann die Welt mir wohl gewähren?
  Entbehren sollst du! Sollst entbehren![2]
1550 Das ist der ewige Gesang,
  Der jedem an die Ohren klingt,
  Den, unser ganzes Leben lang,
  Uns heiser jede Stunde singt.
  Nur mit Entsetzen wach ich morgens auf,
1555 Ich möchte bittre Tränen weinen,
  Den Tag zu sehn, der mir in seinem Lauf
  Nicht *einen* Wunsch erfüllen wird, nicht *einen*,
  Der selbst die Ahnung jeder Lust
  Mit eigensinnigem Krittel mindert,
1560 Die Schöpfung meiner regen Brust
  Mit tausend Lebensfratzen[3] hindert.
  Auch muss ich, wenn die Nacht sich niedersenkt,
  Mich ängstlich auf das Lager strecken;

---

[1] Mephisto tritt als Adliger mit Degen auf, den Bürgerliche nicht tragen dürfen.
[2] In Vers 1542 redet Mephisto von „losgebunden, frei". Für Faust kann es dies nicht geben.
[3] Widerwärtigkeiten des Lebens, die den Höhenflug der Fantasie hemmen.

Auch da wird keine Rast geschenkt,
1565 Mich werden wilde Träume schrecken.
Der Gott, der mir im Busen wohnt,
Kann tief mein Innerstes erregen;
Der über allen meinen Kräften thront,
Er kann nach außen nichts bewegen;
1570 Und so ist mir das Dasein eine Last,
Der Tod erwünscht, das Leben mir verhasst.
MEPHISTOPHELES.
Und doch ist nie der Tod ein ganz willkommner Gast.
FAUST. O selig der, dem er im Siegesglanze
Die blut'gen Lorbeern um die Schläfe windet,
1575 Den er, nach rasch durchrastem Tanze,
In eines Mädchens Armen findet!
O wär ich vor des hohen Geistes[1] Kraft
Entzückt, entseelt dahingesunken!
MEPHISTOPHELES.
Und doch hat jemand einen braunen Saft,
1580 In jener Nacht, nicht ausgetrunken.
FAUST. Das Spionieren, scheint's, ist deine Lust.
MEPHISTOPHELES.
Allwissend bin ich nicht; doch viel ist mir bewusst.
FAUST. Wenn[2] aus dem schrecklichen Gewühle
Ein süß bekannter Ton mich zog,
1585 Den Rest von kindlichem Gefühle
Mit Anklang froher Zeit betrog,
So fluch ich allem, was die Seele
Mit Lock- und Gaukelwerk umspannt,
Und sie in diese Trauerhöhle[3]
1590 Mit Blend- und Schmeichelkräften bannt!
Verflucht voraus die hohe Meinung,
Womit der Geist sich selbst umfängt!
Verflucht das Blenden der Erscheinung,
Die sich an unsre Sinne drängt!
1595 Verflucht, was uns in Träumen heuchelt,

---

[1] Faust denkt hier wohl an den Erdgeist.
[2] wenn auch, obgleich
[3] Menschenleib

Des Ruhms, der Namensdauer Trug!
Verflucht, was als Besitz uns schmeichelt,
Als Weib und Kind, als Knecht und Pflug!
Verflucht sei Mammon, wenn mit Schätzen
Er uns zu kühnen Taten regt,
Wenn er zu müßigem Ergetzen
Die Polster uns zurechte legt!
Fluch sei dem Balsamsaft der Trauben!
Fluch jener höchsten Liebeshuld!
Fluch sei der Hoffnung! Fluch dem Glauben,
Und Fluch vor allen der Geduld!

GEISTERCHOR[1] *(unsichtbar).* Weh! weh!
    Du hast sie zerstört,
    Die schöne Welt,
    Mit mächtiger Faust;
    Sie stürzt, sie zerfällt!
    Ein Halbgott hat sie zerschlagen!
    Wir tragen
    Die Trümmern ins Nichts hinüber,
    Und klagen
    Über die verlorne Schöne.
    Mächtiger
    Der Erdensöhne,
    Prächtiger
    Baue sie wieder,
    In deinem Busen baue sie auf!
    Neuen Lebenslauf
    Beginne,
    Mit hellem Sinne,
    Und neue Lieder
    Tönen darauf!

MEPHISTOPHELES. Dies sind die Kleinen
    Von den Meinen.
    Höre, wie zu Lust und Taten
    Altklug sie raten!

---

[1] Faust fühlt nur Verzweiflung, denkt an Selbstmord, hat jedoch unbewussten Lebenswillen. Die Geister erkennen das, schmeicheln ihm und überreden ihn zu einem neuen Leben. – Mephisto braucht dies für seine Wette.

> In die Welt weit,
> Aus der Einsamkeit,
> Wo Sinnen und Säfte stocken,
> Wollen sie dich locken.

1635 Hör auf, mit deinem Gram zu spielen,
Der, wie ein Geier,[1] dir am Leben frisst;
Die schlechteste Gesellschaft lässt dich fühlen,
Dass du ein Mensch mit Menschen bist.
Doch so ist's nicht gemeint,
1640 Dich unter das Pack zu stoßen.
Ich bin keiner von den Großen;
Doch willst du, mit mir vereint,
Deine Schritte durchs Leben nehmen,
So will ich mich gern bequemen,
1645 Dein zu sein, auf der Stelle.
Ich bin dein Geselle,
Und mach ich dir's recht,
Bin ich dein Diener, bin dein Knecht!

FAUST. Und was soll ich dagegen dir erfüllen?

MEPHISTOPHELES.
1650 Dazu hast du noch eine lange Frist.

FAUST. Nein, nein! Der Teufel ist ein Egoist
Und tut nicht leicht um Gottes willen,
Was einem andern nützlich ist.
Sprich die Bedingung deutlich aus;
1655 Ein solcher Diener bringt Gefahr ins Haus.

MEPHISTOPHELES.
Ich will mich *hier*[2] zu deinem Dienst verbinden,
Auf deinen Wink nicht rasten und nicht ruhn;
Wenn wir uns *drüben*[2] wiederfinden,
So sollst du mir das Gleiche tun.
1660 FAUST. Das Drüben kann mich wenig kümmern;
Schlägst du erst diese Welt zu Trümmern,
Die andre mag darnach entstehn.

---

[1] Gemeint ist der Adler, der dem wegen seines Ungehorsams an den Kaukasus geketteten Prometheus die Leber aushackte.

[2] Scheinbare Gleichheit der Bedingungen; tatsächlich steht den wenigen Jahren von Fausts diesseitigem Leben eine Ewigkeit zugunsten des Mephisto gegenüber, auf die Faust aber keinen Wert legt.

Aus dieser Erde quillen meine Freuden,
Und diese Sonne scheinet meinen Leiden;
Kann ich mich erst von ihnen scheiden,
Dann mag, was will und kann, geschehn.
Davon will ich nichts weiter hören,
Ob man auch künftig hasst und liebt,
Und ob es auch in jenen Sphären
Ein Oben oder Unten gibt.
MEPHISTOPHELES. In diesem Sinne kannst du's wagen.
Verbinde dich; du sollst, in diesen Tagen,
Mit Freuden meine Künste sehn,
Ich gebe dir, was noch kein Mensch gesehn.
FAUST. Was willst du armer Teufel geben?
Ward eines Menschen Geist, in seinem hohen Streben,
Von deinesgleichen je gefasst?
Doch hast du Speise, die nicht sättigt, hast
Du rotes Gold, das ohne Rast,
Quecksilber gleich, dir in der Hand zerrinnt,
Ein Spiel, bei dem man nie gewinnt,
Ein Mädchen, das an meiner Brust
Mit Äugeln schon dem Nachbar sich verbindet,
Der Ehre schöne Götterlust,
Die, wie ein Meteor, verschwindet?
Zeig mir die Frucht, die fault, eh man sie bricht,
Und Bäume, die sich täglich neu begrünen!
MEPHISTOPHELES.
Ein solcher Auftrag schreckt mich nicht,
Mit solchen Schätzen kann ich dienen.
Doch, guter Freund, die Zeit kommt auch heran,
Wo wir was Guts in Ruhe schmausen mögen.
FAUST. Werd ich beruhigt je mich auf ein Faulbett legen,
So sei es gleich um mich getan!
Kannst du mich schmeichelnd je belügen,
Dass ich mir selbst gefallen mag,
Kannst du mich mit Genuss betrügen –
Das sei für mich der letzte Tag!
Die Wette biet ich!

MEPHISTOPHELES. Topp![1]
FAUST. Und Schlag auf Schlag!
  Werd ich zum Augenblicke sagen:
Verweile doch! Du bist so schön!
Dann magst du mich in Fesseln schlagen,
Dann will ich gern zugrunde gehn!
Dann mag die Totenglocke schallen,
Dann bist du deines Dienstes frei,
Die Uhr mag stehn, der Zeiger fallen,
Es sei die Zeit für mich vorbei!
MEPHISTOPHELES.
  Bedenk es wohl, wir werden's nicht vergessen.
FAUST. Dazu hast du ein volles Recht;
  Ich habe mich nicht freventlich vermessen.
Wie ich beharre[2], bin ich Knecht,
Ob dein, was frag ich, oder wessen.
MEPHISTOPHELES.
  Ich werde heute gleich, beim Doktorschmaus[3],
Als Diener meine Pflicht erfüllen.
Nur eins! – Um Lebens oder Sterbens willen
Bitt ich mir ein paar Zeilen aus.
FAUST. Auch was Geschriebnes forderst du Pedant?
  Hast du noch keinen Mann, nicht Manneswort gekannt?
Ist's nicht genug, dass mein gesprochnes Wort
Auf ewig soll mit meinen Tagen schalten?
Rast nicht die Welt in allen Strömen fort,
Und mich soll ein Versprechen halten?
Doch dieser Wahn ist uns ins Herz gelegt,
Wer mag sich gern davon befreien?
Beglückt, wer Treue rein im Busen trägt,
Kein Opfer wird ihn je gereuen!
Allein ein Pergament, beschrieben und beprägt,
Ist ein Gespenst, vor dem sich alle scheuen.
Das Wort erstirbt schon in der Feder,

---

[1] Per Handschlag wird so die Gültigkeit einer Wette oder eines Vertrags bestätigt.
[2] sobald ich nicht mehr vorwärtsstrebe
[3] Festessen, gelegentlich bei Ernennung eines Gelehrten zum Doktor

Die Herrschaft führen Wachs und Leder.
1730 Was willst du böser Geist von mir?
Erz[1], Marmor, Pergament, Papier?
Soll ich mit Griffel, Meißel, Feder schreiben?
Ich gebe jede Wahl dir frei.
MEPHISTOPHELES. Wie magst du deine Rednerei
1735 Nur gleich so hitzig übertreiben?
Ist doch ein jedes Blättchen gut.
Du unterzeichnest dich mit einem Tröpfchen Blut.
FAUST. Wenn dies dir völlig Gnüge tut,
So mag es bei der Fratze[2] bleiben.
1740 MEPHISTOPHELES. Blut ist ein ganz besonderer Saft.
FAUST. Nur keine Furcht, dass ich dies Bündnis breche!
Das Streben meiner ganzen Kraft
Ist grade das, was ich verspreche.
Ich habe mich zu hoch gebläht,
1745 In deinen Rang gehör ich nur,
Der große Geist[3] hat mich verschmäht,
Vor mir verschließt sich die Natur.
Des Denkens Faden ist zerrissen,
Mir ekelt lange vor allem Wissen.
1750 Lass in den Tiefen der Sinnlichkeit
Uns glühende Leidenschaften stillen!
In undurchdrungnen Zauberhüllen
Sei jedes Wunder gleich bereit!
Stürzen wir uns in das Rauschen der Zeit,
1755 Ins Rollen der Begebenheit!
Da mag denn Schmerz und Genuss,
Gelingen und Verdruss
Miteinander wechseln, wie es kann;
Nur rastlos betätigt sich der Mann.
1760 MEPHISTOPHELES. Euch ist kein Maß und Ziel gesetzt.
Beliebt's Euch, überall zu naschen,
Im Fliehen etwas zu erhaschen,

---

[1] Gemeint ist eine metallene Druckplatte, in die mit einem Griffel geritzt wird.
[2] sinnlose Formsache, Äußerlichkeit
[3] Erdgeist

Bekomm Euch wohl, was Euch ergetzt.
Nur greift mir zu und seid nicht blöde!
1765 FAUST. Du hörest ja, von Freud' ist nicht die Rede.
Dem Taumel weih ich mich, dem schmerzlichsten Genuss,
Verliebtem Hass, erquickendem Verdruss.
Mein Busen, der vom Wissensdrang geheilt ist,
Soll keinen Schmerzen künftig sich verschließen,
1770 Und was der ganzen Menschheit zugeteilt ist,
Will ich in meinem innern Selbst genießen,
Mit meinem Geist das Höchst' und Tiefste greifen,
Ihr Wohl und Weh auf meinen Busen häufen,
Und so mein eigen Selbst zu ihrem Selbst erweitern,
1775 Und, wie sie selbst, am End auch ich zerscheitern.
MEPHISTOPHELES.
O glaube mir, der manche tausend Jahre
An dieser harten Speise kaut,
Dass von der Wiege bis zur Bahre
Kein Mensch den alten Sauerteig verdaut!
1780 Glaub unsereinem, dieses Ganze
Ist nur für einen Gott gemacht!
Er findet sich in einem ew'gen Glanze,
Uns hat er in die Finsternis gebracht,
Und euch taugt einzig Tag und Nacht.
1785 FAUST. Allein ich will!
MEPHISTOPHELES. Das lässt sich hören!
Doch nur vor *einem* ist mir bang:
Die Zeit ist kurz, die Kunst ist lang.
Ich dächt, ihr ließet Euch belehren.
Assoziiert Euch mit einem Poeten,
1790 Lasst den Herrn in Gedanken schweifen,
Und alle edlen Qualitäten
Auf Euren Ehrenscheitel[1] häufen,
Des Löwen Mut,
Des Hirsches Schnelligkeit,
1795 Des Italieners feurig Blut,
Des Nordens Dau'rbarkeit.

---

[1] der Kopf, der mit Ehren überhäuft ist

>   Lasst ihn Euch das Geheimnis finden,
>   Großmut und Arglist zu verbinden,
>   Und Euch, mit warmen Jugendtrieben,
>   Nach einem Plane zu verlieben.
>   Möchte selbst solch einen Herren kennen,
>   Würd ihn Herrn Mikrokosmus[1] nennen.
> FAUST. Was bin ich denn, wenn es nicht möglich ist,
>   Der Menschheit Krone zu erringen.
>   Nach der sich alle Sinne dringen?
> MEPHISTOPHELES. Du bist am Ende – was du bist.
>   Setz dir Perücken auf von Millionen Locken,
>   Setz deinen Fuß auf ellenhohe Socken[2],
>   Du bleibst doch immer, was du bist.
> FAUST. Ich fühl's, vergebens hab ich alle Schätze,
>   Des Menschengeists auf mich herbeigerafft,
>   Und wenn ich mich am Ende niedersetze,
>   Quillt innerlich doch keine neue Kraft;
>   Ich bin nicht um ein Haarbreit höher,
>   Bin dem Unendlichen nicht näher.
> MEPHISTOPHELES.
>   Mein guter Herr, Ihr seht die Sachen,
>   Wie man die Sachen eben sieht;
>   Wir müssen das gescheiter machen,
>   Eh uns des Lebens Freude flieht.
>   Was Henker! Freilich Händ und Füße
>   Und Kopf und H[intern], die sind dein;
>   Doch alles, was ich frisch genieße,
>   Ist das drum weniger mein?
>   Wenn ich sechs Hengste zahlen kann,
>   Sind ihre Kräfte nicht die meine?
>   Ich renne zu und bin ein rechter Mann,
>   Als hätt ich vierundzwanzig Beine.
>   Drum frisch! Lass alles Sinnen sein,

---

[1] „Mikrokosmos" steht für den Menschen. Der Ausdruck wird von Mephisto benutzt, um Fausts Wunsch, alle Lebensseiten kennenzulernen, Ausdruck zu verleihen.

[2] hoher Schuh des Schauspielers in der Antike (Kothurn)

Und grad mit in die Welt hinein!
1830 Ich sag es dir: Ein Kerl, der spekuliert,
Ist wie ein Tier, auf dürrer Heide
Von einem bösen Geist im Kreis herum geführt,
Und rings umher liegt schöne grüne Weide.
FAUST. Wie fangen wir das an?
MEPHISTOPHELES. Wir gehen eben fort.
1835 Was ist das für ein Marterort?
Was heißt das für ein Leben führen,
Sich und die Jungens ennuyieren[1]?
Lass du das dem Herrn Nachbar Wanst!
Was willst du dich das Stroh zu dreschen plagen?
1840 Das Beste, was du wissen kannst,
Darfst du den Buben doch nicht sagen.
Gleich hör ich einen auf dem Gange!
FAUST. Mir ist's nicht möglich, ihn zu sehn.
MEPHISTOPHELES. Der arme Knabe wartet lange,
1845 Der darf nicht ungetröstet gehn.
Komm, gib mir deinen Rock und Mütze;
Die Maske muss mir köstlich stehn. *(Er kleidet sich um.)*
Nun überlass es meinem Witze!
Ich brauche nur ein Viertelstündchen Zeit;
1850 Indessen mache dich zur schönen Fahrt bereit!
(Faust ab.)
MEPHISTOPHELES *(in Fausts langem Kleide)*.
Verachte nur Vernunft und Wissenschaft,
Des Menschen allerhöchste Kraft,
Lass nur in Blend- und Zauberwerken
Dich von dem Lügengeist bestärken,
1855 So hab ich dich schon unbedingt[2] –
Ihm hat das Schicksal einen Geist gegeben,
Der ungebändigt immer vorwärts dringt,
Und dessen übereiltes Streben
Der Erde Freuden überspringt.
1860 Den schlepp ich durch das wilde Leben,

---
[1] langweilen
[2] ohne Bedingung, also auch ohne den Vertrag, wie er eben geschlossen wurde

Durch flache Unbedeutenheit,
Er soll mir zappeln, starren, kleben,
Und seiner Unersättlichkeit
Soll Speis und Trank vor gier'gen Lippen schweben;
1865 Er wird Erquickung sich umsonst erflehn,
Und hätt er sich auch nicht dem Teufel übergeben,
Er müsste doch zugrunde gehn!

Ein Schüler[1] tritt auf.

SCHÜLER. Ich bin allhier erst kurze Zeit,
Und komme voll Ergebenheit,
1870 Einen Mann zu sprechen und zu kennen,
Den alle mir mit Ehrfurcht nennen.
MEPHISTOPHELES. Eure Höflichkeit erfreut mich sehr!
Ihr seht einen Mann wie andre mehr,
Habt Ihr Euch sonst schon umgetan?
1875 SCHÜLER. Ich bitt Euch, nehmt Euch meiner an!
Ich komme mit allem guten Mut,
Leidlichem Geld und frischem Blut;
Meine Mutter wollte mich kaum entfernen;
Möchte gern was Rechts hieraußen lernen.
1880 MEPHISTOPHELES. Da seid Ihr eben recht am Ort.
SCHÜLER. Aufrichtig, möchte schon wieder fort:
In diesen Mauern, diesen Hallen
Will es mir keineswegs gefallen.
Es ist ein gar beschränkter Raum,
1885 Man sieht nichts Grünes, keinen Baum,
Und in den Sälen, auf den Bänken,
Vergeht mir Hören, Sehn und Denken.
MEPHISTOPHELES.
Das kommt nur auf Gewohnheit an.
So nimmt ein Kind der Mutter Brust
1890 Nicht gleich im Anfang willig an,
Doch bald ernährt es sich mit Lust.

---

[1] Student

So wird's Euch an der Weisheit Brüsten
Mit jedem Tage mehr gelüsten.
SCHÜLER. An ihrem Hals will ich mit Freuden hangen;
Doch sagt mir nur, wie kann ich hingelangen?
MEPHISTOPHELES. Erklärt Euch, eh Ihr weitergeht,
Was wählt Ihr für eine Fakultät?
SCHÜLER. Ich wünschte recht gelehrt zu werden,
Und möchte gern, was auf der Erden
Und in dem Himmel ist, erfassen,
Die Wissenschaft und die Natur.
MEPHISTOPHELES. Da seid Ihr auf der rechten Spur;
Doch müsst Ihr Euch nicht zerstreuen lassen.
SCHÜLER. Ich bin dabei mit Seel und Leib;
Doch freilich würde mir behagen
Ein wenig Freizeit und Zeitvertreib
An schönen Sommerfeiertagen.
MEPHISTOPHELES.
Gebraucht der Zeit, sie geht so schnell von hinnen,
Doch Ordnung lehrt Euch Zeit gewinnen.
Mein teurer Freund, ich rat Euch drum
Zuerst Collegium Logicum[1].
Da wird der Geist Euch wohl dressiert,
In spanische Stiefeln[2] eingeschnürt,
Dass er bedächtiger so fortan
Hinschleiche die Gedankenbahn,
Und nicht etwa, die Kreuz und Quer,
Irrlichteliere hin und her.
Dann lehret man Euch manchen Tag,
Dass, was Ihr sonst auf einen Schlag
Getrieben, wie Essen und Trinken frei,
Eins! Zwei! Drei! dazu nötig sei.
Zwar ist's mit der Gedankenfabrik
Wie mit einem Weber-Meisterstück[3].

---

[1] Vorlesung über Logik
[2] Folterwerkzeug
[3] Der Sinn ist, dass der schaffende Geist das Ganze auf einmal übersieht und handhabt, während der kleine Geist von der Betrachtung des Einzelnen nie zum Ganzen gelangt.

Wo *ein* Tritt tausend Fäden regt,
Die Schifflein herüber hinüber schießen,
Die Fäden ungesehen fließen,
Ein Schlag tausend Verbindungen schlägt.
Der Philosoph, der tritt herein
Und beweist Euch, es müsst so sein:
Das Erst wär so, das Zweite so,
Und drum das Dritt und Vierte so;
Und wenn das Erst und Zweit nicht wär,
Das Dritt und Viert wär nimmermehr.
Das preisen die Schüler allerorten,
Sind aber keine Weber geworden.
Wer will was Lebendigs erkennen und beschreiben,
Sucht erst den Geist herauszutreiben,
Dann hat er die Teile in seiner Hand,
Fehlt leider! nur das geistige Band.
Encheiresin naturae[1] nennt's die Chemie,
Spottet ihrer selbst und weiß nicht wie.

SCHÜLER. Kann Euch nicht eben ganz verstehen.

MEPHISTOPHELES.
Das wird nächstens schon besser gehen,
Wenn Ihr lernt alles reduzieren[2]
Und gehörig klassifizieren.

SCHÜLER. Mir wird von alledem so dumm,
Als ging' mir ein Mühlrad im Kopf herum.

MEPHISTOPHELES. Nachher, vor allen andern Sachen,
Müsst Ihr Euch an die Metaphysik[3] machen!
Da seht, dass Ihr tiefsinnig fasst,
Was in des Menschen Hirn nicht passt;
Für was drein geht und nicht drein geht,
Ein prächtig Wort zu Diensten steht.
Doch vorerst dieses halbe Jahr
Nehmt ja der besten Ordnung wahr.
Fünf Stunden habt Ihr jeden Tag;
Seid drinnen mit dem Glockenschlag!

---

[1] „Handgriff der Natur"; vom Menschen nicht reproduzierbare Verhaltensweisen der Natur
[2] zurückführen (lat. reducere)
[3] Wissenschaft von den Grundlagen des Seins

Habt Euch vorher wohl präpariert[1],
Paragraphos wohl einstudiert,
Damit Ihr nachher besser seht,
Dass er nichts sagt, als was im Buche steht;
Doch Euch des Schreibens ja befleißt,
Als diktiert' Euch der Heilig Geist!
SCHÜLER. Das sollt Ihr mir nicht zweimal sagen!
Ich denke mir, wie viel es nützt;
Denn, was man schwarz auf weiß besitzt,
Kann man getrost nach Hause tragen.
MEPHISTOPHELES. Doch wählt mir eine Fakultät![2]
SCHÜLER.
  Zur Rechtsgelehrsamkeit kann ich mich nicht bequemen.
MEPHISTOPHELES.
Ich kann es Euch so sehr nicht übelnehmen,
Ich weiß, wie es um diese Lehre steht.
Es erben sich Gesetz' und Rechte[3]
Wie eine ew'ge Krankheit fort;
Sie schleppen von Geschlecht sich zum Geschlechte,
Und rücken sacht von Ort zu Ort.
Vernunft wird Unsinn, Wohltat Plage;
Weh dir, dass du ein Enkel bist!
Vom Rechte, das mit uns geboren ist,
Von dem ist, leider, nie die Frage.
SCHÜLER. Mein Abscheu wird durch Euch vermehrt.
O glücklich der, den Ihr belehrt!
Fast möcht ich nun Theologie studieren.
MEPHISTOPHELES. Ich wünschte nicht, Euch irrezuführen.
Was diese Wissenschaft betrifft,
Es ist so schwer, den falschen Weg zu meiden,
Es liegt in ihr so viel verborgnes Gift,

---

[1] vorbereitet
[2] Die Fakultäten sind wissenschaftliche Teilbereiche der Universität; früher gab es vier Fakultäten: Theologie, Rechtswissenschaft, Medizin und Philosophie.
[3] Die Gesetze haben oft noch Geltung, wenn sich die Voraussetzungen für sie längst geändert haben. Dann schaden sie mehr, als sie nützen, und so empfindet der Enkel als Unsinn, was von den Vorfahren an Gesetzen als sinnvoll erdacht wurde.

Und von der Arzenei ist's kaum zu unterscheiden.
Am besten ist's auch hier, wenn Ihr nur *einen* hört,
Und auf des Meisters Worte schwört.
1990 Im Ganzen – haltet Euch an Worte!
Dann geht Ihr durch die sichre Pforte
Zum Tempel der Gewissheit ein.
SCHÜLER. Doch ein Begriff muss bei den Worten sein.
MEPHISTOPHELES.
Schon gut! Nur muss man sich nicht allzu ängstlich quälen;
1995 Denn eben wo Begriffe fehlen,
Da stellt ein Wort zur rechten Zeit sich ein.
Mit Worten lässt sich trefflich streiten,
Mit Worten ein System bereiten,
An Worte lässt sich trefflich glauben,
2000 Von einem Wort lässt sich kein Jota rauben.
SCHÜLER. Verzeiht, ich halte Euch auf mit vielen Fragen,
Allein ich muss Euch noch bemühn.
Wollt Ihr mir von der Medizin
Nicht auch ein kräftig Wörtchen sagen?
2005 Drei Jahr ist eine kurze Zeit,
Und, Gott! Das Feld ist gar zu weit.
Wenn man einen Fingerzeig nur hat,
Lässt sich's schon eher weiterfühlen.
MEPHISTOPHELES *(für sich).*
Ich bin des trocknen Tons nun satt,
2010 Muss wieder recht den Teufel spielen.
(Laut.) Der Geist der Medizin ist leicht zu fassen;
Ihr durchstudiert die groß' und kleine Welt[1],
Um es am Ende gehn zu lassen,
Wie's Gott gefällt.
2015 Vergebens, dass Ihr ringsum wissenschaftlich schweift,
Ein jeder lernt nur, was er lernen kann;
Doch der den Augenblick ergreift,
Das ist der rechte Mann.
Ihr seid doch ziemlich wohl gebaut,
2020 An Kühnheit wird's Euch auch nicht fehlen,
Und wenn Ihr Euch nur selbst vertraut,

---

[1] Synonym für Mikrokosmos (Mensch) und Makrokosmos (Welt)

Vertrauen Euch die andern Seelen.
Besonders lernt die Weiber führen;
Es ist ihr ewig Weh und Ach
2025 So tausendfach
Aus *einem* Punkte zu kurieren,
Und wenn Ihr halbweg ehrbar tut,
Dann habt Ihr sie all unterm Hut.
Ein Titel muss sie erst vertraulich machen,
2030 Dass Eure Kunst viel Künste übersteigt;
Zum Willkommen tappt Ihr dann nach allen Siebensachen,
Um die ein andrer viele Jahre streicht,
Versteht das Pülslein wohl zu drücken,
Und fasset sie mit feurig schlauen Blicken
2035 Wohl um die schlanke Hüfte frei,
Zu sehn, wie fest geschnürt sie sei.
SCHÜLER.
Das sieht schon besser aus! Man sieht doch, wo und wie.
MEPHISTOPHELES. Grau, teurer Freund, ist alle Theorie.
Und grün des Lebens goldner Baum[1].
2040 SCHÜLER. Ich schwör Euch zu, mir ist's als wie ein Traum.
Dürft ich Euch wohl ein andermal beschweren,
Von Eurer Weisheit auf den Grund zu hören?
MEPHISTOPHELES. Was ich vermag, soll gern geschehn.
SCHÜLER. Ich kann unmöglich wieder gehn,
2045 Ich muss Euch noch mein Stammbuch[2] überreichen,
Gönn Eure Gunst mir dieses Zeichen!
MEPHISTOPHELES. Sehr wohl. *(Er schreibt und gibt's.)*
SCHÜLER *(liest.)* Eritis sicut Deus, scientes bonum et malum.[3]
(Macht's ehrerbietig zu und empfiehlt sich.)
MEPHISTOPHELES.
Folg nur dem alten Spruch und meiner Muhme, der Schlange,
2050 Dir wird gewiss einmal bei deiner Gottähnlichkeit bange!

---

[1] Grün deutet auf Lebensfrische, gold auf echten Glanz hin.
[2] diente durch die Eintragung des Professors als Studienbeleg
[3] Mit diesen Worten lockt die Schlange im Paradies die Menschen, vom Baum der Erkenntnis zu essen. „Ihr werdet sein wie Gott und wissen, was Gut und Böse."

Faust tritt auf.

2051 FAUST. Wohin soll es nun gehn?
MEPHISTOPHELES. Wohin es dir gefällt.
Wir sehn die kleine, dann die große Welt[1].
Mit welcher Freude, welchem Nutzen
Wirst du den Cursum durchschmarutzen[2]!
2055 FAUST. Allein bei meinem langen Bart
Fehlt mir die leichte Lebensart.
Es wird mir der Versuch nicht glücken;
Ich wusste nie mich in die Welt zu schicken.
Vor andern fühl ich mich so klein;
2060 Ich werde stets verlegen sein.
MEPHISTOPHELES.
Mein guter Freund, das wird sich alles geben;
Sobald du dir vertraust, sobald weißt du zu leben.
FAUST. Wie kommen wir denn aus dem Haus?
Wo hast du Pferde, Knecht und Wagen?
2065 MEPHISTOPHELES. Wir breiten nur den Mantel aus,
Der soll uns durch die Lüfte tragen.
Du nimmst bei diesem kühnen Schritt
Nur keinen großen Bündel mit.
Ein bisschen Feuerluft[3], die ich bereiten werde,
2070 Hebt uns behänd von dieser Erde.
Und sind wir leicht, so geht es schnell hinauf;
Ich gratuliere dir zum neuen Lebenslauf!

Auerbachs Keller[4] in Leipzig

Zeche lustiger Gesellen.

FROSCH. Will keiner trinken? Keiner lachen?
Ich will euch lehren Gesichter machen!
2075 Ihr seid ja heut wie nasses Stroh,
Und brennt sonst immer lichterloh.

---

[1] bürgerliche und fürstlich stattliche Welt
[2] auf Kosten anderer leben
[3] den von erhitzter Luft nach oben getragenen Ballon erfand Montgolfiere im Jahre 1782
[4] Lokal, in dem Goethe als Student verkehrte

BRANDER. Das liegt an dir; du bringst ja nichts herbei,
   Nicht eine Dummheit, keine Sauerei.
FROSCH *(gießt ihm ein Glas Wein über den Kopf).*
   Da hast du beides!
BRANDER.   Doppelt Schwein!
2080 FROSCH. Ihr wollt es ja, man soll es sein!
SIEBEL. Zur Tür hinaus, wer sich entzweit!
   Mit offner Brust singt Runda[1], sauft und schreit!
   Auf! Holla! Ho!
ALTMAYER.   Weh mir, ich bin verloren!
   Baumwolle her! Der Kerl sprengt mir die Ohren.
2085 SIEBEL. Wenn das Gewölbe widerschallt,
   Fühlt man erst recht des Basses Grundgewalt.
FROSCH. So recht, hinaus mit dem, der etwas übelnimmt!
   A! Tara lara da!
ALTMAYER. A! Tara lara da!
FROSCH.   Die Kehlen sind gestimmt.
2090   *(Singt.)* Das liebe Heil'ge Röm'sche Reich,[2]
   Wie hält's nur noch zusammen?
BRANDER. Ein garstig Lied! Pfui! Ein politisch Lied,
   Ein leidig Lied! Dankt Gott mit jedem Morgen,
   Dass ihr nicht braucht fürs Röm'sche Reich zu sorgen!
2095 Ich halt es wenigstens für reichlichen Gewinn,
   Dass ich nicht Kaiser oder Kanzler bin.
   Doch muss auch uns ein Oberhaupt nicht fehlen;
   Wir wollen einen Papst erwählen[3].
   Ihr wisst, welch eine Qualität
2100 Den Ausschlag gibt, den Mann erhöht.
FROSCH *(singt).* Schwing dich auf, Frau Nachtigall,
   Grüß mir mein Liebchen zehentausendmal.
SIEBEL.
   Dem Liebchen keinen Gruß! Ich will davon nichts hören!
FROSCH.
   Dem Liebchen Gruß und Kuss! Du wirst mir's nicht verwehren!

---

[1] Bezeichnung für ein geselliges Lied
[2] Ab dem Mittelalter bis 1806 die Bezeichnung des deutschen Reiches, das von Otto dem Großen 962 gegründet wurde.
[3] derber Kneipenscherz, eine „Mannheitsprüfung"

| | *(Singt.)* | Riegel auf! In stiller Nacht. |

2105 *(Singt.)* Riegel auf! In stiller Nacht.
Riegel auf! Der Liebste wacht.
Riegel zu! Des Morgens früh.

SIEBEL. Ja, singe, singe nur und lob und rühme sie!
Ich will zu meiner Zeit schon lachen.
2110 Sie hat mich angeführt, dir wird sie's auch so machen.
Zum Liebsten sei ein Kobold ihr beschert!
Der mag mit ihr auf einem Kreuzweg schäkern;
Ein alter Bock[1], wenn er vom Blocksberg kehrt,
Mag im Galopp noch gute Nacht ihr meckern![2]
2115 Ein braver Kerl von echtem Fleisch und Blut
Ist für die Dirne viel zu gut.
Ich will von keinem Gruße wissen,
Als ihr die Fenster eingeschmissen!

BRANDER *(auf den Tisch schlagend).*
Passt auf! Passt auf! Gehorchet mir!
2120 Ihr Herrn, gesteht, ich weiß zu leben;
Verliebte Leute sitzen hier,
Und diesen muss, nach Standsgebühr,
Zur guten Nacht ich was zum Besten geben.
Gebt Acht! Ein Lied vom neusten Schnitt!
2125 Und singt den Rundreim kräftig mit!
(Er singt.) Es war ein Ratt im Kellernest,
Lebte nur von Fett und Butter,
Hatte sich ein Ränzlein angemäst't,
Als wie der Doktor Luther.
2130 Die Köchin hatt ihr Gift gestellt;
Da ward's so eng ihr in der Welt,
Als hätte sie Lieb im Leibe.

CHORUS *(jauchzend).* Als hätte sie Lieb im Leibe.

BRANDER. Sie fuhr herum, sie fuhr heraus,
2135 Und soff aus allen Pfützen,
Zernagt', zerkratzt' das ganze Haus,
Wollte nichts ihr Wüten nützen;
Sie tät gar manchen Ängstesprung,
Bald hatte das arme Tier genung,

---

[1] ein Teufel
[2] Verse 2111–2114: Vorausdeutung auf den Vorstellungskreis der „Hexenküche" und der „Walpurgisnacht"

2140		Als hätt es Lieb im Leibe.
	CHORUS.	Als hätt es Lieb im Leibe.
	BRANDER.	Sie kam vor Angst am hellen Tag

                Der Küche zugelaufen,
                Fiel an den Herd und zuckt' und lag,
2145   Und tät erbärmlich schnaufen.
                Da lachte die Vergifterin noch:
                Ha! Sie pfeift auf dem letzten Loch,
                Als hätte sie Lieb im Leibe.
    CHORUS.   Als hätte sie Lieb im Leibe.

2150 SIEBEL. Wie sich die platten Bursche[1] freuen!
    Es ist mir eine rechte Kunst,
    Den armen Ratten Gift zu streuen!
  BRANDER. Sie stehn wohl sehr in deiner Gunst?
  ALTMAYER. Der Schmerbauch mit der kahlen Platte[2]!
2155   Das Unglück macht ihn zahm und mild;
    Er sieht in der geschwollnen Ratte
    Sein ganz natürlich Ebenbild.

Faust und Mephistopheles treten auf.

MEPHISTOPHELES. Ich muss dich nun vor allen Dingen
    In lustige Gesellschaft bringen,
2160   Damit du siehst, wie leicht sich's leben lässt.
    Dem Volke hier wird jeder Tag ein Fest.
    Mit wenig Witz und viel Behagen
    Dreht jeder sich im engen Zirkeltanz,
    Wie junge Katzen mit dem Schwanz.
2165   Wenn sie nicht über Kopfweh klagen,
    Solang der Wirt nur weiter borgt,
    Sind sie vergnügt und unbesorgt.
  BRANDER. Die kommen eben von der Reise,
    Man sieht's an ihrer wunderlichen Weise;
2170   Sie sind nicht eine Stunde hier.
  FROSCH.
    Wahrhaftig, du hast Recht! Mein Leipzig lob ich mir!
    Es ist ein klein Paris und bildet seine Leute.
  SIEBEL. Für was siehst du die Fremden an?
  FROSCH. Lass mich nur gehn! Bei einem vollen Glase

---

[1] Studenten, Mitglieder einer Gesellschaft
[2] Glatze

²¹⁷⁵ Zieh ich, wie einen Kinderzahn,
Den Burschen leicht die Würmer aus der Nase.
Sie scheinen mir aus einem edlen Haus,
Sie sehen stolz und unzufrieden aus.
BRANDER. Marktschreier sind's gewiss, ich wette!
ALTMAYER. Vielleicht.
²¹⁸⁰ FROSCH.   Gib Acht, ich schraube[1] sie!
MEPHISTOPHELES *(zu Faust).*
Den Teufel spürt das Völkchen nie,
Und wenn er sie beim Kragen hätte.
FAUST. Seid uns gegrüßt, ihr Herrn!
SIEBEL.   Viel Dank zum Gegengruß.
(Leise, Mephistopheles von der Seite ansehend.)
Was hinkt der Kerl auf einem Fuß?
MEPHISTOPHELES.
²¹⁸⁵ Ist es erlaubt, uns auch zu euch zu setzen?
Statt eines guten Trunks, den man nicht haben kann,
Soll die Gesellschaft uns ergetzen.
ALTMAYER. Ihr scheint ein sehr verwöhnter Mann.
FROSCH.
Ihr seid wohl spät von Rippach[2] aufgebrochen?
²¹⁹⁰ Habt ihr mit Herren Hans[3] noch erst zu Nacht gespeist?
MEPHISTOPHELES.
Heut sind wir ihn vorbeigereist!
Wir haben ihn das letzte Mal gesprochen.
Von seinen Vettern wusst er viel zu sagen,
Viel Grüße hat er uns an jeden aufgetragen.
(Er neigt sich gegen Frosch.)
ALTMAYER *(leise).* Da hast du's! Der versteht's!
²¹⁹⁵ SIEBEL.   Ein pfiffiger Patron!
FROSCH. Nun, warte nur, ich krieg ihn schon!
MEPHISTOPHELES. Wenn ich nicht irrte, hörten wir
Geübte Stimmen Chorus singen?
Gewiss, Gesang muss trefflich hier
²²⁰⁰ Von dieser Wölbung widerklingen!
FROSCH. Seid Ihr wohl gar ein Virtuos?

---

[1] necken, erpressen
[2] Dorf zwischen Leipzig und Naumburg
[3] Gestalt des Leipziger Studentenwitzes

MEPHISTOPHELES.
O nein! die Kraft ist schwach, allein die Lust ist groß.
ALTMAYER. Gebt uns ein Lied!
MEPHISTOPHELES.   Wenn ihr begehrt, die Menge.
SIEBEL. Nur auch ein nagelneues Stück!
MEPHISTOPHELES.
2205 Wir kommen erst aus Spanien zurück,
Dem schönen Land des Weins und der Gesänge.
(Singt.)[1]   Es war einmal ein König,
Der hatt einen großen Floh –
FROSCH. Horcht! Einen Floh! Habt ihr das wohl gefasst?
2210 Ein Floh ist mir ein saubrer Gast.
MEPHISTOPHELES *(singt)*. Es war einmal ein König,
Der hatt einen großen Floh,
Den liebt' er gar nicht wenig,
Als wie seinen eignen Sohn.
Da rief er seinen Schneider,
2215   Der Schneider kam heran:
Da, miss dem Junker Kleider
Und miss ihm Hosen an!

BRANDAUER.
Vergesst nur nicht, dem Schneider einzuschärfen,
2220 Dass er mir aufs Genauste misst,
Und dass, so lieb sein Kopf ihm ist,
Die Hosen keine Falten werfen!
MEPHISTOPHELES. In Sammet und in Seide
War er nun angetan,
2225   Hatte Bänder auf dem Kleide,
Hatt auch ein Kreuz daran.
Und war sogleich Minister,
Und hatt einen großen Stern.
Da wurden seine Geschwister
2230   Bei Hof auch große Herrn.

Und Herrn und Fraun am Hofe,
Die waren sehr geplagt,
Die Königin und die Zofe
Gestochen und genagt,

---

[1] ein politisches Lied, Hofsatire

2235 Und durften sie nicht knicken,
Und weg sie jucken nicht.
Wir knicken und ersticken
Doch gleich, wenn einer sticht.
CHORUS *(jauchzend)*. Wir knicken und ersticken
2240 Doch gleich, wenn einer sticht.
FROSCH. Bravo! Bravo! Das war schön!
SIEBEL. So soll es jedem Floh ergehn!
BRANDER. Spitzt die Finger und packt sie fein!
ALTMAYER. Es lebe die Freiheit! Es lebe der Wein!
MEPHISTOPHELES.
2245 Ich tränke gern ein Glas, die Freiheit hoch zu ehren,
Wenn eure Weine nur ein bisschen besser wären.
STIEBEL. Wir mögen das nicht wieder hören!
MEPHISTOPHELES.
Ich fürchte nur, der Wirt beschweret sich;
Sonst gäb ich diesen werten Gästen
2250 Aus unserm Keller was zum Besten.
SIEBEL. Nur immer her! Ich nehm's auf mich.
FROSCH.
Schafft Ihr ein gutes Glas, so wollen wir Euch loben.
Nur gebt nicht gar zu kleine Proben,
Denn wenn ich judizieren[1] soll,
2255 Verlang ich auch das Maul recht voll.
ALTMAYER *(leise)*. Sie sind vom Rheine, wie ich spüre.
MEPHISTOPHELES.
Schafft einen Bohrer an![2]
BRANDER.   Was soll mit dem geschehn?
Ihr habt doch nicht die Fässer vor der Türe?
ALTMAYER.
Da hinten hat der Wirt ein Körbchen Werkzeug stehn.
MEPHISTOPHELES *(nimmt den Bohrer. Zu Frosch)*.
2260 Nun sagt, was wünschet Ihr zu schmecken?
FROSCH. Wie meint Ihr das? Habt Ihr so mancherlei?
MEPHISTOPHELES. Ich stell es einem jeden frei.
ALTMAYER *(zu Frosch)*.
Aha! Du fängst schon an, die Lippen abzulecken.

---

[1] urteilen
[2] schafft herbei

FROSCH.
> Gut! Wenn ich wählen soll, so will ich Rheinwein haben.
> Das Vaterland verleiht die allerbesten Gaben.

MEPHISTOPHELES *(indes er an dem Platz, wo Frosch sitzt, ein Loch in den Tischrand bohrt).*
> Verschafft ein wenig Wachs, die Pfropfen gleichzumachen!

ALTMAYER. Ach, das sind Taschenspielersachen.

MEPHISTOPHELES *(zu Brander).*
> Und ihr?

BRANDER. Ich will Champagner Wein,
> Und recht moussierend soll er sein!

(Mephistopheles bohrt; einer hat indessen die Wachspfropfen gemacht und verstopft.)

> Man kann nicht stets das Fremde meiden,
> Das Gute liegt uns oft so fern.
> Ein echter deutscher Mann mag keinen Franzen[1] leiden,
> Doch ihre Weine trinkt er gern.

SIEBEL *(indem sich Mephistopheles seinem Platz nähert).*
> Ich muss gestehn, den sauern mag ich nicht,
> Gebt mir ein Glas vom echten süßen!

MEPHISTOPHELES *(bohrt).* Euch soll sogleich Tokayer fließen.

ALTMAYER. Nein, Herren, seht mir ins Gesicht!
> Ich seh es ein, ihr habt uns nur zum Besten.

MEPHISTOPHELES. Ei! Ei! Mit solchen edlen Gästen
> Wär es ein bisschen viel gewagt.
> Geschwind! Nur grad heraus gesagt!
> Mit welchem Weine kann ich dienen?

ALTMAYER. Mit jedem! Nur nicht lang gefragt.

(Nachdem die Löcher alle gebohrt und verstopft sind.)

MEPHISTOPHELES *(mit seltsamen Gebärden).*
> Trauben trägt der Weinstock![2]
> Hörner der Ziegenbock;
> Der Wein ist saftig, Holz die Reben,
> Der hölzerne Tisch kann Wein auch geben.
> Ein tiefer Blick in die Natur!
> Hier ist ein Wunder, glaubet nur!
> Nun zieht die Pfropfen und genießt!

---

[1] ältere Form für Franzose
[2] Vers 2284 ff.: Kinderreime

ALLE *(indem sie die Pfropfen ziehen und jedem der verlangte Wein ins Glas läuft).*
O schöner Brunnen, der uns fließt!
MEPHISTOPHELES.
Nur hütet euch, dass ihr mir nichts vergießt!
(Sie trinken wiederholt.)
ALLE *(singen).* Uns ist ganz kannibalisch wohl.
    Als wie fünfhundert Säuen!
MEPHISTOPHELES.
2295 Das Volk ist frei, seht an, wie wohl's ihm geht!
FAUST. Ich hätte Lust, nun abzufahren.
MEPHISTOPHELES.
Gib nur erst Acht, die Bestialität
Wird sich gar herrlich offenbaren.
SIEBEL *(trinkt unvorsichtig, der Wein fließt auf die Erde und wird zur Flamme).*
Helft! Feuer! Helft! Die Hölle brennt!
MEPHISTOPHELES *(die Flamme besprechend).*
2300 Sei ruhig, freundlich Element! *(Zu den Gesellen.)*
Für diesmal war es nur ein Tropfen Fegefeuer.
SIEBEL. Was soll das sein? Wart! Ihr bezahlt es teuer!
Es scheinet, dass Ihr uns nicht kennt.
FROSCH. Lass Er uns das zum zweiten Male bleiben!
ALTMAYER.
2305 Ich dächt, wir hießen ihn ganz sachte seitwärtsgehn.
SIEBEL. Was, Herr? Er will sich unterstehn
Und hier sein Hokuspokus treiben?
MEPHISTOPHELES. Still, altes Weinfass!
SIEBEL.   Besenstiel!
Du willst uns gar noch grob begegnen?
2310 BRANDER. Wart nur, es sollen Schläge regnen!
ALTMAYER *(zieht einen Pfropf aus dem Tisch, es springt ihm Feuer entgegen).* Ich brenne! Ich brenne!
SIEBEL.   Zauberei!
Stoßt zu! Der Kerl ist vogelfrei[1]!
(Sie ziehen die Messer und gehn auf Mephistopheles los.)

---

[1] darf ungestraft getötet werden (Form der Bestrafung aus dem MA)

MEPHISTOPHELES *(mit ernsthafter Gebärde).*
    Falsch Gebild und Wort
    Verändern Sinn und Ort!
    Seid hier und dort!
(Sie stehen erstaunt und sehn einander an.)
ALTMAYER. Wo bin ich? Welches schöne Land!
FROSCH. Weinberge! Seh ich recht?
SIEBEL.   Und Trauben gleich zur Hand!
BRANDER. Hier unter diesem grünen Laube,
    Seht, welch ein Stock! Seht, welche Traube!
(Er fasst Siebeln bei der Nase. Die andern tun es wechselseitig und heben die Messer.)
MEPHISTOPHELES *(wie oben).*
    Irrtum, lass los der Augen Band!
    Und merkt euch, wie der Teufel spaße.
(Er verschwindet mit Faust, die Gesellen fahren auseinander.)
SIEBEL. Was gibt's?
ALTMAYER.   Wie?
FROSCH.   War das deine Nase?
BRANDER *(zu Siebel).* Und deine hab ich in der Hand!
ALTMAYER. Es war ein Schlag, der ging durch alle Glieder!
    Schafft einen Stuhl, ich sinke nieder!
FROSCH. Nein, sagt mir nur, was ist geschehn?
SIEBEL. Wo ist der Kerl? Wenn ich ihn spüre,
    Er soll mir nicht lebendig gehn!
ALTMAYER. Ich hab ihn selbst hinaus zur Kellertüre –
    Auf einem Fasse reiten sehn – –
    Es liegt mir bleischwer in den Füßen.
(Sich nach dem Tische wendend.)
    Mein![1] Sollte wohl der Wein noch fließen?
SIEBEL. Betrug war alles, Lug und Schein.
FROSCH. Mir deuchte doch, als tränk ich Wein.
BRANDER. Aber wie war es mit den Trauben?
ALTMAYER.
    Nun sag mir eins, man soll kein Wunder glauben!

---

[1] verkürzt für: „mein Freund"

Hexenküche

Auf einem niedrigen Herde steht ein großer Kessel über dem Feuer. In dem Dampfe, der davon in die Höhe steigt, zeigen sich verschiedene Gestalten. Eine Meerkatze sitzt bei dem Kessel und schäumt ihn und sorgt, dass er nicht überläuft. Der Meerkater mit den Jungen sitzt daneben und wärmt sich. Wände und Decke sind mit dem seltsamsten Hexenhausrat ausgeschmückt.

Faust. Mephistopheles.

FAUST. Mir widersteht das tolle Zauberwesen!
Versprichst du mir, ich soll genesen
In diesem Wust von Raserei?
2340 Verlang ich Rat, von einem alten Weibe?
Und schafft die Sudelköcherei
Wohl dreißig Jahre mir vom Leibe?
Weh mir, wenn du nichts Bessers weißt!
Schon ist die Hoffnung mir verschwunden.
2345 Hat die Natur und hat ein edler Geist
Nicht irgendeinen Balsam ausgefunden?
MEPHISTOPHELES.
Mein Freund, nun sprichst du wieder klug!
Dich zu verjüngen, gibt's auch ein natürlich Mittel;
Allein es steht in einem andern Buch
2350 Und ist ein wunderlich Kapitel.
FAUST. Ich will es wissen.
MEPHISTOPHELES. Gut! Ein Mittel, ohne Geld
Und Arzt und Zauberei zu haben:
Begib dich gleich hinaus aufs Feld,
Fang an zu hacken und zu graben,
2355 Erhalte dich und deinen Sinn
In einem ganz beschränkten Kreise,
Ernähre dich mit ungemischter Speise,
Leb mit dem Vieh als Vieh und acht es nicht für Raub,
Den Acker, den du erntest, selbst zu düngen;
2360 Das ist das beste Mittel, glaub,
Auf achtzig Jahr dich zu verjüngen!
FAUST.
Das bin ich nicht gewöhnt, ich kann mich nicht bequemen,
Den Spaten in die Hand zu nehmen.

Das enge Leben steht mir gar nicht an.
MEPHISTOPHELES. So muss denn doch die Hexe dran.
FAUST. Warum denn just das alte Weib!
Kannst du den Trank nicht selber brauen?
MEPHISTOPHELES. Das wär ein schöner Zeitvertreib!
Ich wollt indes wohl tausend Brücken bauen.
Nicht Kunst und Wissenschaft allein,
Geduld will bei dem Werke sein.
Ein stiller Geist ist jahrelang geschäftig.
Die Zeit nur macht die feine Gärung kräftig.
Und alles, was dazu gehört,
Es sind gar wunderbare Sachen!
Der Teufel hat sie's zwar gelehrt;
Allein der Teufel kann's nicht machen.
(Die Tiere erblickend.)
Sieh, welch ein zierliches Geschlecht!
Das ist die Magd! Das ist der Knecht!
(Zu den Tieren.)
Es scheint, die Frau ist nicht zu Hause?
DIE TIERE.   Beim Schmause,
                Aus dem Haus
                Zum Schornstein hinaus!
MEPHISTOPHELES.
Wie lange pflegt sie wohl zu schwärmen?
DIE TIERE. So lange wir uns die Pfoten wärmen.
MEPHISTOPHELES *(zu Faust)*.
Wie findest du die zarten Tiere?
FAUST. So abgeschmackt, als ich nur jemand sah!
MEPHISTOPHELES. Nein, ein Discours wie dieser da
Ist grade der, den ich am liebsten führe!
(Zu den Tieren.) So sagt mir doch, verfluchte Puppen,
Was quirlt ihr in dem Brei herum?
DIE TIERE. Wir kochen breite Bettelsuppen[1].
MEPHISTOPHELES. Da habt ihr ein groß Publikum.
DER KATER *(macht sich herbei und schmeichelt dem Mephistopheles)*.
            O würfle nur gleich,
            Und mache mich reich,

---
[1] Suppen, die an Bettler verteilt wurden

Und lass mich gewinnen!
Gar schlecht ist's bestellt,
Und wär ich bei Geld,
So wär ich bei Sinnen.

MEPHISTOPHELES.
2400 Wie glücklich würde sich der Affe schätzen,
Könnt er nur auch ins Lotto setzen!
(Indessen haben die jungen Meerkätzchen mit einer großen Kugel gespielt und rollen sie hervor.)

DER KATER. Das ist die Welt;
Sie steigt und fällt
Und rollt beständig;
2405 Sie klingt wie Glas –
Wie bald bricht das!
Ist hohl inwendig.
Hier glänzt sie sehr
Und hier noch mehr:
2410 Ich bin lebendig!
Mein lieber Sohn,
Halt dich davon!
Du musst sterben!
Sie ist von Ton,
2415 Es gibt Scherben.

MEPHISTOPHELES. Was soll das Sieb[1]?
DER KATER *(holt es herunter).*
Wärst du ein Dieb,
Wollt ich dich gleich erkennen.
(Er läuft zur Kätzin und lässt sie durchsehen.)
Sieh durch das Sieb!
2420 Erkennst du den Dieb,
Und darfst ihn nicht nennen?

MEPHISTOPHELES *(sich dem Feuer nähernd).*
Und dieser Topf?
KATER und KÄTZIN. Der alberne Tropf!
Er kennt nicht den Topf,
2425 Er kennt nicht den Kessel!

---

[1] Hilfsmittel der Hexen; Mittel, um Diebe entlarven zu können

Hexenküche

MEPHISTOPHELES. Unhöfliches Tier!
DER KATER. Den Wedel[1] nimm hier,
Und setz dich in Sessel!
(Er nötigt den Mephistopheles zu sitzen.)
FAUST *(welcher diese Zeit über vor einem Spiegel gestanden, sich ihm bald genähert, bald sich von ihm entfernt hat).*
Was seh ich? Welch ein himmlisch Bild[2]
Zeigt sich in diesem Zauberspiegel!
O Liebe, leihe mir den schnellsten deiner Flügel
Und führe mich in ihr Gefild!
Ach wenn ich nicht auf dieser Stelle bleibe,
Wenn ich es wage, nah zu gehn,
Kann ich sie nur als wie im Nebel sehn! –
Das schönste Bild von einem Weibe?
Ist's möglich, ist das Weib so schön?
Muss ich an diesem hingestreckten Leibe
Den Inbegriff von allen Himmeln sehn?
So etwas findet sich auf Erden?
MEPHISTOPHELES.
Natürlich, wenn ein Gott sich erst sechs Tage plagt
Und selbst am Ende Bravo sagt,
Da muss es was Gescheites werden.
Für diesmal sieh dich immer satt;
Ich weiß dir so ein Schätzchen auszuspüren,
Und selig, wer das gute Schicksal hat,
Als Bräutigam sie heimzuführen!
(Faust sieht immerfort in den Spiegel. Mephistopheles, sich in dem Sessel dehnend und mit dem Wedel spielend, fährt fort zu sprechen.)
Hier sitz ich wie der König auf dem Throne,
Den Zepter halt ich hier, es fehlt nur noch die Krone.
DIE TIERE *(welche bisher allerlei wunderliche Bewegungen durcheinander gemacht haben, bringen dem Mephistopheles eine Krone mit großem Geschrei).*
O sei doch so gut,

---

[1] Verspottung der Monarchie in Frankreich
[2] Venusdarstellungen, wie die von Tizian oder Giorgione

> Mit Schweiß und mit Blut
> Die Krone zu leimen![1]

(Sie gehn ungeschickt mit der Krone um und zerbrechen sie in zwei Stücke, mit welchen sie herumspringen.)

> Nun ist es geschehn!
> Wir reden und sehn,
> Wir hören und reimen –

FAUST *(gegen den Spiegel).*

Weh mir! Ich werde schier verrückt.

MEPHISTOPHELES *(auf die Tiere deutend).*

Nun fängt mir an, fast selbst der Kopf zu schwanken.

DIE TIERE.   Und wenn es uns glückt,
> Und wenn es sich schickt,
> So sind es Gedanken!

FAUST *(wie oben).* Mein Busen fängt mir an zu brennen!
Entfernen wir uns nur geschwind!

MEPHISTOPHELES *(in obiger Stellung).*

Nun, wenigstens muss man bekennen,
Dass es aufrichtige Poeten[2] sind.

(Der Kessel, welchen die Kätzin bisher außer Acht gelassen, fängt an überzulaufen; es entsteht eine große Flamme, welche zum Schornstein hinausschlägt. Die Hexe kommt durch die Flamme mit entsetzlichem Geschrei heruntergefahren.)

DIE HEXE. Au! Au! Au! Au!
Verdammtes Tier! Verfluchte Sau!
Versäumst den Kessel, versengst die Frau!
Verfluchtes Tier! *(Faust und Mephistopheles erblickend.)*
> Was ist das hier?
> Wer seid ihr hier?
> Was wollt ihr da?
> Wer schlich sich ein?
> Die Feuerpein
> Euch ins Gebein!

---

[1] Anspielung auf eine blamable Korruptionsaffäre der Monarchie in Frankreich
[2] Verspottung dichtender Zeitgenossen, die zugeben, beim Reimen zufällig auch einen Gedanken entwickelt zu haben

*(Sie fährt mit dem Schaumlöffel in den Kessel und spritzt
Flammen nach Faust, Mephistopheles und den Tieren. Die
Tiere winseln.)*
MEPHISTOPHELES *(welcher den Wedel, den er in der Hand
hält, umkehrt und unter die Gläser und Töpfe schlägt).*

₂₄₇₅   Entzwei! Entzwei!
         Da liegt der Brei!
         Da liegt das Glas!
         Es ist nur Spaß,
         Der Takt, du Aas,
₂₄₈₀   Zu deiner Melodei.
(Indem die Hexe voll Grimm und Entsetzen zurücktritt.)
Erkennst du mich? Gerippe! Scheusal du!
Erkennst du deinen Herrn und Meister?
Was hält mich ab, so schlag ich zu,
Zerschmettre dich und deine Katzengeister!
₂₄₈₅ Hast du vorm roten Wams nicht mehr Respekt?
Kannst du die Hahnenfeder nicht erkennen?
Hab ich dies Angesicht versteckt?
Soll ich mich etwa selber nennen?
DIE HEXE. O Herr, verzeiht den rohen Gruß!
₂₄₉₀ Seh ich doch keinen Pferdefuß[1],
Wo sind denn Eure beiden Raben[2]?
MEPHISTOPHELES. Für diesmal kommst du so davon;
Denn freilich ist es eine Weile schon,
Dass wir uns nicht gesehen haben.
₂₄₉₅ Auch die Kultur, die alle Welt beleckt,
Hat auf den Teufel sich erstreckt;
Das nordische Phantom ist nun nicht mehr zu schauen;
Wo siehst du Hörner, Schweif und Klauen?
Und was den Fuß betrifft, den ich nicht missen kann,
₂₅₀₀ Der würde mir bei Leuten schaden;
Darum bedien ich mich, wie mancher junge Mann,
Seit vielen Jahren falscher Waden.
DIE HEXE *(tanzend).*
Sinn und Verstand verlier ich schier,
Seh ich den Junker Satan wieder hier!

---

[1] gehört zum Bild des nordischen Teufels
[2] eigentlich Wotans Begleiter

Hexenküche

2505 MEPHISTOPHELES. Den Namen, Weib, verbitt ich mir!
DIE HEXE. Warum? Was hat er Euch getan?
MEPHISTOPHELES.
    Er ist schon lang ins Fabelbuch geschrieben;
    Allein die Menschen sind nichts besser dran,
    Den Bösen sind sie los, die Bösen sind geblieben.
2510   Du nennst mich Herr Baron, so ist die Sache gut;
    Ich bin ein Kavalier, wie andre Kavaliere.
    Du zweifelst nicht an meinem edlen Blut;
    Sieh her, das ist das Wappen, das ich führe!
    (Er macht eine unanständige Gebärde[1].)
DIE HEXE *(lacht unmäßig).* Ha! Ha! Das ist in Eurer Art!
2515 Ihr seid ein Schelm, wie Ihr nur immer wart!
MEPHISTOPHELES *(zu Faust).*
    Mein Freund, das lerne wohl verstehn!
    Dies ist die Art, mit Hexen umzugehn.
DIE HEXE. Nun sagt, ihr Herren, was ihr schafft[2].
MEPHISTOPHELES.
    Ein gutes Glas von dem bekannten Saft!
2520   Doch muss ich Euch ums Älteste bitten;
    Die Jahre doppeln seine Kraft.
DIE HEXE. Gar gern! Hier hab ich eine Flasche,
    Aus der ich selbst zuweilen nasche,
    Die auch nicht mehr im Mindsten stinkt;
2525 Ich will euch gerne ein Gläschen geben.
    (Leise.) Doch wenn es dieser Mann unvorbereitet trinkt,
    So kann er, wisst Ihr wohl, nicht eine Stunde leben.
MEPHISTOPHELES.
    Es ist ein guter Freund, dem es gedeihen soll;
    Ich gönn ihm gern das Beste deiner Küche.
2530 Zieh deinen Kreis, sprich deine Sprüche,
    Und gib ihm eine Tasse voll!
    (Die Hexe, mit seltsamen Gebärden, zieht einen Kreis und
    stellt wunderbare Sachen hinein; indessen fangen die Gläser
    an zu klingen, die Kessel zu tönen und machen Musik. Zuletzt
    bringt sie ein großes Buch, stellt die Meerkatzen in den Kreis,

---

[1] Der Schauspieler habe sich hierbei aufs Hinterteil zu schlagen (Regiehinweis Goethes).
[2] befiehlt, wollt

die ihr zum Pult dienen und die Fackel halten müssen. Sie winkt Fausten, zu ihr zu treten.)
FAUST *(zu Mephistopheles)*.
    Nein, sage mir, was soll das werden?
    Das tolle Zeug, die rasenden Gebärden,
    Der abgeschmackteste Betrug,
2535   Sind mir bekannt, verhasst genug.
MEPHISTOPHELES. Ei Possen! Das ist nur zum Lachen;
    Sei nur nicht ein so strenger Mann!
    Sie muss als Arzt ein Hokuspokus machen,
    Damit der Saft dir wohl gedeihen kann.
    (Er nötigt Fausten, in den Kreis zu treten.)
DIE HEXE *(mit großer Emphase fängt an, aus dem Buche zu deklamieren)*.
2540   Du musst verstehn!
    Aus Eins mach Zehn,
    Und Zwei lass gehn,
    Und Drei mach gleich,
    So bist du reich.
2545   Verlier die Vier!
    Aus Fünf und Sechs,
    So sagt die Hex,
    Mach Sieben und Acht,
    So ist's vollbracht:
2550   Und Neun ist Eins,
    Und Zehn ist keins.
    Das ist das Hexen-Einmaleins.
FAUST. Mich dünkt, die Alte spricht im Fieber.
MEPHISTOPHELES. Das ist noch lange nicht vorüber,
2555   Ich kenn es wohl, so klingt das ganze Buch;
    Ich habe manche Zeit damit verloren,
    Denn ein vollkommner Widerspruch
    Bleibt gleich geheimnisvoll für Kluge wie für Toren.
    Mein Freund, die Kunst ist alt und neu.
2560   Es war die Art zu allen Zeiten,
    Durch Drei und Eins, und Eins und Drei[1],

---

[1] Mephisto verspottet den Dreieinigkeitsglauben.

Irrtum statt Wahrheit zu verbreiten.
So schwätzt und lehrt man ungestört;
Wer will sich mit den Narrn befassen?
Gewöhnlich glaubt der Mensch, wenn er nur Worte hört,
2566 Es müsse sich dabei doch auch was denken lassen.
   DIE HEXE *(fährt fort)*. Die hohe Kraft
      Der Wissenschaft,
      Der ganzen Welt verborgen!
2570   Und wer nicht denkt,
      Dem wird sie geschenkt,
      Er hat sie ohne Sorgen.
   FAUST. Was sagt sie uns für Unsinn vor?
Es wird mir gleich der Kopf zerbrechen.
2575 Mich dünkt, ich hör ein ganzes Chor
Von hunderttausend Narren sprechen.
   MEPHISTOPHELES. Genug, genug, o treffliche Sibylle[1]!
Gib deinen Trank herbei und fülle
Die Schale rasch bis an den Rand hinan;
2580 Denn meinem Freund wird dieser Trunk nicht schaden:
Er ist ein Mann von vielen Graden[2].
Der manchen guten Schluck getan.
(Die Hexe, mit vielen Zeremonien, schenkt den Trank in eine Schale; wie sie Faust an den Mund bringt, entsteht eine leichte Flamme.)
Nur frisch hinunter! Immer zu!
Es wird dir gleich das Herz erfreuen.
2585 Bist mit dem Teufel du und du,
Und willst dich vor der Flamme scheuen?
(Die Hexe löst den Kreis. Faust tritt heraus.)
Nun frisch hinaus! Du darfst nicht ruhn.
   DIE HEXE. Mög Euch das Schlückchen wohl behagen!
   MEPHISTOPHELES *(zur Hexe)*.
2590 Und kann ich dir was zu Gefallen tun,
So darfst du mir's nur auf Walpurgis[3] sagen.
   DIE HEXE. Hier ist ein Lied! Wenn Ihr's zuweilen singt,
So werdet Ihr besondere Wirkung spüren.

---
[1] hässliche, alte Frau, Hexe; ursprünglich: würdige Frau
[2] akademische Grade: Magister, Doktor, Professor
[3] Nacht, in der sich der Teufel mit den Hexen trifft (30.4./1.5.)

MEPHISTOPHELES *(zu Faust).*
  Komm nur geschwind und lass dich führen;
  Du musst notwendig transpirieren,
2595 Damit die Kraft durch Inn- und Äußres dringt.
  Den edlen Müßiggang lehr ich hernach dich schätzen,
  Und bald empfindest du mit innigem Ergetzen,
  Wie sich Cupido[1] regt und hin und wider springt.
FAUST. Lass mich nur schnell noch in den Spiegel schauen!
2600 Das Frauenbild war gar zu schön!
MEPHISTOPHELES.
  Nein! Nein! Du sollst das Muster aller Frauen
  Nun bald leibhaftig vor dir sehn.
  (Leise.) Du siehst, mit diesem Trank im Leibe,
  Bald Helenen[2] in jedem Weibe.

Straße
Faust. Margarete vorübergehend.
2605 FAUST. Mein schönes Fräulein[3], darf ich wagen,
  Meinen Arm und Geleit Ihr anzutragen?
MARGARETE.
  Bin weder Fräulein, weder schön,
  Kann ungeleitet nach Hause gehn.
  (Sie macht sich los und ab.)
FAUST. Beim Himmel, dieses Kind ist schön!
2610 So etwas hab ich nie gesehn.
  Sie ist so sitt- und tugendreich
  Und etwas schnippisch doch zugleich.
  Der Lippe Rot, der Wange Licht,
  Die Tage der Welt vergess ich's nicht!
2615 Wie sie die Augen niederschlägt,
  Hat tief sich in mein Herz geprägt;
  Wie sie kurz angebunden war,
  Das ist nun zum Entzücken gar!

Mephistopheles tritt auf.
FAUST. Hör, du musst mir die Dirne[4] schaffen!

---
[1] Liebesverlangen, Begierde
[2] hier: schönste, begehrenswerteste Frau in Anspielung auf den Trojanischen Krieg um Helena
[3] Anrede für eine unverheiratete Frau von Adel
[4] Mädchen (nicht abwertend)

MEPHISTOPHELES. Nun, welche?

FAUST. Sie ging just vorbei.

MEPHISTOPHELES. Da die? Sie kam von ihrem Pfaffen,
Der sprach sie aller Sünden frei;
Ich schlich mich hart am Stuhl[1] vorbei,
Es ist ein gar unschuldig Ding,
Das eben für nichts zur Beichte ging;
Über die hab ich keine Gewalt!

FAUST. Ist über vierzehn Jahr doch alt.

MEPHISTOPHELES. Du sprichst ja wie Hans Liederlich,
Der begehrt jede liebe Blum für sich,
Und dünkelt ihm, es wär kein Ehr
Und Gunst, die nicht zu pflücken wär;
Geht aber doch nicht immer an.

FAUST. Mein Herr Magister Lobesan[2],
Lass Er mich mit dem Gesetz in Frieden!
Und das sag ich Ihm kurz und gut:
Wenn nicht das süße junge Blut
Heut Nacht in meinen Armen ruht,
So sind wir um Mitternacht geschieden.

MEPHISTOPHELES. Bedenkt, was gehn und stehen mag!
Ich brauche wenigstens vierzehn Tag,
Nur die Gelegenheit auszuspüren.

FAUST. Hätt ich nur sieben Stunden Ruh,
Brauchte den Teufel nicht dazu,
So ein Geschöpfchen zu verführen.

MEPHISTOPHELES.
Ihr sprecht schon fast wie ein Franzos;
Doch bitt ich, lasst's Euch nicht verdrießen:
Was hilft's, nur grade zu genießen?
Die Freud ist lange nicht so groß,
Als wenn Ihr erst herauf, herum,
Durch allerlei Brimborium,
Das Püppchen geknetet und zugericht't,
Wie's lehrt manche welsche Geschicht[3].

FAUST. Hab Appetit auch ohne das.

---

[1] hier: Beichtstuhl
[2] löblich, einem Titel nachgesetzt
[3] erotische Erzählung aus Frankreich oder Italien

MEPHISTOPHELES.
    Jetzt ohne Schimpf[1] und ohne Spaß:
2655   Ich sag Euch, mit dem schönen Kind
    Geht's ein für alle Mal nicht geschwind.
    Mit Sturm ist da nichts einzunehmen;
    Wir müssen uns zur List bequemen.
FAUST. Schaff mir etwas vom Engelsschatz!
2660   Führ mich an ihren Ruheplatz!
    Schaff mir ein Halstuch von ihrer Brust,
    Ein Strumpfband meiner Liebeslust!
MEPHISTOPHELES. Damit Ihr seht, dass ich Eurer Pein
    Will förderlich und dienstlich sein,
2665   Wollen wir keinen Augenblick verlieren,
    Will Euch noch heut in ihr Zimmer führen.
FAUST. Und soll sie sehn? Sie haben?
MEPHISTOPHELES.   Nein!
    Sie wird bei einer Nachbarin sein.
    Indessen könnt Ihr ganz allein
2670   An aller Hoffnung künft'ger Freuden
    In ihrem Dunstkreis satt Euch weiden.
FAUST. Können wir hin?
MEPHISTOPHELES.   Es ist noch zu früh.
FAUST. Sorg du mir für ein Geschenk für sie! *(Ab.)*
MEPHISTOPHELES.
    Gleich schenken? Das ist brav! Da wird er reüssieren[2]!
2675   Ich kenne manchen schönen Platz
    Und manchen alt vergrabnen Schatz;
    Ich muss ein bisschen revidieren. *(Ab.)*

Abend

*Ein kleines reinliches Zimmer.
Margarete ihre Zöpfe flechtend und aufbindend.*

MARGARETE. Ich gäb was drum, wenn ich nur wüsst,
    Wer heut der Herr gewesen ist!
2680   Er sah gewiss recht wacker aus,
    Und ist aus einem edlen Haus;

---

[1] Scherz
[2] frz. réussir = Erfolg haben

Das konnt ich ihm an der Stirne lesen –
Er wär auch sonst nicht so keck gewesen. *(Ab.)*

Mephistopheles. Faust.

MEPHISTOPHELES. Herein, ganz leise, nur herein!
FAUST *(nach einigem Stillschweigen).*
Ich bitte dich, lass mich allein!
MEPHISTOPHELES *(herumspürend).*
Nicht jedes Mädchen hält so rein. *(Ab.)*
FAUST *(rings aufschauend).*
Willkommen, süßer Dämmerschein,
Der du dies Heiligtum durchwebst!
Ergreif mein Herz, du süße Liebespein,
Die du vom Tau der Hoffnung schmachtend lebst!
Wie atmet rings Gefühl der Stille,
Der Ordnung, der Zufriedenheit!
In dieser Armut welche Fülle!
In diesem Kerker welche Seligkeit!
(Er wirft sich auf den ledernen Sessel am Bette.)
O nimm mich auf, der du die Vorwelt schon
Bei Freud und Schmerz im offnen Arm empfangen!
Wie oft, ach, hat an diesem Väterthron
Schon eine Schar von Kindern rings gehangen!
Vielleicht hat, dankbar für den heil'gen Christ,
Mein Liebchen hier, mit vollen Kinderwangen,
Dem Ahnherrn fromm die welke Hand geküsst.
Ich fühl, o Mädchen, deinen Geist
Der Füll und Ordnung um mich säuseln,
Der mütterlich dich täglich unterweist,
Den Teppich auf den Tisch dich reinlich breiten heißt,
Sogar den Sand zu deinen Füßen kräuseln.
O liebe Hand! So göttergleich!
Die Hütte wird durch dich ein Himmelreich.
Und hier!
(Er hebt einen Bettvorhang auf.)
    Was fasst mich für ein Wonnegraus!
Hier möcht ich volle Stunden säumen.
Natur! Hier bildetest in leichten Träumen
Den eingebornen Engel aus!

Hier lag das Kind! Mit warmem Leben
Den zarten Busen angefüllt,
Und hier mit heilig reinem Weben
Entwirkte sich[1] das Götterbild!

Und du! Was hat dich hergeführt?
Wie innig fühl ich mich gerührt!
Was willst du hier? Was wird das Herz dir schwer?
Armsel'ger Faust! Ich kenne dich nicht mehr.

Umgibt mich hier ein Zauberduft?
Mich drang's, so grade zu genießen,
Und fühle mich in Liebestraum zerfließen!
Sind wir ein Spiel von jedem Druck der Luft?

Und träte sie den Augenblick herein,
Wie würdest du für deinen Frevel büßen!
Der große Hans[2], ach wie so klein!
Läg, hingeschmolzen, ihr zu Füßen.

MEPHISTOPHELES *(kommt)*.
 Geschwind! Ich seh sie unten kommen.
FAUST. Fort! Fort! Ich kehre nimmermehr!
MEPHISTOPHELES.
 Hier ist ein Kästchen leidlich schwer,
 Ich hab's woanders hergenommen.
 Stellt's hier nur immer in den Schrein,
 Ich schwör Euch, ihr vergehn die Sinnen;
 Ich tat Euch Sächelchen hinein,
 Um eine andre zu gewinnen.
 Zwar Kind ist Kind und Spiel ist Spiel.
FAUST. Ich weiß nicht, soll ich?
MEPHISTOPHELES. Fragt Ihr viel?
 Meint Ihr vielleicht den Schatz zu wahren?
 Dann rat ich Eurer Lüsternheit,
 Die liebe schöne Tageszeit
 Und mir die weitre Müh zu sparen.
 Ich hoff nicht, dass Ihr geizig seid!
 Ich kratz den Kopf, reib an den Händen –

---

[1] entwickelte sich
[2] volkstümliche Wendung für einen Mann, der etwas ist

(Er stellt das Kästchen in den Schrein und drückt das Schloss wieder zu.) Nur fort! geschwind! –
Um Euch das süße junge Kind
Nach Herzens Wunsch und Will zu wenden;
Und Ihr seht drein,
Als solltet Ihr in den Hörsaal hinein,
Als stünden grau leibhaftig vor euch da
Physik und Metaphysika!
Nur fort! *(Ab.)*

Margarete mit einer Lampe.

MARGARETE. Es ist so schwül, so dumpfig hie,
(Sie macht das Fenster auf.)
Und ist doch ebenso warm nicht drauß.
Es wird mir so, ich weiß nicht wie –
Ich wollt, die Mutter käm nach Haus.
Mir läuft ein Schauer übern ganzen Leib –
Bin doch ein töricht furchtsam Weib!
(Sie fängt an zu singen, indem sie sich auszieht.)

    Es war ein König in Thule
    Gar treu bis an das Grab,
    Dem sterbend seine Buhle[1]
    Einen goldnen Becher gab.

    Es ging ihm nichts darüber,
    Er leert' ihn jeden Schmaus;
    Die Augen gingen ihm über,
    Sooft er trank daraus.

    Und als er kam zu sterben,
    Zählt' er seine Städt im Reich,
    Gönnt' alles seinem Erben,
    Den Becher nicht zugleich.

    Er saß beim Königsmahle,
    Die Ritter um ihn her,

---

[1] Geliebte

Auf hohem Vätersaale,
Dort auf dem Schloss am Meer.

Dort stand der alte Zecher,
Trank letzte Lebensglut,
Und warf den heiligen Becher
Hinunter in die Flut.

Er sah ihn stürzen, trinken
Und sinken tief ins Meer,
Die Augen täten ihm sinken,
Trank nie einen Tropfen mehr.

(Sie eröffnet den Schrein, ihre Kleider einzuräumen, und erblickt das Schmuckkästchen.)

Wie kommt das schöne Kästchen hier herein?
Ich schloss doch ganz gewiss den Schrein.
Es ist doch wunderbar! Was mag wohl drinne sein?
Vielleicht bracht's jemand als ein Pfand,
Und meine Mutter lieh darauf.
Da hängt ein Schlüsselchen am Band –
Ich denke wohl, ich mach es auf!
Was ist das? Gott im Himmel! Schau,
So was hab ich mein' Tage nicht gesehn!
Ein Schmuck! Mit dem könnt eine Edelfrau
Am höchsten Feiertage gehn.
Wie sollte mir die Kette stehn?
Wem mag die Herrlichkeit gehören?
(Sie putzt sich damit auf und tritt vor den Spiegel.)
Wenn nur die Ohrring meine wären!
Man sieht doch gleich ganz anders drein.
Was hilft euch Schönheit, junges Blut?
Das ist wohl alles schön und gut,
Allein man lässt's auch alles sein;
Man lobt euch halb mit Erbarmen.
Nach Golde drängt,
Am Golde hängt
Doch alles. Ach wir Armen!

Spaziergang

Faust in Gedanken auf- und abgehend.
Zu ihm Mephistopheles.

MEPHISTOPHELES.
Bei aller verschmähten Liebe! Beim höllischen Elemente!
Ich wollt, ich wüsste was Ärgers, dass ich's fluchen könnte!
FAUST. Was hast? Was kneipt dich denn so sehr?
So kein Gesicht sah ich in meinem Leben!
MEPHISTOPHELES.
Ich möcht mich gleich dem Teufel übergeben,
Wenn ich nur selbst kein Teufel wär!
FAUST. Hat sich dir was im Kopf verschoben?
Dich kleidet's, wie ein Rasender zu toben!
MEPHISTOPHELES.
Denkt nur, den Schmuck, für Gretchen angeschafft,
Den hat ein Pfaff hinweggerafft! –
Die Mutter kriegt das Ding zu schauen,
Gleich fängt's ihr heimlich an zu grauen:
Die Frau hat gar einen feinen Geruch,
Schnuffelt immer im Gebetbuch,
Und riecht's einem jeden Möbel an,
Ob das Ding heilig ist oder profan;
Und an dem Schmuck da spürt' sie's klar,
Dass dabei nicht viel Segen war.
Mein Kind, rief sie, ungerechtes Gut
Befängt die Seele, zehrt auf das Blut.
Wollen's der Mutter Gottes weihen,
Wird uns mit Himmels-Manna[1] erfreuen!
Margretlein zog ein schiefes Maul.
Ist halt, dacht sie, ein geschenkter Gaul,
Und wahrlich! Gottlos ist nicht der,
Der ihn so fein gebracht hierher.
Die Mutter ließ einen Pfaffen kommen;
Der hatte kaum den Spaß vernommen,
Ließ sich den Anblick wohl behagen.
Er sprach: So ist man recht gesinnt!
Wer überwindet, der gewinnt.

---
[1] bibl. Ausdruck für eine Himmelsgabe (vgl. Exodus 16, 31)

Die Kirche hat einen guten Magen,
Hat ganze Länder aufgefressen
Und hat noch nie sich übergessen;
Die Kirch allein, meine lieben Frauen,
2840 Kann ungerechtes Gut verdauen.
FAUST. Das ist ein allgemeiner Brauch,
Ein Jud und König kann es auch.
MEPHISTOPHELES. Strich drauf eine Spange, Kett und Ring',
Als wären's eben Pfifferling',
2845 Dankt' nicht weniger und nicht mehr,
Als ob's ein Korb voll Nüsse wär,
Versprach ihnen allen himmlischen Lohn –
Und sie waren sehr erbaut davon.
FAUST. Und Gretchen?
MEPHISTOPHELES. Sitzt nun unruhvoll,
2850 Weiß weder, was sie will noch soll,
Denkt ans Geschmeide Tag und Nacht,
Noch mehr an den, der's ihr gebracht.
FAUST. Des Liebchens Kummer tut mir leid.
Schaff du ihr gleich ein neu Geschmeid!
2855 Am ersten war ja so nicht viel.
MEPHISTOPHELES. O ja, dem Herrn ist alles Kinderspiel!
FAUST. Und mach und richt's nach meinem Sinn,
Häng dich an ihre Nachbarin!
Sei, Teufel, doch nur nicht wie Brei,
2860 Und schaff einen neuen Schmuck herbei!
MEPHISTOPHELES. Ja, gnäd'ger Herr, von Herzen gerne.
(Faust ab.)
So ein verliebter Tor verpufft
Euch Sonne, Mond und alle Sterne
Zum Zeitvertreib dem Liebchen in die Luft. *(Ab.)*

Der Nachbarin Haus

Marthe allein.

MARTHE. Gott verzeih's meinem lieben Mann,
2865 Er hat an mir nicht wohl getan!
Geht da stracks in die Welt hinein
Und lässt mich auf dem Stroh allein.
Tät ihn doch wahrlich nicht betrüben,
2870 Tät ihn, weiß Gott, recht herzlich lieben.

(Sie weint.)
Vielleicht ist er gar tot! – O Pein! – –
Hätt ich nur einen Totenschein!

Margarete kommt.

MARGARETE. Frau Marthe!
MARTHE. Gretelchen, was soll's?
MARGARETE. Fast sinken mir die Kniee nieder!
Da find ich so ein Kästchen wieder
In meinem Schrein, von Ebenholz,
Und Sachen herrlich ganz und gar,
Weit reicher, als das erste war.
MARTHE. Das muss Sie nicht der Mutter sagen;
Tät's wieder gleich zur Beichte tragen.
MARGARETE. Ach seh Sie nur! Ach schau Sie nur!
MARTHE *(putzt sie auf)*.
O du glücksel'ge Kreatur!
MARGARETE. Darf mich, leider, nicht auf der Gassen,
Noch in der Kirche mit sehen lassen.
MARTHE. Komm du nur oft zu mir herüber,
Und leg den Schmuck hier heimlich an;
Spazier ein Stündchen lang dem Spiegelglas vorüber,
Wir haben unsre Freude dran;
Und dann gibt's einen Anlass, gibt's ein Fest,
Wo man's so nach und nach den Leuten sehen lässt.
Ein Kettchen erst, die Perle dann ins Ohr;
Die Mutter sieht's wohl nicht, man macht ihr auch was vor.
MARGARETE.
Wer konnte nur die beiden Kästchen bringen?
Es geht nicht zu mit rechten Dingen!
(Es klopft.)
Ach Gott! Mag das meine Mutter sein?
MARTHE *(durchs Vorhängel guckend)*.
Es ist ein fremder Herr – Herein!

Mephistopheles tritt auf.

MEPHISTOPHELES. Bin so frei, grad hereinzutreten,
Muss bei den Frauen Verzeihn erbeten.
(Tritt ehrerbietig vor Margareten zurück.)
Wollte nach Frau Marthe Schwerdtlein fragen!

MARTHE. Ich bin's, was hat der Herr zu sagen?
MEPHISTOPHELES *(leise zu ihr).*
    Ich kenne Sie jetzt, mir ist das genug;
    Sie hat da gar vornehmen Besuch.
    Verzeiht die Freiheit, die ich genommen,
    Will Nachmittage wiederkommen.
MARTHE *(laut).*
    Denk, Kind, um alles in der Welt!
    Der Herr dich für ein Fräulein hält.
MARGARETE. Ich bin ein armes junges Blut;
    Ach Gott! Der Herr ist gar zu gut:
    Schmuck und Geschmeide sind nicht mein.
MEPHISTOPHELES.
    Ach, es ist nicht der Schmuck allein;
    Sie hat ein Wesen, einen Blick so scharf!
    Wie freut mich's, dass ich bleiben darf.
MARTHE. Was bringt Er denn? Verlange sehr –
MEPHISTOPHELES.
    Ich wollt, ich hätt eine frohere Mär!
    Ich hoffe, Sie lässt mich's drum nicht büßen:
    Ihr Mann ist tot und lässt Sie grüßen.
MARTHE. Ist tot? Das treue Herz! O weh!
    Mein Mann ist tot! Ach, ich vergeh!
MARGARETE. Ach! Liebe Frau, verzweifelt nicht!
MEPHISTOPHELES. So hört die traurige Geschicht!
MARGARETE. Ich möchte drum mein' Tag' nicht lieben,
    Würde mich Verlust zu Tode betrüben.
MEPHISTOPHELES.
    Freud muss Leid, Leid muss Freude haben.
MARTHE. Erzählt mir seines Lebens Schluss!
MEPHISTOPHELES. Er liegt in Padua begraben
    Beim heiligen Antonius,
    An einer wohlgeweihten Stätte
    Zum ewig kühlen Ruhebette.
MARTHE. Habt Ihr sonst nichts an mich zu bringen?
MEPHISTOPHELES. Ja, eine Bitte, groß und schwer:
    Lass Sie doch ja für ihn dreihundert Messen singen!
    Im Übrigen sind meine Taschen leer.
MARTHE. Was! Nicht ein Schaustück? Kein Geschmeid?
    Was jeder Handwerksbursch im Grund des Säckels spart,

²⁹³⁵ Zum Angedenken aufbewahrt,
Und lieber hungert, lieber bettelt!
MEPHISTOPHELES. Madam, es tut mir herzlich leid;
Allein er hat sein Geld wahrhaftig nicht verzettelt.
Auch er bereute seine Fehler sehr,
²⁹⁴⁰ Ja, und bejammerte sein Unglück noch viel mehr.
MARGARETE. Ach, dass die Menschen so unglücklich sind!
Gewiss, ich will für ihn manch Requiem noch beten.
MEPHISTOPHELES.
Ihr wäret wert, gleich in die Eh zu treten:
Ihr seid ein liebenswürdig Kind.
²⁹⁴⁵ MARGARETE. Ach nein, das geht jetzt noch nicht an.
MEPHISTOPHELES.
Ist's nicht ein Mann, sei's derweil ein Galan.
's ist eine der größten Himmelsgaben,
So ein lieb Ding im Arm zu haben.
MARGARETE. Das ist des Landes nicht der Brauch.
²⁹⁵⁰ MEPHISTOPHELES. Brauch oder nicht! Es gibt sich auch.
MARTHE. Erzählt mir doch!
MEPHISTOPHELES.   Ich stand an seinem Sterbebette,
Es war was besser als von Mist,
Von halb gefaultem Stroh; allein er starb als Christ
Und fand, dass er weit mehr noch auf der Zeche hätte.
²⁹⁵⁵ „Wie", rief er, „muss ich mich von Grund aus hassen,
So mein Gewerb, mein Weib so zu verlassen!
Ach, die Erinnrung tötet mich!
Vergäb sie mir nur noch in diesem Leben!"
MARTHE *(weinend)*.
Der gute Mann! Ich hab ihm längst vergeben.
MEPHISTOPHELES.
²⁹⁶⁰ „Allein, weiß Gott! Sie war mehr schuld als ich."
MARTHE. Das lügt er! Was! Am Rand des Grabs zu lügen!
MEPHISTOPHELES. Er fabelte gewiss in letzten Zügen,
Wenn ich nur halb ein Kenner bin.
„Ich hatte", sprach er, „nicht zum Zeitvertreib zu gaffen,
²⁹⁶⁵ Erst Kinder, und dann Brot für sie zu schaffen,
Und Brot im allerweitsten Sinn,
Und konnte nicht einmal mein Teil in Frieden essen."
MARTHE. Hat er so aller Treu, so aller Lieb vergessen,
Der Plackerei bei Tag und Nacht!

MEPHISTOPHELES.
Nicht doch, er hat Euch herzlich dran gedacht.
Er sprach: „Als ich nun weg von Malta ging,
Da betet ich für Frau und Kinder brünstig;
Uns war dann auch der Himmel günstig,
Dass unser Schiff ein türkisch Fahrzeug fing,
Das einen Schatz des großen Sultans führte.
Da ward der Tapferkeit ihr Lohn,
Und ich empfing denn auch, wie sich gebührte,
Mein wohl gemessnes Teil davon."
MARTHE. Ei wie? Ei wo? Hat er's vielleicht vergraben?
MEPHISTOPHELES.
Wer weiß, wo nun es die vier Winde haben.
Ein schönes Fräulein nahm sich seiner an,
Als er in Napel[1] fremd umherspazierte;
Sie hat an ihm viel Liebs und Treus getan,
Dass er's bis an sein selig Ende spürte.
MARTHE. Der Schelm! Der Dieb an seinen Kindern!
Auch alles Elend, alle Not
Konnt nicht sein schändlich Leben hindern!
MEPHISTOPHELES. Ja seht! Dafür ist er nun tot.
Wär ich nun jetzt an Eurem Platze,
Betraurt ich ihn ein züchtig Jahr,
Visierte dann unterweil nach einem neuen Schatze.
MARTHE. Ach Gott! Wie doch mein erster war,
Find ich nicht leicht auf dieser Welt den andern!
Es konnte kaum ein herziger Närrchen sein.
Er liebte nur das allzu viele Wandern,
Und fremde Weiber, und fremden Wein,
Und das verfluchte Würfelspiel.
MEPHISTOPHELES.
Nun, nun, so konnt es gehn und stehen,
Wenn er Euch ungefähr so viel
Von seiner Seite nachgesehen.
Ich schwör Euch zu, mit dem Beding
Wechselt ich selbst mit Euch den Ring!
MARTHE. O es beliebt dem Herrn zu scherzen!

---

[1] Neapel

MEPHISTOPHELES *(für sich).*
  Nun mach ich mich bei Zeiten fort!
3005 Die hielte wohl den Teufel selbst beim Wort.
  (Zu Gretchen.)
  Wie steht es denn mit Ihrem Herzen?
MARGARETE. Was meint der Herr damit?
MEPHISTOPHELES *(für sich).* Du gut's, unschuldig's Kind!
  (Laut.) Lebt wohl, ihr Fraun!
MARGARETE. Lebt wohl!
MARTHE. O sagt mir doch geschwind!
  Ich möchte gern ein Zeugnis haben,
3010 Wo, wie und wann mein Schatz gestorben und begraben.
  Ich bin von je der Ordnung Freund gewesen,
  Möcht ihn auch tot im Wochenblättchen lesen.
MEPHISTOPHELES. Ja, gute Frau, durch zweier Zeugen Mund
  Wird allerwegs die Wahrheit kund;
3015 Habe noch gar einen feinen Gesellen,
  Den will ich Euch vor den Richter stellen.
  Ich bring ihn her.
MARTHE. O tut das ja!
MEPHISTOPHELES. Und hier die Jungfrau ist auch da? –
  Ein braver Knab! Ist viel gereist,
3020 Fräuleins alle Höflichkeit erweist.
MARGARETE. Müsste vor dem Herren schamrot werden.
MEPHISTOPHELES. Vor keinem Könige der Erden.
MARTHE. Da hinterm Haus in meinem Garten
  Wollen wir der Herrn heut Abend warten.

Straße

Faust. Mephistopheles.

3025 FAUST. Wie ist's? Will's fördern? Will's bald gehn?
MEPHISTOPHELES. Ah bravo! Find ich Euch in Feuer?
  In kurzer Zeit ist Gretchen Euer.
  Heut Abend sollt Ihr sie bei Nachbar' Marthen sehn:
  Das ist ein Weib wie auserlesen
3030 Zum Kuppler- und Zigeunerwesen!
FAUST. So recht!
MEPHISTOPHELES. Doch wird auch was von uns begehrt.

FAUST. Ein Dienst ist wohl des andern wert.
MEPHISTOPHELES.
    Wir legen nur ein gültig Zeugnis nieder,
    Dass ihres Ehherrn ausgereckte Glieder
    In Padua an heil'ger Stätte ruhn.
FAUST. Sehr klug! Wir werden erst die Reise machen müssen!
MEPHISTOPHELES.
    Sancta Simplicitas![1] Darum ist's nichts zu tun;
    Bezeugt nur, ohne viel zu wissen.
FAUST. Wenn Er nichts Bessers hat, so ist der Plan zerrissen.
MEPHISTOPHELES.
    O heil'ger Mann! Da wärt Ihr's nun!
    Ist es das erste Mal in Eurem Leben,
    Dass Ihr falsch Zeugnis abgelegt?
    Habt Ihr von Gott, der Welt und was sich drin bewegt,
    Vom Menschen, was sich ihm in Kopf und Herzen regt,
    Definitionen nicht mit großer Kraft gegeben?
    Mit frecher Stirne, kühner Brust?
    Und wollt Ihr recht ins Innre gehen,
    Habt Ihr davon, Ihr müsst es grad gestehen,
    So viel als von Herrn Schwerdtleins Tod gewusst!
FAUST. Du bist und bleibst ein Lügner, ein Sophiste.
MEPHISTOPHELES.
    Ja, wenn man's nicht ein bisschen tiefer wüsste.
    Denn morgen wirst du, in allen Ehren,
    Das arme Gretchen nicht betören,
    Und alle Seelenlieb ihr schwören?
FAUST. Und zwar von Herzen.
MEPHISTOPHELES.   Gut und schön!
    Dann wird von ewiger Treu und Liebe,
    Von einzig überallmächt'gem Triebe –
    Wird das auch so von Herzen gehn?
FAUST. Lass das! Es wird! – Wenn ich empfinde,
    Für das Gefühl, für das Gewühl
    Nach Namen suche, keinen finde,
    Dann durch die Welt mit allen Sinnen schweife,
    Nach allen höchsten Worten greife,
    Und diese Glut, von der ich brenne,

---

[1] heilige Einfalt

3065 Unendlich, ewig, ewig nenne,
Ist das ein teuflisch Lügenspiel?
MEPHISTOPHELES. Ich hab doch Recht!
FAUST.   Hör! merk dir dies –
Ich bitte dich, und schone meine Lunge –
Wer Recht behalten will und hat nur eine Zunge,
3070 Behält's gewiss.
Und komm, ich hab des Schwätzens Überdruss,
Denn du hast Recht, vorzüglich weil ich muss.

Garten

*Margarete an Faustens Arm, Marthe mit
Mephistopheles auf- und abspazierend.*

MARGARETE.
Ich fühl es wohl, dass mich der Herr nur schont,
Herab sich lässt, mich zu beschämen.
3075 Ein Reisender ist so gewohnt,
Aus Gütigkeit fürlieb zu nehmen;
Ich weiß zu gut, dass solch erfahrnen Mann
Mein arm Gespräch nicht unterhalten kann.
FAUST. Ein Blick von dir, ein Wort mehr unterhält
3080 Als alle Weisheit dieser Welt. *(Er küsst ihre Hand.)*
MARGARETE.
Inkommodiert Euch nicht! Wie könnt Ihr sie nur küssen?
Sie ist so garstig, ist so rau!
Was hab ich nicht schon alles schaffen müssen!
Die Mutter ist gar zu genau. *(Gehn vorüber.)*
MARTHE.
3085 Und Ihr, mein Herr, Ihr reist so immer fort?
MEPHISTOPHELES.
Ach, dass Gewerb und Pflicht uns dazu treiben!
Mit wie viel Schmerz verlässt man manchen Ort,
Und darf doch nun einmal nicht bleiben!
MARTHE. In raschen Jahren geht's wohl an,
3090 So um und um frei durch die Welt zu streifen;
Doch kömmt die böse Zeit heran,
Und sich als Hagestolz[1] allein zum Grab zu schleifen,

---

[1] nach mittelalterlichem Recht Bezeichnung für einen unverheiratet gebliebenen Mann

Das hat noch keinem wohlgetan.
MEPHISTOPHELES. Mit Grausen seh ich das von weiten.
MARTHE. Drum, werter Herr, beratet Euch in Zeiten.
(Gehn vorüber.)
MARGARETE. Ja, aus den Augen, aus dem Sinn!
Die Höflichkeit ist euch geläufig;
Allein Ihr habt der Freunde häufig,
Sie sind verständiger, als ich bin.
FAUST. O Beste! Glaube, was man so verständig nennt,
Ist oft mehr Eitelkeit und Kurzsinn[1].
MARGARETE. Wie?
FAUST. Ach, dass die Einfalt, dass die Unschuld nie
Sich selbst und ihren heil'gen Wert erkennt!
Dass Demut, Niedrigkeit, die höchsten Gaben
Der liebevoll austeilenden Natur –
MARGARETE.
Denkt Ihr an mich ein Augenblickchen nur,
Ich werde Zeit genug an Euch zu denken haben.
FAUST. Ihr seid wohl viel allein?
MARGARETE. Ja, unsre Wirtschaft ist nur klein,
Und doch will sie versehen sein.
Wir haben keine Magd; muss kochen, fegen, stricken
Und nähn und laufen früh und spat;
Und meine Mutter ist in allen Stücken
So akkurat!
Nicht dass sie just so sehr sich einzuschränken hat;
Wir könnten uns weit eh'r als andre regen:
Mein Vater hinterließ ein hübsch Vermögen,
Ein Häuschen und ein Gärtchen vor der Stadt.
Doch hab ich jetzt so ziemlich stille Tage:
Mein Bruder ist Soldat,
Mein Schwesterchen ist tot.
Ich hatte mit dem Kind wohl meine liebe Not;
Doch übernähm ich gern noch einmal alle Plage,
So lieb war mir das Kind.
FAUST. Ein Engel, wenn dir's glich.
MARGARETE. Ich zog es auf und herzlich liebt' es mich.

---

[1] Beschränktheit

Es war nach meines Vaters Tod geboren.
Die Mutter gaben wir verloren,
So elend wie sie damals lag,
Und sie erholte sich sehr langsam, nach und nach.
Da konnte sie nun nicht dran denken,
Das arme Würmchen selbst zu tränken,
Und so erzog ich's ganz allein,
Mit Milch und Wasser; so ward's mein.
Auf meinem Arm, in meinem Schoß
War's freundlich, zappelte, ward groß.

FAUST. Du hast gewiss das reinste Glück empfunden.
MARGARETE.
Doch auch gewiss gar manche schwere Stunden.
Des Kleinen Wiege stand zu Nacht
An meinem Bett; es durfte kaum sich regen,
War ich erwacht;
Bald musst ich's tränken, bald es zu mir legen,
Bald, wenn's nicht schwieg, vom Bett aufstehn
Und tänzelnd in der Kammer auf- und niedergehn,
Und früh am Tage schon am Waschtrog stehn;
Dann auf dem Markt und an dem Herde sorgen,
Und immerfort wie heut so morgen.
Da geht's, mein Herr, nicht immer mutig zu;
Doch schmeckt dafür das Essen, schmeckt die Ruh.
(Gehn vorüber.)

MARTHE. Die armen Weiber sind doch übel dran:
Ein Hagestolz ist schwerlich zu bekehren.
MEPHISTOPHELES. Es käme nur auf Euresgleichen an,
Mich eines Bessern zu belehren.
MARTHE.
Sagt grad, mein Herr, habt Ihr noch nichts gefunden?
Hat sich das Herz nicht irgendwo gebunden?
MEPHISTOPHELES.
Das Sprichwort sagt: Ein eigner Herd,
Ein braves Weib sind Gold und Perlen wert.
MARTHE. Ich meine: Ob Ihr niemals Lust bekommen?
MEPHISTOPHELES.
Man hat mich überall recht höflich aufgenommen.
MARTHE.
Ich wollte sagen: Ward's nie Ernst in Eurem Herzen?

MEPHISTOPHELES.
3160 Mit Frauen soll man sich nie unterstehn zu scherzen.
MARTHE. Ach, Ihr versteht mich nicht!
MEPHISTOPHELES. Das tut mir herzlich leid!
　　Doch ich versteh – dass Ihr sehr gütig seid.
　　(Gehn vorüber.)
FAUST. Du kanntest mich, o kleiner Engel, wieder,
　　Gleich als ich in den Garten kam?
3165 MARGARETE: Saht Ihr es nicht? Ich schlug die Augen nieder.
FAUST. Und du verzeihst die Freiheit, die ich nahm?
　　Was sich die Frechheit unterfangen,
　　Als du jüngst aus dem Dom gegangen?
MARGARETE.
　　Ich war bestürzt, mir war das nie geschehn;
3170　Es konnte niemand von mir Übels sagen.
　　Ach, dacht ich, hat er in deinem Betragen
　　Was Freches, Unanständiges gesehn?
　　Es schien ihn gleich nur anzuwandeln,
　　Mit dieser Dirne geradehin zu handeln.
3175　Gesteh ich's doch! Ich wusste nicht, was sich
　　Zu Eurem Vorteil hier zu regen gleich begonnte[1];
　　Allein gewiss, ich war recht bös auf mich,
　　Dass ich auf Euch nicht böser werden konnte.
FAUST. Süß Liebchen!
MARGARETE.　　　　Lasst einmal!
　　(Sie pflückt eine Sternblume und zupft die Blätter ab, eins nach dem andern.)
FAUST.　　　　　　　　　　Was soll das? Einen Strauß?
MARGARETE.
3180　Nein, es soll nur ein Spiel.
FAUST.　　　　　　　　Wie?
MARGARETE.　　　　　　　　Geht! Ihr lacht mich aus.
　　(Sie rupft und murmelt.)
FAUST. Was murmelst du?
MARGARETE *(halblaut)*. 　Er liebt mich – liebt mich nicht.
FAUST. Du holdes Himmelsangesicht!
MARGARETE *(fährt fort)*.
　　Liebt mich – Nicht – Liebt mich – Nicht –

---

[1] begann

(Das letzte Blatt ausrupfend, mit holder Freude.)
Er liebt mich!
FAUST. Ja, mein Kind! Lass dieses Blumenwort
Dir Götterausspruch sein. Er liebt dich!
Verstehst du, was das heißt? Er liebt dich!
(Er fasst ihre beiden Hände.)
MARGARETE. Mich überläuft's!
FAUST. O schaudre nicht! Lass diesen Blick,
Lass diesen Händedruck dir sagen,
Was unaussprechlich ist:
Sich hinzugeben ganz und eine Wonne
Zu fühlen, die ewig sein muss!
Ewig! – Ihr Ende würde Verzweiflung sein.
Nein, kein Ende! Kein Ende!
(Margarete drückt ihm die Hände, macht sich los und läuft weg. Er steht einen Augenblick in Gedanken, dann folgt er ihr.)
MARTHE *(kommend).*
Die Nacht bricht an.
MEPHISTOPHELES. Ja, und wir wollen fort.
MARTHE. Ich bät Euch, länger hier zu bleiben,
Allein es ist ein gar zu böser Ort.
Es ist, als hätte niemand nichts zu treiben
Und nichts zu schaffen,
Als auf des Nachbarn Schritt und Tritt zu gaffen,
Und man kommt ins Gered, wie man sich immer stellt.
Und unser Pärchen?
MEPHISTOPHELES. Ist den Gang dort aufgeflogen.
Mutwill'ge Sommervögel!
MARTHE. Er scheint ihr gewogen.
MEPHISTOPHELES.
Und sie ihm auch. Das ist der Lauf der Welt.

Ein Gartenhäuschen

Margarete springt herein, steckt sich hinter die Tür, hält die Fingerspitze an die Lippen und guckt durch die Ritze.

MARGARETE. Er kommt!

Faust kommt.

FAUST. Ach, Schelm, so neckst du mich!
Treff ich dich! *(Er küsst sie.)*
MARGARETE *(ihn fassend und den Kuss zurückgebend).*
Bester Mann! Von Herzen lieb ich dich!

Mephistopheles klopft an.

FAUST *(stampfend).*
Wer da?
MEPHISTOPHELES. Gut Freund!
FAUST. Ein Tier!
MEPHISTOPHELES. Es ist wohl Zeit zu scheiden.

Marthe kommt.

MARTHE. Ja, es ist spät, mein Herr.
FAUST. Darf ich Euch nicht geleiten?
MARGARETE.
Die Mutter würde mich – Lebt wohl!
FAUST. Muss ich denn gehn?
Lebt wohl!
MARTHE. Ade!
MARGARETE. Auf baldig Wiedersehn!
(Faust und Mephistopheles ab.)
MARGARETE. Du lieber Gott! Was so ein Mann
Nicht alles, alles denken kann!
Beschämt nur steh ich vor ihm da,
Und sag zu allen Sachen ja.
Bin doch ein arm unwissend Kind,
Begreife nicht, was er an mir find't. *(Ab.)*

Wald und Höhle

Faust allein.

FAUST. Erhabner Geist[1], du gabst mir, gabst mir alles,
Warum ich bat. Du hast mir nicht umsonst
Dein Angesicht im Feuer zugewendet.

---
[1] Faust redet hier den Erdgeist an.

Wald und Höhle

³²²⁰ Gabst mir die herrliche Natur zum Königreich,
Kraft, sie zu fühlen, zu genießen. Nicht
Kalt staunenden Besuch erlaubst du nur,
Vergönnest mir, in ihre tiefe Brust,
Wie in den Busen eines Freunds zu schauen.
³²²⁵ Du führst die Reihe der Lebendigen
Vor mir vorbei und lehrst mich meine Brüder
Im stillen Busch, in Luft und Wasser kennen.
Und wenn der Sturm im Walde braust und knarrt,
Die Riesenfichte stürzend Nachbaräste
³²³⁰ Und Nachbarstämme quetschend niederstreift,
Und ihrem Fall dumpf hohl der Hügel donnert,
Dann führst du mich zur sichern Höhle, zeigst
Mich dann mir selbst, und meiner eignen Brust
Geheime tiefe Wunder öffnen sich.
³²³⁵ Und steigt vor meinem Blick der reine Mond
Besänftigend herüber, schweben mir
Von Felsenwänden, aus dem feuchten Busch
Der Vorwelt silberne[1] Gestalten auf
Und lindern der Betrachtung strenge Lust[2].

³²⁴⁰ O dass dem Menschen nichts Vollkommnes wird,
Empfind ich nun. Du gabst zu dieser Wonne,
Die mich den Göttern nah und näher bringt,
Mir den Gefährten, den ich schon nicht mehr
Entbehren kann, wenn er gleich, kalt und frech,
³²⁴⁵ Mich vor mir selbst erniedrigt, und zu Nichts,
Mit einem Worthauch, deine Gaben wandelt.
Er facht in meiner Brust ein wildes Feuer
Nach jenem schönen Bild geschäftig an.
So tauml ich von Begierde zu Genuss,
³²⁵⁰ Und im Genuss verschmacht ich nach Begierde.

Mephistopheles tritt auf.

MEPHISTOPHELES. Habt Ihr nun bald das Leben gnug geführt?
Wie kann's Euch in die Länge freuen?
Es ist wohl gut, dass man's einmal probiert;
Dann aber wieder zu was Neuen!

---

[1] mondbeleuchteter Nebel
[2] philosophisches Nachdenken

FAUST. Ich wollt, du hättest mehr zu tun,
   Als mich am guten Tag zu plagen.
MEPHISTOPHELES. Nun, nun! Ich lass dich gerne ruhn,
   Du darfst mir's nicht[1] im Ernste sagen.
   An dir Gesellen, unhold, barsch und toll,
   Ist wahrlich wenig zu verlieren.
   Den ganzen Tag hat man die Hände voll!
   Was ihm gefällt und was man lassen soll.
   Kann man dem Herrn nie an der Nase spüren.
FAUST. Das ist so just der rechte Ton!
   Er will noch Dank, dass er mich ennuyiert.
MEPHISTOPHELES. Wie hättst du, armer Erdensohn,
   Dein Leben ohne mich geführt?
   Vom Kribskrabs[2] der Imagination
   Hab ich dich doch auf Zeiten lang kuriert;
   Und wär ich nicht, so wärst du schon
   Von diesem Erdball abspaziert.
   Was hast du da in Höhlen, Felsenritzen
   Dich wie ein Schuhu[3] zu versitzen[4]?
   Was schlurfst aus dumpfem Moos und triefendem Gestein,
   Wie eine Kröte, Nahrung ein?
   Ein schöner, süßer Zeitvertreib!
   Dir steckt der Doktor noch im Leib.
FAUST. Verstehst du, was für neue Lebenskraft
   Mir dieser Wandel in der Öde schafft?
   Ja, würdest du es ahnen können,
   Du wärest Teufel gnug, mein Glück mir nicht zu gönnen.
MEPHISTOPHELES. Ein überirdisches Vergnügen!
   In Nacht und Tau auf den Gebirgen liegen
   Und Erd und Himmel wonniglich umfassen,
   Zu einer Gottheit sich aufschwellen lassen,
   Der Erde Mark mit Ahnungsdrang durchwühlen,
   Alle sechs Tagewerk im Busen fühlen,
   In stolzer Kraft ich weiß nicht was genießen,

---

[1] du brauchst nicht
[2] Durcheinander
[3] der Uhu, lautmalende Bezeichnung
[4] tatenloses Sitzen

Wald und Höhle

    Bald liebewonniglich in alles überfließen,
3290 Verschwunden ganz der Erdensohn,
    Und dann die hohe Intuition – *(mit einer Gebärde)*
    Ich darf nicht sagen, wie – zu schließen.
FAUST. Pfui über dich!
MEPHISTOPHELES.   Das will Euch nicht behagen;
    Ihr habt das Recht, gesittet pfui zu sagen.
3295 Man darf das nicht vor keuschen Ohren nennen,
    Was keusche Herzen nicht entbehren können.
    Und kurz und gut, ich gönn Ihm das Vergnügen,
    Gelegentlich sich etwas vorzulügen;
    Doch lange hält Er das nicht aus.
3300 Du bist schon wieder abgetrieben[1],
    Und, währt es länger, aufgerieben
    In Tollheit oder Angst und Graus.
    Genug damit! Dein Liebchen sitzt da drinne,
    Und alles wird ihr eng und trüb.
3305 Du kommst ihr gar nicht aus dem Sinne,
    Sie hat dich übermächtig lieb.
    Erst kam deine Liebeswut übergeflossen,
    Wie vom geschmolznen Schnee ein Bächlein übersteigt;
    Du hast sie ihr ins Herz gegossen,
3310 Nun ist dein Bächlein wieder seicht.
    Mich dünkt, anstatt in Wäldern zu thronen,
    Ließ' es dem großen Herren gut,
    Das arme affenjunge Blut
    Für seine Liebe zu belohnen.
3315 Die Zeit wird ihr erbärmlich lang;
    Sie steht am Fenster, sieht die Wolken ziehn
    Über die alte Stadtmauer hin.
    Wenn ich ein Vöglein wär! So geht ihr Gesang
    Tagelang, halbe Nächte lang.
3320 Einmal ist sie munter, meist betrübt,
    Einmal recht ausgeweint,
    Dann wieder ruhig, wie's scheint.
    Und immer verliebt.
FAUST. Schlange, Schlange!

---

[1] erschöpft, ermüdet

MEPHISTOPHELES *(für sich).*
Gelt! Dass ich dich fange!
FAUST. Verruchter! Hebe dich von hinnen,
Und nenne nicht das schöne Weib!
Bring die Begier zu ihrem süßen Leib
Nicht wieder vor die halb verrückten Sinnen!
MEPHISTOPHELES.
Was soll es denn? Sie meint, du seist entflohn,
Und halb und halb bist du es schon.
FAUST. Ich bin ihr nah und wär ich noch so fern,
Ich kann sie nie vergessen, nie verlieren;
Ja, ich beneide schon den Leib des Herrn,
Wenn ihre Lippen ihn indes berühren.
MEPHISTOPHELES.
Gar wohl, mein Freund! Ich hab Euch oft beneidet
Ums Zwillingspaar[1], das unter Rosen weidet.
FAUST.
Entfliehe, Kuppler!
MEPHISTOPHELES. Schön! Ihr schimpft und ich muss lachen.
Der Gott, der Bub' und Mädchen schuf,
Erkannte gleich den edelsten Beruf,
Auch selbst Gelegenheit zu machen[2].
Nur fort, es ist ein großer Jammer!
Ihr sollt in Eures Liebchen Kammer,
Nicht etwa in den Tod.
FAUST. Was ist die Himmelsfreud in ihren Armen?
Lass mich an ihrer Brust erwarmen!
Fühl ich nicht immer ihre Not?
Bin ich der Flüchtling nicht? Der Unbehauste?
Der Unmensch ohne Zweck[3] und Ruh,
Der wie ein Wassersturz von Fels zu Felsen brauste,
Begierig wütend, nach dem Abgrund zu?
Und seitwärts sie, mit kindlich dumpfen Sinnen,
Im Hüttchen auf dem kleinen Alpenfeld,
Und all ihr häusliches Beginnen,
Umfangen in der kleinen Welt.

---

[1] nach: Hoheslied 4,5. Goethe hat 1775 Teile des Hohenlieds übersetzt.
[2] kuppeln
[3] in der alten Bedeutung: Ziel

Und ich, der Gottverhasste,
Hatte nicht genug,
Dass ich die Felsen fasste
Und sie zu Trümmern schlug!
³³⁶⁰ Sie, ihren Frieden musst ich untergraben!
Du, Hölle, musstest dieses Opfer haben!
Hilf, Teufel, mir die Zeit der Angst verkürzen!
Was muss geschehn, mag's gleich geschehn!
Mag ihr Geschick auf mich zusammenstürzen
³³⁶⁵ Und sie mit mir zugrunde gehn!
MEPHISTOPHELES. Wie's wieder siedet, wieder glüht!
Geh ein und tröste sie, du Tor!
Wo so ein Köpfchen keinen Ausgang sieht,
Stellt er sich gleich das Ende vor.
³³⁷⁰ Es lebe, wer sich tapfer hält!
Du bist doch sonst so ziemlich eingeteufelt.
Nichts Abgeschmackters find ich auf der Welt
Als einen Teufel, der verzweifelt.

Gretchens Stube

Gretchen am Spinnrade, allein.

Meine Ruh ist hin,
³³⁷⁵ Mein Herz ist schwer;
Ich finde sie nimmer
Und nimmermehr.

Wo ich ihn nicht hab,
Ist mir das Grab,
³³⁸⁰ Die ganze Welt
Ist mir vergällt.

Mein armer Kopf
Ist mir verrückt,
Mein armer Sinn
³³⁸⁵ Ist mir zerstückt.

Meine Ruh ist hin,
Mein Herz ist schwer,
Und finde sie nimmer
Und nimmermehr.

Nach ihm nur schau ich
Zum Fenster hinaus,
Nach ihm nur geh ich
Aus dem Haus.

Sein hoher Gang,
Sein' edle Gestalt,
Seines Mundes Lächeln,
Seiner Augen Gewalt,

Und seiner Rede
Zauberfluss,
Sein Händedruck,
Und ach, sein Kuss!

Meine Ruh ist hin,
Mein Herz ist schwer,
Ich finde sie nimmer
Und nimmermehr.

Mein Busen drängt
Sich nach ihm hin.
Ach dürft ich fassen
Und halten ihn.

Und küssen ihn,
So wie ich wollt,
An seinen Küssen
Vergehen sollt!

Marthens Garten

Margarete. Faust.

MARGARETE. Versprich mir, Heinrich!
FAUST.   Was ich kann!
MARGARETE. Nun sag, wie hast du's mit der Religion?
　　Du bist ein herzlich guter Mann,
　　Allein ich glaub, du hältst nicht viel davon.
FAUST. Lass das, mein Kind! Du fühlst, ich bin dir gut;
　　Für meine Lieben ließ' ich Leib und Blut,
　　Will niemand sein Gefühl und seine Kirche rauben.
MARGARETE.
　　Das ist nicht recht, man muss dran glauben!

FAUST. Muss man?
MARGARETE. Ach! Wenn ich etwas auf dich könnte[1]!
Du ehrst auch nicht die heil'gen Sakramente.
FAUST. Ich ehre sie.
MARGARETE. Doch ohne Verlangen.
3425 Zur Messe, zur Beichte bist du lange nicht gegangen.
Glaubst du an Gott?
FAUST. Mein Liebchen, wer darf sagen:
Ich glaub an Gott?
Magst Priester oder Weise fragen,
Und ihre Antwort scheint nur Spott
Über den Frager zu sein.
3430 MARGARETE. So glaubst du nicht?
FAUST. Misshör[2] mich nicht, du holdes Angesicht!
Wer darf ihn nennen?
Und wer bekennen:
Ich glaub ihn?
3435 Wer empfinden
Und sich unterwinden[3]
Zu sagen: Ich glaub ihn nicht?
Der Allumfasser,
Der Allerhalter,
3440 Fasst und erhält er nicht
Dich, mich, sich selbst?
Wölbt sich der Himmel nicht da droben?
Liegt die Erde nicht hier unten fest?
Und steigen freundlich blickend
3445 Ewige Sterne nicht herauf?
Schau ich nicht Aug in Auge dir,
Und drängt nicht alles
Nach Haupt und Herzen dir,
Und webt in ewigem Geheimnis
3450 Unsichtbar sichtbar neben dir?
Erfüll davon dein Herz, so groß es ist,
Und wenn du ganz in dem Gefühle selig bist,
Nenn es dann, wie du willst,

---

[1] über dich vermöchte
[2] verstehe mich nicht falsch
[3] etwas unternehmen, das eigentlich nur Höheren zusteht

Nenn's Glück! Herz! Liebe! Gott!
Ich habe keinen Namen
Dafür! Gefühl ist alles;
Name ist Schall und Rauch,
Umnebelnd Himmelsglut.
MARGARETE. Das ist alles recht schön und gut;
Ungefähr sagt das der Pfarrer auch,
Nur mit ein bisschen andern Worten.
FAUST. Es sagen's allerorten
Alle Herzen unter dem himmlischen Tage,
Jedes in seiner Sprache;[1]
Warum nicht ich in der meinen?
MARGARETE.
    Wenn man's so hört, möcht's leidlich scheinen,
Steht aber doch immer schief darum;
Denn du hast kein Christentum.
FAUST. Liebs Kind!
MARGARETE.   Es tut mir lang schon weh,
Dass ich dich in der Gesellschaft seh.
FAUST. Wieso?
MARGARETE.   Der Mensch, den du da bei dir hast,
Ist mir in tiefer innrer Seele verhasst;
Er hat mir in meinem Leben
So nichts einen Stich ins Herz gegeben,
Als des Menschen widrig Gesicht.
FAUST. Liebe Puppe[2], fürcht ihn nicht!
MARGARETE. Seine Gegenwart bewegt mir das Blut.
Ich bin sonst allen Menschen gut;
Aber wie ich mich sehne, dich zu schauen,
Hab ich vor dem Menschen ein heimlich Grauen,
Und halt ihn für einen Schelm dazu!
Gott verzeih mir's, wenn ich ihm unrecht tu!
FAUST. Es muss auch solche Käuze geben.
MARGARETE. Wollte nicht mit seinesgleichen leben!
Kommt er einmal zur Tür herein,
Sieht er immer so spöttisch drein,

---

[1] Reim in Frankfurter Mundart (V. 3463, 3464)
[2] schmeichelnd für Kind; weiblich

Und halb ergrimmt;
Man sieht, dass er an nichts keinen Anteil nimmt;
Es steht ihm an der Stirn geschrieben,
Dass er nicht mag¹ eine Seele lieben.
Mir wird's so wohl in deinem Arm,
So frei, so hingegeben warm,
Und seine Gegenwart schnürt mir das Innre zu.
FAUST. Du ahnungsvoller Engel du!
MARGARETE. Das übermannt mich so sehr,
Dass, wo er nur mag zu uns treten,
Mein ich sogar, ich liebte dich nicht mehr.
Auch, wenn er da ist, könnt ich nimmer beten,
Und das frisst mir ins Herz hinein;
Dir, Heinrich, muss es auch so sein.
FAUST. Du hast nun die Antipathie!
MARGARETE. Ich muss nun fort.
FAUST.   Ach, kann ich nie
Ein Stündchen ruhig dir am Busen hängen
Und Brust an Brust und Seel in Seele drängen?
MARGARETE. Ach, wenn ich nur alleine schlief!
Ich ließ dir gern heut Nacht den Riegel offen;
Doch meine Mutter schläft nicht tief,
Und würden wir von ihr betroffen,
Ich wär gleich auf der Stelle tot!
FAUST. Du Engel, das hat keine Not,
Hier ist ein Fläschchen! Drei Tropfen nur
In ihren Trank umhüllen
Mit tiefem Schlaf gefällig die Natur.
MARGARETE.
Was tu ich nicht um deinetwillen?
Es wird ihr hoffentlich nicht schaden!
FAUST. Würd ich sonst, Liebchen, dir es raten?
MARGARETE. Seh ich dich, bester Mann, nur an,
Weiß nicht, was mich nach deinem Willen treibt;
Ich habe schon so viel für dich getan,
Dass mir zu tun fast nichts mehr übrig bleibt. *(Ab.)*

---

¹ altertümlich: kann

Mephistopheles tritt auf.

MEPHISTOPHELES.
  Der Grasaff[1]! Ist er weg?
FAUST.   Hast wieder spioniert?
MEPHISTOPHELES. Ich hab's ausführlich wohl vernommen,
  Herr Doktor wurden da katechisiert;
  Hoff, es soll Ihnen[2] wohl bekommen.
3525 Die Mädels sind doch sehr interessiert,
  Ob einer fromm und schlicht nach altem Brauch.
  Sie denken: Duckt er da, folgt er uns eben auch.
FAUST. Du Ungeheur siehst nicht ein,
  Wie diese treue liebe Seele
3530 Von ihrem Glauben voll,
  Der ganz allein
  Ihr selig machend ist, sich heilig quäle,
  Dass sie den liebsten Mann verloren halten soll.
MEPHISTOPHELES. Du übersinnlicher sinnlicher Freier,
3535 Ein Mägdelein nasführet dich.
FAUST. Du Spottgeburt von Dreck und Feuer!
MEPHISTOPHELES.
  Und die Physiognomie versteht sie meisterlich:
  In meiner Gegenwart wird's ihr, sie weiß nicht wie,
  Mein Mäskchen[3] da weissagt verborgnen Sinn;
3540 Sie fühlt, dass ich ganz sicher ein Genie,
  Vielleicht wohl gar der Teufel bin.
  Nun, heute Nacht –?
FAUST.   Was geht dich's an?
MEPHISTOPHELES. Hab ich doch meine Freude dran!

Am Brunnen[4]

Gretchen und Lieschen mit Krügen.

3545 LIESCHEN. Hast nichts von Bärbelchen gehört?
  GRETCHEN. Kein Wort. Ich komm gar wenig unter Leute.

---

[1] Ausdruck bei Goethe für junges Mädchen
[2] Anrede nach französ. Vorbild
[3] Maske; angenommenes Gesicht
[4] Treffpunkt der Wasser holenden Mädchen in Dörfern und kleinen Städten

LIESCHEN. Gewiss, Sibylle sagt' mir's heute:
Die hat sich endlich auch betört.[1]
Das ist das Vornehmtun!
GRETCHEN. Wieso?
LIESCHEN. Es stinkt!
Sie füttert zwei, wenn sie nun isst und trinkt.
3550 GRETCHEN. Ach!
LIESCHEN. So ist's ihr endlich recht ergangen.
Wie lange hat sie an dem Kerl gehangen!
Das war ein Spazieren,
Auf Dorf- und Tanzplatzführen,
3555 Musst überall die Erste sein,
Kurtesiert'[2] ihr immer mit Pastetchen und Wein;
Bild't' sich was auf ihre Schönheit ein,
War doch so ehrlos, sich nicht zu schämen,
Geschenke von ihm anzunehmen.
3560 War ein Gekos und ein Geschleck;
Da ist dann auch das Blümchen weg!
GRETCHEN. Das arme Ding!
LIESCHEN. Bedauerst sie noch gar!
Wenn unsereins am Spinnen war,
Uns nachts[3] die Mutter nicht hinunterließ,
3565 Stand sie bei ihrem Buhlen süß,
Auf der Türbank und im dunkeln Gang
Ward ihnen keine Stunde lang.
Da mag sie denn sich ducken nun,
Im Sünderhemdchen Kirchbuß'[3] tun!
3570 GRETCHEN. Er nimmt sie gewiss zu seiner Frau.
LIESCHEN. Er wär ein Narr! Ein flinker Jung
Hat anderwärts noch Luft genung.
Er ist auch fort.
GRETCHEN. Das ist nicht schön!
LIESCHEN. Kriegt sie ihn, soll's ihr übel gehn.
3575 Das Kränzel[4] reißen die Buben ihr,

---

[1] eigene Schuld, da sie sich hat betören lassen
[2] frz. courtoiser = den Hof machen
[3] öffentliche Bloßstellung mit Worten von der Kanzel
[4] wird vom Haupt der Braut gerissen, die sich dem Verlobten zu früh hingegeben hat

Und Häckerling streuen wir vor die Tür! *(Ab.)*
GRETCHEN *(nach Hause gehend).*
Wie konnt ich sonst so tapfer schmälen,
Wenn tät ein armes Mägdlein fehlen[1]!
Wie konnt ich über andrer Sünden
Nicht Worte gnug der Zunge finden!
Wie schien mir's schwarz und schwärzt's[2] noch gar,
Mir's immer doch nicht schwarz gnug war,
Und segnet' mich[3] und tat so groß,
Und bin nun selbst der Sünde bloß!
Doch – alles, was dazu mich trieb,
Gott! War so gut! Ach war so lieb!

Zwinger[4]

In der Mauerhöhle ein Andachtsbild der Mater dolorosa[5], Blumenkrüge davor.
Gretchen steckt frische Blumen in die Krüge.

Ach neige,[6]
Du Schmerzenreiche,[6]
Dein Antlitz gnädig meiner Not!

Das Schwert[7] im Herzen
Mit tausend Schmerzen
Blickst auf zu deines Sohnes Tod.

Zum Vater blickst du
Und Seufzer schickst du
Hinauf um sein' und deine Not.

Wer fühlet,
Wie wühlet

---

[1] Fehler machen, Fehltritt tun
[2] das schwarz Gemachte noch immer nicht schwarz genug finden
[3] Kreuz über sich als Dank schlagen; Zeichen selbstgerechter Erhebung über die Unglücklichen
[4] Raum zwischen der inneren und äußeren Stadtmauer
[5] Maria, die Schmerzenreiche. Gegensatz zu mater gloriosa am Ende des Faust
[6] Reim in Frankfurter Mundart
[7] Luk. 2, 35: Es wird ein Schwert durch deine Seele dringen.

Der Schmerz mir im Gebein?
Was mein armes Herz hier banget,
Was es zittert, was verlangt,
Weißt nur du, nur du allein!

Wohin ich immer gehe,
Wie weh, wie weh, wie wehe
Wird mir im Busen hier!
Ich bin, ach, kaum alleine,
Ich wein, ich wein, ich weine,
Das Herz zerbricht in mir.

Die Scherben vor meinem Fenster
Betaut ich mit Tränen, ach!
Als ich am frühen Morgen
Dir diese Blumen brach.

Schien hell in meine Kammer
Die Sonne früh herauf,
Saß ich in allem Jammer
In meinem Bett schon auf.

Hilf! Rette mich von Schmach und Tod!
Ach neige,
Du Schmerzensreiche,
Dein Antlitz gnädig meiner Not!

Nacht

Straße vor Gretchens Türe
Valentin, Soldat, Gretchens Bruder.

VALENTIN. Wenn ich so saß bei einem Gelag,
Wo mancher sich berühmen mag,
Und die Gesellen mir den Flor
Der Mägdlein laut gepriesen vor,
Mit vollem Glas das Lob verschwemmt,
Den Ellenbogen aufgestemmt,
Saß ich in meiner sichern Ruh,
Hört all dem Schwadronieren zu,
Und streiche lächelnd meinen Bart,
Und kriege das volle Glas zur Hand

3630 Und sage: Alles nach seiner Art!
Aber ist *eine* im ganzen Land,
Die meiner trauten Gretel gleicht,
Die meiner Schwester das Wasser reicht?
Topp! Topp! Kling! Klang! Das ging herum;
3635 Die einen schrien: Er hat Recht,
Sie ist die Zier vom ganzen Geschlecht!
Da saßen alle die Lober stumm.
Und nun! – Um's Haar sich auszuraufen
Und an den Wänden hinaufzulaufen! –
3640 Mit Stichelreden, Naserümpfen
Soll jeder Schurke mich beschimpfen!
Soll wie ein böser Schuldner sitzen,
Bei jedem Zufallswörtchen schwitzen!
Und möcht ich sie zusammenschmeißen[1],
3645 Könnt ich sie doch nicht Lügner heißen.

Was kommt heran? Was schleicht herbei?
Irr ich nicht, es sind ihrer zwei.
Ist er's, gleich pack ich ihn beim Felle,
Soll nicht lebendig von der Stelle!

Faust, Mephistopheles.

3650 FAUST. Wie von dem Fenster dort der Sakristei
Aufwärts der Schein des ew'gen Lämpchens flämmert
Und schwach und schwächer seitwärts dämmert,
Und Finsternis drängt ringsum bei!
So sieht's in meinem Busen nächtig.
MEPHISTOPHELES:
3655 Und mir ist's wie dem Kätzlein schmächtig,
Das an den Feuerleitern schleicht,
Sich leis dann um die Mauern streicht;
Mir ist's ganz tugendlich[2] dabei,
Ein bisschen Diebsgelüst, ein bisschen Rammelei[3].
3660 So spukt mir schon durch alle Glieder

---

[1] zusammenschlagen, verprügeln
[2] ironisch gemeint
[3] Hinweis auf sexuelle Bedeutung der Walpurgisnacht

Die herrliche Walpurgisnacht.
Die kommt uns übermorgen wieder,
Da weiß man doch, warum man wacht.
FAUST. Rückt wohl der Schatz indessen in die Höh,
3665 Den ich dort hinten flimmern seh?
MEPHISTOPHELES:
Du kannst die Freude bald erleben,
Das Kesselchen herauszuheben.
Ich schielte neulich so hinein,
Sind herrliche Löwentaler drein.
3670 FAUST. Nicht ein Geschmeide, nicht ein Ring,
Meine liebe Buhle damit zu zieren?
MEPHISTOPHELES:
Ich sah dabei wohl so ein Ding,
Als wie eine Art von Perlenschnüren.
FAUST. So ist es recht! Mir tut es weh,
3675 Wenn ich ohne Geschenke zu ihr geh.
MEPHISTOPHELES:
Es sollt Euch eben nicht verdrießen,
Umsonst auch etwas zu genießen.
Jetzt, da der Himmel voller Sterne glüht,
Sollt Ihr ein wahres Kunststück hören:
3680 Ich sing ihr ein moralisch Lied,
Um sie gewisser zu betören. *(Singt zur Zither.)*
    Was machst du mir
    Vor Liebchens Tür,
    Kathrinchen, hier
3685   Bei frühem Tagesblicke?
    Lass, lass es sein!
    Er lässt dich ein,
    Als Mädchen ein,
    Als Mädchen nicht zurücke.
3690   Nehmt euch in Acht!
    Ist es vollbracht,
    Dann gute Nacht
    Ihr armen, armen Dinger!
    Habt ihr euch lieb,
3695   Tut keinem Dieb
    Nur nichts zu Lieb,
    Als mit dem Ring am Finger.

VALENTIN *(tritt vor)*. Wen lockst du hier? Beim Element!
Vermaledeiter Rattenfänger!
3700 Zum Teufel erst das Instrument!
Zum Teufel hinterdrein den Sänger!
MEPHISTOPHELES.
Die Zither ist entzwei! An der ist nichts zu halten.
VALENTIN. Nun soll es an ein Schädelspalten!
MEPHISTOPHELES *(zu Faust)*.
Herr Doktor, nicht gewichen! Frisch!
3705 Hart an mich an, wie ich Euch führe.
Heraus mit eurem Flederwisch[1]!
Nur zugestoßen! Ich pariere.
VALENTIN. Pariere den!
MEPHISTOPHELES.   Warum denn nicht?
VALENTIN. Auch den!
MEPHISTOPHELES.   Gewiss!
VALENTIN.   Ich glaub, der Teufel ficht!
3710 Was ist denn das? Schon wird die Hand mir lahm.
MEPHISTOPHELES *(zu Faust)*.
Stoß zu!
VALENTIN *(fällt)*. O weh!
MEPHISTOPHELES.   Nun ist der Lümmel zahm!
Nun aber fort! Wir müssen gleich verschwinden:
Denn schon entsteht ein mörderlich Geschrei.
Ich weiß mich trefflich mit der Polizei,
3715 Doch mit dem Blutbann[2] schlecht mich abzufinden.
MARTHE *(am Fenster)*. Heraus! Heraus!
GRETCHEN *(am Fenster)*.   Herbei ein Licht!
MARTHE *(wie oben)*.
Man schilt und rauft, man schreit und ficht.
VOLK. Da liegt schon einer tot!
MARTHE *(heraustretend)*.
Die Mörder, sind die denn entflohn?
GRETCHEN *(heraustretend)*.
Wer liegt hier?
3720 VOLK.   Deiner Mutter Sohn.
GRETCHEN. Allmächtiger! Welche Not!

---

[1] scherzhaft für „Degen"
[2] Gericht für schwere Verbrechen

VALENTIN. Ich sterbe! Das ist bald gesagt
Und bälder noch getan.
Was steht ihr Weiber, heult und klagt?
3725 Kommt her und hört mich an! *(Alle treten um ihn.)*
Mein Gretchen, sieh! Du bist noch jung,
Bist gar noch nicht gescheit genung,
Machst deine Sachen schlecht.
Ich sag dir's im Vertrauen nur:
3730 Du bist doch nun einmal eine Hur;
So sei's auch eben recht.
GRETCHEN. Mein Bruder! Gott! Was soll mir das?
VALENTIN. Lass unsern Herrgott aus dem Spaß.
Geschehn ist leider nun geschehn,
3735 Und wie es gehn kann, so wird's gehn.
Du fingst mit *einem* heimlich an,
Bald kommen ihrer mehre dran,
Und wenn dich erst ein Dutzend hat,
So hat dich auch die ganze Stadt.

3740 Wenn erst die Schande wird geboren,
Wird sie heimlich zur Welt gebracht,
Und man zieht den Schleier der Nacht
Ihr über Kopf und Ohren;
Ja, man möchte sie gern ermorden.
3745 Wächst sie aber und macht sich groß,
Dann geht sie auch bei Tage bloß,
Und ist doch nicht schöner geworden.
Je hässlicher wird ihr Gesicht,
Je mehr sucht sie des Tages Licht.

3750 Ich seh wahrhaftig schon die Zeit,
Dass alle brave Bürgersleut,
Wie von einer angesteckten Leichen,
Von dir, du Metze[1], seitab weichen.
Dir soll das Herz im Leib verzagen,
3755 Wenn sie dir in die Augen sehn!
Sollst keine goldne Kette mehr tragen!
In der Kirche nicht mehr am Altar stehn!
In einem schönen Spitzenkragen

---

[1] Hure

Dich nicht beim Tanze wohl behagen!
In eine finstre Jammerecken
Unter Bettler und Krüppel dich verstecken,
Und, wenn dir dann auch Gott verzeiht,
Auf Erden sein vermaledeit!
MARTHE. Befehlt Eure Seele Gott zu Gnaden!
Wollt Ihr noch Lästrung auf Euch laden?
VALENTIN. Könnt ich dir nur an den dürren Leib,
Du schändlich kupplerisches Weib!
Da hofft ich aller meiner Sünden
Vergebung reiche Maß zu finden.
GRETCHEN. Mein Bruder! Welche Höllenpein!
VALENTIN. Ich sage, lass die Tränen sein!
Da du dich sprachst der Ehre los,
Gabst mir den schwersten Herzensstoß.
Ich gehe durch den Todesschlaf
Zu Gott ein als Soldat und brav. *(Stirbt.)*

Dom

Amt[1], Orgel und Gesang.
Gretchen unter vielem Volke.
Böser Geist hinter Gretchen.

BÖSER GEIST.
Wie anders, Gretchen, war dir's,
Als du noch voll Unschuld
Hier zum Altar tratst,
Aus dem vergriffnen Büchelchen
Gebete lalltest,
Halb Kinderspiele,
Halb Gott im Herzen!
Gretchen!
Wo steht dein Kopf?
In deinem Herzen
Welche Missetat?

---

[1] Gottesdienst. Hier eine Totenmesse, in der der Hymnus „Dies irae, dies illa" ertönt. Von den 18 Strophen hat Goethe drei gewählt, die von der Angst des Sünders vor dem Gericht Gottes sprechen.

Betst du für deiner Mutter Seele, die
Durch dich zur langen, langen Pein hinüberschlief?[1]
Auf deiner Schwelle wessen Blut?
— Und unter deinem Herzen
Regt sich's nicht quillend schon
Und ängstet dich und sich
Mit ahnungsvoller Gegenwart?

GRETCHEN. Weh! Weh!
Wär ich der Gedanken los,
Die mir herüber und hinüber gehen
Wider mich!

CHOR. Dies irae, dies illa[2]
Solvet saeclum in favilla.
(Orgelton.)

BÖSER GEIST. Grimm fasst dich!
Die Posaune tönt[3]!
Die Gräber beben!
Und dein Herz,
Aus Aschenruh
Zu Flammenqualen
Wieder aufgeschaffen,
Bebt auf!

GRETCHEN. Wär ich hier weg!
Mir ist, als ob die Orgel mir
Den Atem versetzte,
Gesang mein Herz
Im Tiefsten löste.

CHOR. Judex ergo cum sedebit,
Quidquid latet adparebit,
Nil inultum remanebit[4].

GRETCHEN. Mir wird so eng!
Die Mauernpfeiler
Befangen mich!

---

[1] Gretchens Mutter ist an dem von Gretchen und Faust verabreichten Schlafmittel gestorben.
[2] „Der Tag des Zornes, jener Tag löst die irdische Welt in Asche auf."
[3] 3801 ff.: Auferweckung der Toten zum Jüngsten Gericht
[4] „Wenn der Richter auf seinem Richterstuhl sitzen wird, wird offenbar werden, was verborgen ist, nichts wird ohne Vergeltung bleiben."

          Das Gewölbe
3820   Drängt mich! – Luft!
      BÖSER GEIST. Verbirg dich! Sünd und Schande
          Bleibt nicht verborgen.
          Luft? Licht?
          Weh dir!
3825 CHOR. Quid sum miser tunc dicturus?
          Quem patronum rogaturus?
          Cum vix justus sit securus[1].
      BÖSER GEIST. Ihr Antlitz wenden
          Verklärte von dir ab.
3830   Die Hände dir zu reichen,
          Schauert's den Reinen.
          Weh!
      CHOR. Quid sum miser tunc dicturus?
      GRETCHEN. Nachbarin! Euer Fläschchen[2]! –
      (Sie fällt in Ohnmacht.)

Walpurgisnacht[3]

Harzgebirg, Gegend von Schierke und Elend.
Faust. Mephistopheles.

MEPHISTOPHELES.
      Verlangst du nicht nach einem Besenstiele[4]?
3835 Ich wünsche mir den allerderbsten Bock[4].
      Auf diesem Weg sind wir noch weit vom Ziele.
FAUST.
      Solang ich mich noch frisch auf meinen Beinen fühle,
      Genügt mir dieser Knotenstock.
      Was hilft's, dass man den Weg verkürzt! –
3840 Im Labyrinth der Täler hinzuschleichen,
      Dann diesen Felsen zu ersteigen,
      Von dem der Quell sich ewig sprudelnd stürzt,

---

[1] „Was soll ich Elender dann sagen? Wen als Fürsprecher anflehen? Da doch nicht einmal der Gerechte sicher ist."
[2] Ein mit stark riechendem Spiritus gefülltes Riechfläschchen gegen Ohnmachten
[3] Nacht vom 30.4. auf den 1.5.
[4] Sage: Reit- und Flugmöglichkeit

Walpurgisnacht

    Das ist die Lust, die solche Pfade würzt!
3845 Der Frühling webt schon in den Birken
    Und selbst die Fichte fühlt ihn schon;
    Sollt er nicht auch auf unsre Glieder wirken?

MEPHISTOPHELES.
    Fürwahr, ich spüre nichts davon!
    Mir ist es winterlich im Leibe,
3850 Ich wünschte Schnee und Frost auf meiner Bahn.
    Wie traurig steigt die unvollkommne Scheibe
    Des roten Monds mit später Glut heran
    Und leuchtet schlecht, dass man bei jedem Schritte
    Vor einen Baum, vor einen Felsen rennt!
3855 Erlaub, dass ich ein Irrlicht[1] bitte!
    Dort seh ich eins, das eben lustig brennt.
    He da! Mein Freund! Darf ich dich zu uns fodern[2]?
    Was willst du so vergebens lodern?
    Sei doch so gut und leucht uns da hinauf!

IRRLICHT.
3860 Aus Ehrfurcht, hoff ich, soll es mir gelingen,
    Mein leichtes Naturell zu zwingen;
    Nur zickzack geht gewöhnlich unser Lauf.

MEPHISTOPHELES.
    Ei! Ei! Er denkt's den Menschen nachzuahmen.
    Geh Er nur grad, in 's Teufels Namen!
3865 Sonst blas ich Ihm sein Flackerleben aus.

IRRLICHT. Ich merke wohl, Ihr seid der Herr vom Haus,
    Und will mich gern nach Euch bequemen.
    Allein bedenkt! Der Berg ist heute zaubertoll,
    Und wenn ein Irrlicht Euch die Wege weisen soll,
3870 So müsst ihr's so genau nicht nehmen.

FAUST, MEPHISTOPHELES, IRRLICHT *(im Wechselgesang)*.

    In die Traum- und Zaubersphäre[3]
    Sind wir, scheint es, eingegangen.
    Führ uns gut und mach dir Ehre,

---

[1] Flämmchen aus Sumpfboden (auch irreführender Dämon)
[2] fordern (alte Form)
[3] Vermischung von Subjektivem und Objektivem, Dämonisierung der Natur, magische Welt (opernartig)

Dass wir vorwärts bald gelangen
In den weiten, öden Räumen!

Seh die Bäume hinter Bäumen,
Wie sie schnell vorüberrücken,
Und die Klippen, die sich bücken,
Und die langen Felsennasen,
Wie sie schnarchen[1], wie sie blasen!

Durch die Steine, durch den Rasen
Eilet Bach und Bächlein nieder.
Hör ich Rauschen? Hör ich Lieder?
Hör ich holde Liebesklage,
Stimmen jener Himmelstage?
Was wir hoffen, was wir lieben!
Und das Echo, wie die Sage
Alter Zeiten, hallet wider.

Uhu! Schuhu!, tönt es näher,
Kauz und Kiebitz und der Häher,
Sind sie alle wach geblieben?
Sind das Molche durchs Gesträuche?
Lange Beine, dicke Bäuche!
Und die Wurzeln, wie die Schlangen,
Winden sich aus Fels und Sande,
Strecken wunderliche Bande,
Uns zu schrecken, uns zu fangen;
Aus belebten derben Masern[2]
Strecken sie Polypenfasern
Nach dem Wandrer. Und die Mäuse
Tausendfärbig, scharenweise,
Durch das Moos und durch die Heide!
Und die Funkenwürmer[3] fliegen
Mit gedrängten Schwärmezügen
Zum verwirrenden Geleite.

Aber sag mir, ob wir stehen,
Oder ob wir weitergehen?

---
[1] Schnarcher (zwei Felsen in jener Gegend)
[2] knorrige Baumauswüchse
[3] Leuchtkäfer

Alles, alles scheint zu drehen,
Fels und Bäume, die Gesichter
Schneiden, und die irren Lichter,
Die sich mehren, die sich blähen.

MEPHISTOPHELES. Fasse wacker meinen Zipfel!
Hier ist so ein Mittelgipfel,
Wo man mit Erstaunen sieht,
Wie im Berg der Mammon[1] glüht.

FAUST. Wie seltsam glimmert durch die Gründe
Ein morgenrötlich trüber Schein!
Und selbst bis in die tiefen Schlünde
Des Abgrunds wittert er hinein.
Da steigt ein Dampf, dort ziehen Schwaden,
Hier leuchtet Glut aus Dunst und Flor,
Dann schleicht sie wie ein zarter Faden,
Dann bricht sie wie ein Quell hervor.
Hier schlingt sie eine ganze Strecke
Mit hundert Adern sich durchs Tal,
Und hier in der gedrängten Ecke
Vereinzelt sie sich auf einmal.
Da sprühen Funken in der Nähe,
Wie ausgestreuter goldner Sand.
Doch schau! In ihrer ganzen Höhe
Entzündet sich die Felsenwand.

MEPHISTOPHELES. Erleuchtet nicht zu diesem Feste
Herr Mammon prächtig den Palast?
Ein Glück, dass du's gesehen hast;
Ich spüre schon die ungestümen Gäste.

FAUST. Wie rast die Windsbraut durch die Luft!
Mit welchen Schlägen trifft sie meinen Nacken!

MEPHISTOPHELES.
Du musst des Felsens alte Rippen packen,
Sonst stürzt sie dich hinab in dieser Schlünde Gruft.
Ein Nebel verdichtet die Nacht.
Höre, wie's durch die Wälder kracht!
Aufgescheucht fliegen die Eulen.
Hör, es splittern die Säulen

---

[1] hier als symbolisches Gold-Motiv

  Ewig grüner Paläste.
3945   Girren und Brechen der Äste!
  Der Stämme mächtiges Dröhnen!
  Der Wurzeln Knarren und Gähnen!
  Im fürchterlich verworrenen Falle
  Übereinander krachen sie alle,
3950   Und durch die übertrümmerten Klüfte
  Zischen und heulen die Lüfte.
  Hörst du Stimmen in der Höhe?
  In der Ferne, in der Nähe?
  Ja, den ganzen Berg entlang
3955   Strömt ein wütender Zaubergesang!

HEXEN *(im Chor).* Die Hexen zu dem Brocken ziehn,
  Die Stoppel ist gelb, die Saat ist grün.
  Dort sammelt sich der große Hauf,
  Herr Urian[1] sitzt oben auf.
3960   So geht es über Stein und Stock,
  Es f[arz]t die Hexe, es st[ink]t der Bock.

STIMME. Die alte Baubo[2] kommt allein,
  Sie reitet auf einem Mutterschwein.

CHOR.   So Ehre denn, wem Ehre gebührt[3]!
3965   Frau Baubo vor! Und angeführt!
  Ein tüchtig Schwein und Mutter drauf,
  Da folgt der ganze Hexenhauf.

STIMME. Welchen Weg kommst du her?
STIMME.   Übern Ilsenstein!
  Da guckt ich der Eule ins Nest hinein,
  Die macht ein Paar Augen!
3970 STIMME.   O fahre zur Hölle!
  Was reitst du so schnelle!
STIMME. Mich hat sie geschunden,
  Da sieh nur die Wunden!

HEXEN. CHOR. Der Weg ist breit, der Weg ist lang,
3975   Was ist das für ein toller Drang?

---

[1] ein Name des Teufels
[2] Hexe, die der über die Entführung ihrer Tochter Persephone traurigen Demeter derbe Witze erzählt, um diese abzulenken
[3] lästernde Verwendung von: Ehr, dem die Ehre gebührt.

Die Gabel sticht, der Besen kratzt,
Das Kind erstickt, die Mutter platzt[1].
HEXENMEISTER. HALBES CHOR.
Wir schleichen wie die Schneck im Haus,
Die Weiber alle sind voraus.
Denn, geht es zu des Bösen Haus,
Das Weib hat tausend Schritt voraus.
ANDRE HÄLFTE. Wir nehmen das nicht so genau,
Mit tausend Schritten macht's die Frau;
Doch, wie sie auch sich eilen kann,
Mit einem Sprunge macht's der Mann.
STIMME *(oben)*. Kommt mit, kommt mit, vom Felsensee!
STIMMEN *(von unten)*.
Wir möchten gerne mit in die Höh.
Wir waschen und blank sind wir ganz und gar;
Aber auch ewig unfruchtbar.
BEIDE CHÖRE.
Es schweigt der Wind, es flieht der Stern,
Der trübe Mond verbirgt sich gern.
Im Sausen sprüht das Zauberchor
Viel tausend Feuerfunken hervor.
STIMME *(von unten)*. Halte! Halte!
STIMME *(von oben)*. Wer ruft da aus der Felsenspalte?
STIMME *(unten)*. Nehmt mich mit! Nehmt mich mit!
Ich steige schon dreihundert Jahr
Und kann den Gipfel nicht erreichen.
Ich wäre gern bei meinesgleichen.
BEIDE CHÖRE. Es trägt der Besen, trägt der Stock,
Die Gabel trägt, es trägt der Bock;
Wer heute sich nicht heben kann,
Ist ewig ein verlorner Mann.
HALBHEXE *(unten)*. Ich tripple nach, so lange Zeit;
Wie sind die andern schon so weit!
Ich hab zu Hause keine Ruh,
Und komme hier doch nicht dazu.[2]

---

[1] Das Gedränge der schwangeren Hexen führt zu Totgeburten.
[2] Drei Gruppen nicht völlig eingeteufelter Hexen versuchen, Anschluss zu finden (Verse 3986–4007).

CHOR DER HEXEN. Die Salbe[1] gibt den Hexen Mut,
    Ein Lumpen ist zum Segel gut,
    Ein gutes Schiff ist jeder Trog;
    Der flieget nie, der heut nicht flog.
BEIDE CHÖRE. Und wenn wir um den Gipfel ziehn,
    So streichet an dem Boden hin.
    Und deckt die Heide weit und breit
    Mit eurem Schwarm der Hexenheit[2].
    (Sie lassen sich nieder.)
MEPHISTOPHELES.
    Das drängt und stößt, das rutscht und klappert!
    Das zischt und quirlt, das zieht und plappert!
    Das leuchtet, sprüht und stinkt und brennt!
    Ein wahres Hexenelement!
    Nur fest an mir! Sonst sind wir gleich getrennt.
    Wo bist du?
FAUST *(in der Ferne)*. Hier!
MEPHISTOPHELES.   Was! Dort schon hingerissen?
    Da werd ich Hausrecht brauchen müssen.
    Platz! Junker Voland[3] kommt. Platz! Süßer Pöbel, Platz!
    Hier, Doktor, fasse mich! Und nun, in *einem* Satz,
    Lass uns aus dem Gedräng entweichen;
    Es ist zu toll, sogar für meinesgleichen.
    Dortneben leuchtet was mit ganz besondrem Schein,
    Es zieht mich was nach jenen Sträuchen.
    Komm, komm! Wir schlupfen da hinein.
FAUST.
    Du Geist des Widerspruchs! Nur zu! Du magst mich führen.
    Ich denke doch, das war recht klug gemacht:
    Zum Brocken wandeln wir in der Walpurgisnacht,
    Um uns beliebig nun hieselbst zu isolieren.
MEPHISTOPHELES. Da sieh nur, welche bunten Flammen!
    Es ist ein muntrer Klub beisammen.
    Im Kleinen ist man nicht allein.

---

[1] damit ist der Besen bestrichen
[2] Verspottung von Neubildungen, wie „Deutschheit" etc.
[3] Teufel (mittelhochdeutsch: vâlant)

FAUST. Doch droben[1] möcht ich lieber sein!
Schon seh ich Glut und Wirbelrauch.
Dort strömt die Menge zu dem Bösen;
Da muss sich manches Rätsel lösen.
MEPHISTOPHELES. Doch manches Rätsel knüpft sich auch.
Lass du die große Welt nur sausen,
Wir wollen hier im Stillen hausen.
Es ist doch lange hergebracht,
Dass in der großen Welt man kleine Welten macht.
Da seh ich junge Hexchen nackt und bloß,
Und alte, die sich klug verhüllen.
Seid freundlich, nur um meinetwillen;
Die Müh ist klein, der Spaß ist groß.
Ich höre was von Instrumenten tönen!
Verflucht Geschnarr! Man muss sich dran gewöhnen.
Komm mit! Komm mit! Es kann nicht anders sein,
Ich tret heran und führe dich herein,
Und ich verbinde dich aufs Neue.
Was sagst du, Freund? Das ist kein kleiner Raum.
Da sieh nur hin! Du siehst das Ende kaum.
Einhundert Feuer brennen in der Reihe;
Man tanzt, man schwatzt, man kocht, man trinkt, man liebt;
Nun sage mir, wo es was Bessers gibt?
FAUST. Willst du dich nun, um uns hier einzuführen,
Als Zaubrer oder Teufel produzieren?
MEPHISTOPHELES.
Zwar bin ich sehr gewohnt, inkognito zu gehn,
Doch lässt am Galatag man seinen Orden sehn.
Ein Knieband[2] zeichnet mich nicht aus,
Doch ist der Pferdefuß hier ehrenvoll zu Haus.
Siehst du die Schnecke da? Sie kommt herangekrochen;
Mit ihrem tastenden Gesicht
Hat sie mir schon was abgerochen.
Wenn ich auch will, verleugn ich hier mich nicht.
Komm nur! Von Feuer gehen wir zu Feuer,
Ich bin der Werber und du bist der Freier.

---
[1] Faust möchte auch dem Bösen bis zum Urgrund nachgehen.
[2] der Hosenbandorden (höchster britischer Orden)

(Zu einigen, die um verglimmende Kohlen sitzen.)
    Ihr alten Herrn[1], was macht ihr hier am Ende?
    Ich lobt euch, wenn ich euch hübsch in der Mitte fände,
    Von Saus umzirkt und Jugendbraus;
4075   Genug allein ist jeder ja zu Haus.
GENERAL[2]. Wer mag auf Nationen trauen,
    Man habe noch so viel für sie getan!
    Denn bei dem Volk, wie bei den Frauen,
    Steht immerfort die Jugend oben an.
MINISTER[2].
4080   Jetzt ist man von dem Rechten allzu weit,
    Ich lobe mir die guten Alten;
    Denn freilich, da wir alles galten,
    Da war die rechte goldne Zeit.
PARVENU[2]. Wir waren wahrlich auch nicht dumm,
4085   Und taten oft, was wir nicht sollten;
    Doch jetzo kehrt sich alles um und um,
    Und eben da wir's fest erhalten wollten.
AUTOR[3]. Wer mag wohl überhaupt jetzt eine Schrift
    Von mäßig klugem Inhalt lesen!
4090   Und was das liebe junge Volk betrifft,
    Das ist noch nie so naseweis gewesen.
MEPHISTOPHELES *(der auf einmal sehr alt erscheint)*.
    Zum Jüngsten Tag fühl ich das Volk gereift,
    Da ich zum letzten Mal den Hexenberg ersteige,
    Und weil mein Fässchen trübe läuft,
4095   So ist die Welt auch auf der Neige.
TRÖDELHEXE. Ihr Herren, geht nicht so vorbei!
    Lasst die Gelegenheit nicht fahren!
    Aufmerksam blickt nach meinen Waren,
    Es steht dahier gar mancherlei[4].
4100   Und doch ist nichts in meinem Laden,
    Dem keiner auf der Erde gleicht,

---

[1] Spott auf Zeitgenossen, die ewig mit der Welt unzufrieden sind, aber nichts unternehmen
[2] Vertriebene der Frz. Revolution, von Goethe verachtet
[3] Verspottung des Autors als Vertreter eines veralteten, aufklärerischen Schrifttums
[4] Walpurgisnacht als Volksfest, bei dem die Hexen, laut Mephisto, veraltetes Verbrecherwerkzeug verschachern

Das nicht einmal zum tücht'gen Schaden
Der Menschen und der Welt gereicht.
Kein Dolch ist hier, von dem nicht Blut geflossen,
Kein Kelch, aus dem sich nicht, in ganz gesunden Leib,
Verzehrend heißes Gift ergossen,
Kein Schmuck, der nicht ein liebenswürdig Weib
Verführt, kein Schwert, das nicht den Bund gebrochen,
Nicht etwa hinterrücks den Gegenmann durchstochen.

MEPHISTOPHELES.
Frau Muhme! Sie versteht mir schlecht die Zeiten.
Getan, geschehn! Geschehn, getan!
Verleg Sie sich auf Neuigkeiten!
Nur Neuigkeiten ziehn uns an.

FAUST. Dass ich mich nur nicht selbst vergesse!
Heiß ich mir das doch eine Messe!

MEPHISTOPHELES. Der ganze Strudel strebt nach oben;
Du glaubst zu schieben und du wirst geschoben.

FAUST. Wer ist denn das?

MEPHISTOPHELES.   Betrachte sie genau!
Lilith[1] ist das.

FAUST.   Wer?

MEPHISTOPHELES.   Adams erste Frau.
Nimm dich in Acht vor ihren schönen Haaren,[2]
Vor diesem Schmuck, mit den sie einzig prangt.
Wenn sie damit den jungen Mann erlangt,
So lässt sie ihn so bald nicht wieder fahren.

FAUST. Da sitzen zwei, die Alte mit der Jungen;
Die haben schon was Rechts gesprungen!

MEPHISTOPHELES. Das hat nun heute keine Ruh.
Es geht zum neuen Tanz; nun komm! Wir greifen zu.

FAUST *(mit der Jungen tanzend)*.
Einst hatt ich einen schönen Traum;[3]
Da sah ich einen Apfelbaum,

---

[1] Sage: erste Frau Adams, die sich von ihm trennte, um sich mit dem obersten der Teufel zu verbinden (der weibliche Satan)
[2] geheimnisvolle Kraft der Haare (Altes Testament)
[3] Faust ist am Tiefpunkt seiner Entwicklung; Teilnahme an unsittlichem Treiben

	Zwei schöne Äpfel[1] glänzten dran.
4130	

Sie reizten mich, ich stieg hinan.

DIE SCHÖNE. Der Äpfelchen begehrt ihr sehr,
Und schon vom Paradiese her.
Von Freuden fühl ich mich bewegt,
4135   Dass auch mein Garten solche trägt.

MEPHISTOPHELES *(mit der Alten).*
Einst hatt ich einen wüsten Traum;
Da sah ich einen gespaltnen Baum,
Der hatt ein [ungeheures Loch];
So [groß] es war, gefiel mir's doch.

4140 DIE ALTE. Ich biete meinen besten Gruß
Dem Ritter mit dem Pferdefuß!
Halt Er einen [rechten Pfropf] bereit,
Wenn Er [das große Loch] nicht scheut.

PROKTOPHANTASMIST[2].
Verfluchtes Volk! Was untersteht ihr euch?
4145   Hat man euch lange nicht bewiesen:
Ein Geist steht nie auf ordentlichen Füßen?
Nun tanzt ihr gar, uns andern Menschen gleich!

DIE SCHÖNE *(tanzend).*
Was will denn der auf unserm Ball?

FAUST *(tanzend).*
Ei! Der ist eben überall.
4150   Was andre tanzen, muss er schätzen.
Kann er nicht jeden Schritt beschwätzen,
So ist der Schritt so gut als nicht geschehn.
Am meisten ärgert ihn, sobald wir vorwärtsgehn.
Wenn ihr euch so im Kreise drehen wolltet,
4155   Wie er's in seiner alten Mühle[3] tut,
Das hieß' er allenfalls noch gut;
Besonders wenn ihr ihn darum begrüßen solltet.

PROKTOPHANTASMIST.
Ihr seid noch immer da! Nein, das ist unerhört.
Verschwindet doch! Wir haben ja aufgeklärt!
4160   Das Teufelspack, es fragt nach keiner Regel.

---

[1] dichterische Bezeichnung der weibl. Brüste
[2] Phantasmist = Geisterseher (griech.); Proktos = der Hintere
[3] Nicolais kritische Zeitschrift „Allgemeine Deutsche Bibliothek"

Wir sind so klug, und dennoch spukt's in Tegel[1],
Wie lange hab ich nicht am Wahn hinausgekehrt,
Und nie wird's rein; das ist doch unerhört!
DIE SCHÖNE. So hört doch auf, uns hier zu ennuyieren!
PROKTOPHANTASMIST.
4165 Ich sag's euch Geistern ins Gesicht:
Den Geistesdespotismus leid ich nicht;
Mein Geist kann ihn nicht exerzieren.
(Es wird fortgetanzt.)
Heut, seh ich, will mir nichts gelingen;
Doch eine Reise nehm ich immer mit,
4170 Und hoffe noch, vor meinem letzten Schritt,
Die Teufel und die Dichter zu bezwingen.
MEPHISTOPHELES. Er wird sich gleich in eine Pfütze setzen,
Das ist die Art, wie er sich soulagiert[2],
Und wenn Blutegel sich an seinem Steiß ergetzen,
4175 Ist er von Geistern und von Geist kuriert.
(Zu Faust, der aus dem Tanz getreten ist.)
Was lässest du das schöne Mädchen fahren,
Das dir zum Tanz so lieblich sang?
FAUST. Ach! Mitten im Gesange sprang
Ein rotes Mäuschen ihr aus dem Munde.
MEPHISTOPHELES.
4180 Das ist was Rechts! Das nimmt man nicht genau;
Genug, die Maus war doch nicht grau.
Wer fragt darnach in einer Schäferstunde?
FAUST. Dann sah ich –
MEPHISTOPHELES.   Was?
FAUST.   Mephisto, siehst du dort
Ein blasses, schönes Kind[3] allein und ferne stehen?
4185 Sie schiebt sich langsam nur vom Ort,
Sie scheint mit geschlossnen Füßen zu gehen.
Ich muss bekennen, dass mir deucht,
Dass sie dem guten Gretchen gleicht.

---

[1] Schloss Wilhelm von Humboldts, in dem 1797 ein Spuk umgehen sollte; mit einem Vortrag darüber in der Akademie machte Nicolai sich lächerlich.
[2] beruhigt, erleichtert
[3] Gretchenvision Fausts

MEPHISTOPHELES.
    Lass das nur stehn! Dabei wird's niemand wohl.
4190 Es ist ein Zauberbild, ist leblos, ein Idol.
    Ihm zu begegnen, ist nicht gut:
    Vom starren Blick erstarrt des Menschen Blut,
    Und er wird fast in Stein verkehrt;
    Von der Meduse[1] hast du ja gehört.
4195 FAUST. Fürwahr, es sind die Augen einer Toten,
    Die eine liebende Hand nicht schloss.
    Das ist die Brust, die Gretchen mir geboten,
    Das ist der süße Leib, den ich genoss.
MEPHISTOPHELES.
    Das ist die Zauberei, du leicht verführter Tor!
4200 Denn jedem kommt sie wie sein Liebchen vor.
FAUST. Welch eine Sonne! Welch ein Leiden!
    Ich kann von diesem Blick nicht scheiden.
    Wie sonderbar muss diesen schönen Hals
    Ein einzig rotes Schnürchen schmücken,
4205 Nicht breiter als ein Messerrücken!
MEPHISTOPHELES. Ganz recht! Ich seh es ebenfalls.
    Sie kann das Haupt auch unterm Arme tragen;
    Denn Perseus[2] hat's ihr abgeschlagen. –
    Nur immer diese Lust zum Wahn!
4210 Komm doch das Hügelchen heran,
    Hier ist's so lustig wie im Prater;
    Und hat man mir's nicht angetan,
    So seh ich wahrlich ein Theater.
    Was gibt's denn da?
SERVIBILIS[3].   Gleich fängt man wieder an.
4215 Ein neues Stück, das letzte Stück von sieben;
    So viel zu geben ist allhier der Brauch.
    Ein Dilettant hat es geschrieben,
    Und Dilettanten spielen's auch.
    Verzeiht, ihr Herrn, wenn ich verschwinde;
4220 Mich dilettiert's, den Vorhang aufzuziehn.

---

[1] eine der Gorgonen, deren Anblick den Betrachter versteinert (griech. Sage)
[2] schlug der Medusa das Haupt ab
[3] dienstbarer Geist des Theaters

MEPHISTOPHELES.
Wenn ich euch auf dem Blocksberg finde,
Das find ich gut; denn da gehört ihr hin.

Walpurgisnachtstraum
oder
Oberons und Titanias goldne Hochzeit[1]

Intermezzo

THEATERMEISTER. Heute ruhen wir einmal,
 Miedings wackre Söhne.[2]
4225 Alter Berg und feuchtes Tal,
 Das ist die ganze Szene!
HEROLD. Dass die Hochzeit golden sei,
 Solln funfzig Jahr sein vorüber;
 Aber ist der Streit vorbei,
4230 *Das* golden ist mir lieber.
OBERON. Seid ihr Geister, wo ich bin,
 So zeigt's in diesen Stunden;
 König und die Königin,
 Sie sind aufs Neu verbunden.
4235 PUCK. Kommt der Puck[3] und dreht sich quer
 Und schleift den Fuß im Reihen;
 Hundert kommen hinterher,
 Sich auch mit ihm zu freuen.
ARIEL. Ariel bewegt den Sang
4240 In himmlisch reinen Tönen;
 Viele Fratzen[4] lockt sein Klang,
 Doch lockt er auch die Schönen[5].
OBERON. Gatten, die sich vertragen wollen,
 Lernen's von uns beiden!
4245 Wenn sich zweie lieben sollen,
 Braucht man sie nur zu scheiden.

---

[1] Anspielung auf Shakespeares „Sommernachtstraum"
[2] Bühnenarbeiter (Mieding: erster Weimarer Theatermeister)
[3] aus Shakespeares „Sommernachtstraum"; Erster der Geister, die Revue passieren
[4] niedrige Naturen
[5] schöne Seelen ohne Geschlechtsunterschied

TITANIA. Schmollt der Mann und grillt¹ die Frau,
    So fasst sie nur behände,
    Führt mir nach dem Mittag Sie,
    Und Ihn an Nordens Ende.
ORCHESTER TUTTI² *(Fortissimo)*.
    Fliegenschnauz und Mückennas
    Mit ihren Anverwandten,
    Frosch im Laub und Grill im Gras,
    Das sind die Musikanten!
SOLO.   Seht, da kommt der Dudelsack!
    Es ist die Seifenblase³.
    Hört den Schneckeschnickeschnack
    Durch seine stumpfe Nase.
GEIST, DER SICH ERST BILDET.
    Spinnenfuß und Krötenbauch
    Und Flügelchen dem Wichtchen!
    Zwar ein Tierchen gibt es nicht,
    Doch gibt es ein Gedichtchen.
EIN PÄRCHEN. Kleiner Schritt und hoher Sprung
    Durch Honigtau und Düfte;
    Zwar du trippelst mir genung,
    Doch geht's nicht in die Lüfte.⁴
NEUGIERIGER REISENDER.
    Ist das nicht Maskeraden-Spott?
    Soll ich den Augen trauen,
    Oberon, den schönen Gott,
    Auch heute hier zu schauen?
ORTHODOX⁵. Keine Klauen, keinen Schwanz!
    Doch bleibt es außer Zweifel:
    So wie die Götter Griechenlands,
    So ist auch er ein Teufel.
NORDISCHER KÜNSTLER.
    Was ich ergreife, das ist heut

---

¹ zweckloses Nachdenken
² besteht aus Grillen, Mücken, Fliegen und Fröschen
³ Neckname für den Frosch
⁴ Die Zeilen 4259 ff. verspotten solche Dichter, denen hoher Aufschwung im Kleinen steckenbleibt.
⁵ Rechtgläubiger

>   Fürwahr nur skizzenweise;
>   Doch ich bereite mich bei Zeit
>   Zur italien'schen Reise.
> PURIST[1]. Ach! Mein Unglück führt mich her:
>   Wie wird nicht hier geludert!
>   Und von dem ganzen Hexenheer
>   Sind zweie nur gepudert.
> JUNGE HEXE. Der Puder ist so wie der Rock
>   Für alt' und graue Weibchen;
>   Drum sitz ich nackt auf meinem Bock
>   Und zeig ein derbes Leibchen.
> MATRONE. Wir haben zu viel Lebensart,
>   Um hier mit euch zu maulen;
>   Doch hoff ich, sollt ihr jung und zart,
>   So wie ihr seid, verfaulen.
> KAPELLMEISTER. Fliegenschnauz und Mückennas,
>   Umschwärmt mir nicht die Nackte!
>   Frosch im Laub und Grill im Gras,
>   So bleibt doch auch im Takte!
> WINDFAHNE[2] *(nach der einen Seite).*
>   Gesellschaft, wie man wünschen kann.
>   Wahrhaftig lauter Bräute!
>   Und Junggesellen, Mann für Mann,
>   Die hoffnungsvollsten Leute!
> WINDFAHNE *(nach der andern Seite).*
>   Und tut sich nicht der Boden auf,
>   Sie alle zu verschlingen,
>   So will ich mit behändem Lauf
>   Gleich in die Hölle springen.
> XENIEN. Als Insekten sind wir da,
>   Mit kleinen scharfen Scheren,
>   Satan, unsern Herrn Papa,
>   Nach Würden zu verehren.
> HENNINGS[3]. Seht, wie sie in gedrängter Schar
>   Naiv zusammen scherzen!

---

[1] Sittenrichter
[2] doppelzüngiger Musiker und Journalist Reichardt; schmeichelt erst dem Hexenvolk, spricht dann dem Frömmler nach dem Munde
[3] Vers 4307–4318: Der Schriftsteller Hennings warf Goethe Immoralität vor.

Am Ende sagen sie noch gar,
Sie hätten gute Herzen.
MUSAGET[1]. Ich mag in diesem Hexenheer
Mich gar zu gern verlieren;
Denn freilich diese wüsst ich eh'r
Als Musen anzuführen.
CI-DEVANT[2] GENIUS DER ZEIT
Mit rechten Leuten wird man was.
Komm, fasse meinen Zipfel!
Der Blocksberg, wie der deutsche Parnass,
Hat gar einen breiten Gipfel[3].
NEUGIERIGER REISENDER. Sagt, wie heißt der steife Mann?
Er geht mit stolzen Schritten.
Er schnopert, was er schnopern kann.
»Er spürt nach Jesuiten.«
KRANICH. In dem Klaren mag ich gern
Und auch im Trüben fischen;
Darum seht ihr den frommen Herrn
Sich auch mit Teufeln mischen.
WELTKIND[4]. Ja, für die Frommen, glaubet mir,
Ist alles ein Vehikel;
Sie bilden auf dem Blocksberg hier
Gar manches Konventikel.
TÄNZER. Da kommt ja wohl ein neues Chor[5]?
Ich höre ferne Trommeln.
Nur ungestört! Es sind im Rohr
Die unisonen Dommeln[6].
TANZMEISTER. Wie jeder doch die Beine lupft!
Sich, wie er kann, herauszieht!
Der Krumme springt, der Plumpe hupft
Und fragt nicht, wie es aussieht.
FIDELER. Das hasst sich schwer, das Lumpenpack,
Und gäb sich gern das Restchen;

---

[1] Musenführer gibt zu, eher zum Hexenführer zu taugen.
[2] „bisher", Verspottung der Zeitschrift Hennings („Genius der Zeit")
[3] auch für talentlose Dichter
[4] Goethe selbst
[5] Eine Gruppe durcheinander redender Philosophen erscheint.
[6] großschnäblige Vögel

> Es eint sie hier der Dudelsack,
> Wie Orpheus' Leier die Bestien.
>
> DOGMATIKER.[1] Ich lasse mich nicht irre schrein,
> Nicht durch Kritik noch Zweifel.
> 4345 Der Teufel muss doch etwas sein;
> Wie gäb's denn sonst auch Teufel?
>
> IDEALIST.[1] Die Fantasie in meinem Sinn
> Ist diesmal gar zu herrisch.
> Fürwahr, wenn ich das alles bin,
> 4350 So bin ich heute närrisch.
>
> Realist.[1] Das Wesen ist mir recht zur Qual
> Und muss mich bass verdrießen;
> Ich stehe hier zum ersten Mal
> Nicht fest auf meinen Füßen.
>
> 4355 SUPERNATURALIST.[1] Mit viel Vergnügen bin ich da
> Und freue mich mit diesen;
> Denn von den Teufeln kann ich ja
> Auf gute Geister schließen.
>
> SKEPTIKER. Sie gehn den Flämmchen auf der Spur,
> 4360 Und glaubn sich nah dem Schatze.
> Auf Teufel reimt der Zweifel nur;
> Da bin ich recht am Platze.
>
> KAPELLMEISTER. Frosch im Laub und Grill im Gras,
> Verfluchte Dilettanten!
> 4365 Fliegenschnauz und Mückennas,
> Ihr seid doch Musikanten!
>
> DIE GEWANDTEN. Sanssouci, so heißt das Heer
> Von lustigen Geschöpfen;
> Auf den Füßen geht's nicht mehr,
> 4370 Drum gehn wir auf den Köpfen.
>
> DIE UNBEHÜLFLICHEN[2].
> Sonst haben wir manchen Bissen erschranzt,
> Nun aber Gott befohlen!
> Unsere Schuhe sind durchgetanzt,
> Wir laufen auf nackten Sohlen.

---

[1] Walpurgisnachtsspuk ist für den Dogmatiker Wirklichkeit, für den Idealisten nur Ausfluss des eigenen Ichs; der Realist wird durch den Spuk verunsichert, der Supernaturalist in seinem Glauben bestätigt.
[2] emigrierter frz. Hofadel

4375 IRRLICHTER[1]. Von dem Sumpfe kommen wir,
        Woraus wir erst entstanden;
        Doch sind wir gleich im Reihen hier
        Die glänzenden Galanten.
    STERNSCHNUPPE[2]. Aus der Höhe schoss ich her
4380   Im Stern- und Feuerscheine,
        Liege nun im Grase quer –
        Wer hilft mir auf die Beine?
    DIE MASSIVEN[3]. Platz und Platz! Und ringsherum!
        So gehn die Gräschen nieder,
4385   Geister kommen, Geister auch,
        Sie haben plumpe Glieder.
    PUCK.   Tretet nicht so mastig auf
        Wie Elefantenkälber,
        Und der Plumpst' an diesem Tag
4390   Sei Puck, der Derbe, selber.
    ARIEL.   Gab die liebende Natur,
        Gab der Geist euch Flügel,
        Folget meiner leichten Spur,
        Auf zum Rosenhügel!
4395 ORCHESTER *(Pianissimo)*. Wolkenzug und Nebelflor
        Erhellen sich von oben.
        Luft im Laub und Wind im Rohr,
        Und alles ist zerstoben.

Trüber Tag

Feld.
Faust. Mephistopheles.

FAUST. Im Elend! Verzweifelnd! Erbärmlich auf der Erde lange verirrt und nun gefangen! Als Missetäterin im Kerker zu entsetzlichen Qualen eingesperrt das holde unselige Geschöpf! Bis dahin! Dahin! – Verräterischer, nichtswürdiger Geist, und das hast du mir verheimlicht! – Steh nur, steh!

---

[1] Menschen aus unteren Schichten, die in den oberen Kreisen tun, als seien sie dort geboren
[2] gestürzte, politische Größen suchen jetzt Hilfe
[3] Massen, die mit den zuvor genannten politischen Typen aufräumen wollen

Wälze die teuflischen Augen ingrimmend im Kopf herum! Steh und trutze mir durch deine unerträgliche Gegenwart! Gefangen! Im unwiederbringlichen Elend! Bösen Geistern übergeben und der richtenden gefühllosen Menschheit! Und mich wiegst du indes in abgeschmackten Zerstreuungen, verbirgst mir ihren wachsenden Jammer und lässest sie hülflos verderben!

MEPHISTOPHELES. Sie ist die Erste nicht.

FAUST. Hund! Abscheuliches Untier! – Wandle ihn, du unendlicher Geist[1]! Wandle den Wurm wieder in seine Hundsgestalt, wie er sich oft nächtlicherweise gefiel, vor mir herzutrotten, dem harmlosen Wandrer vor die Füße zu kollern und sich dem niederstürzenden auf die Schultern zu hängen. Wandl' ihn wieder in seine Lieblingsbildung, dass er vor mir im Sand auf dem Bauch krieche, ich ihn mit Füßen trete, den Verworfenen! – Die Erste nicht! – Jammer! Jammer! Von keiner Menschenseele zu fassen, dass mehr als ein Geschöpf in die Tiefe dieses Elendes versank, dass nicht das erste genugtat für die Schuld aller übrigen in seiner windenden Todesnot vor den Augen des ewig Verzeihenden! Mir wühlt es Mark und Leben durch, das Elend dieser Einzigen – du grinsest gelassen über das Schicksal von Tausenden hin!

MEPHISTOPHELES. Nun sind wir schon wieder an der Grenze unsres Witzes, da, wo euch Menschen der Sinn überschnappt. Warum machst du Gemeinschaft mit uns, wenn du sie nicht durchführen kannst? Willst fliegen und bist vorm Schwindel nicht sicher? Drangen wir uns dir auf oder du dich uns?

FAUST. Fletsche deine gefräßigen Zähne mir nicht so entgegen! Mir ekelt's! – Großer herrlicher Geist, der du mir zu erscheinen würdigtest, der du mein Herz kennest und meine Seele, warum an den Schandgesellen mich schmieden, der sich am Schaden weidet und am Verderben sich letzt?

MEPHISTOPHELES. Endigst du?

FAUST. Rette sie! Oder weh dir! Den grässlichsten Fluch über dich auf Jahrtausende!

---

[1] Anrede an den Erdgeist

MEPHISTOPHELES. Ich kann die Bande des Rächers nicht lösen, seine Riegel nicht öffnen. – Rette sie! – Wer war's, der sie ins Verderben stürzte? Ich oder du?
(Faust blickt wild umher.)
Greifst du nach dem Donner? Wohl, dass er euch elenden Sterblichen nicht gegeben ward! Den unschuldig Entgegnenden[1] zu zerschmettern, das ist so Tyrannenart, sich in Verlegenheiten Luft zu machen.

FAUST. Bringe mich hin! Sie soll frei sein!

MEPHISTOPHELES. Und die Gefahr, der du dich aussetzest? Wisse, noch liegt auf der Stadt Blutschuld[2] von deiner Hand. Über des Erschlagenen Stätte schweben rächende Geister und lauern auf den wiederkehrenden Mörder.

FAUST. Noch das von dir? Mord und Tod einer Welt über dich Ungeheuer! Führe mich hin, sag ich, und befrei sie!

MEPHISTOPHELES. Ich führe dich, und was ich tun kann, höre! Habe ich alle Macht im Himmel und auf Erden? Des Türners[3] Sinne will ich umnebeln, bemächtige dich der Schlüssel und führe sie heraus mit Menschenhand! Ich wache! Die Zauberpferde sind bereit, ich entführe euch. Das vermag ich.

FAUST. Auf und davon!

Nacht

Offen Feld.

Faust, Mephistopheles, auf schwarzen Pferden daherbrausend.

FAUST. Was weben die dort um den Rabenstein?[4]
MEPHISTOPHELES.
4400 Weiß nicht, was sie kochen und schaffen.
FAUST.
Schweben auf, schweben ab, neigen sich, beugen sich.
MEPHISTOPHELES. Eine Hexenzunft[5].
FAUST. Sie streuen und weihen.
MEPHISTOPHELES. Vorbei! Vorbei!

---

[1] Entgegenkommenden
[2] eine Schuld, die durch Blutvergießen entsteht
[3] Wächter des im Turm Gefangenen
[4] Bewegungen auf dem Rabenstein
[5] Hexen, die auf ihre Art die Hinrichtung vorbereiten

Kerker

FAUST *(mit einem Bund Schlüssel und einer Lampe, vor einem eisernen Türchen).*

⁴⁴⁰⁵ Mich fasst ein längst entwohnter Schauer,
Der Menschheit ganzer Jammer fasst mich an.
Hier wohnt sie hinter dieser feuchten Mauer,
Und ihr Verbrechen war ein guter Wahn!
Du zauderst, zu ihr zu gehen!
⁴⁴¹⁰ Du fürchtest, sie wiederzusehen!
Fort! Dein Zagen zögert den Tod heran.
(Er ergreift das Schloss. Es singt inwendig.)

    Meine Mutter, die Hur,
    Die mich umgebracht hat!
    Mein Vater, der Schelm,
⁴⁴¹⁵   Der mich gessen hat!
    Mein Schwesterlein klein
    Hub auf die Bein'[1],
    An einem kühlen Ort;
    Da ward ich ein schönes Waldvögelein;
⁴⁴²⁰   Fliege fort, fliege fort!

FAUST *(aufschließend).*
Sie ahnet nicht, dass der Geliebte lauscht,
Die Ketten klirren hört, das Stroh, das rauscht.
(Er tritt ein.)

MARGARETE *(sich auf dem Lager verbergend.)*
Weh! Weh! Sie kommen. Bittrer Tod!

FAUST *(leise).* Still! Still! Ich komme, dich zu befreien.

MARGARETE *(sich vor ihn hinwälzend).*
⁴⁴²⁵ Bist du ein Mensch, so fühle meine Not.

FAUST. Du wirst die Wächter aus dem Schlafe schreien!
(Er fasst die Ketten, sie aufzuschließen.)

MARGARETE *(auf den Knien).*
Wer hat dir, Henker, diese Macht
Über mich gegeben!
Du holst mich schon um Mitternacht.
⁴⁴³⁰ Erbarme dich und lass mich leben!

---

[1] die Knochen

Ist's morgen früh nicht zeitig genung? *(Sie steht auf.)*
Bin ich doch noch so jung, so jung!
Und soll schon sterben!
Schön war ich auch, und das war mein Verderben.
Nah war der Freund[1], nun ist er weit;
Zerrissen liegt der Kranz[2], die Blumen zerstreut.
Fasse mich nicht so gewaltsam an!
Schone mich! Was hab ich dir getan?
Lass mich nicht vergebens flehen,
Hab ich dich doch mein Tage nicht gesehen!
FAUST. Werd ich den Jammer überstehen!
MARGARETE. Ich bin nun ganz in deiner Macht.
Lass mich nur erst das Kind noch tränken.
Ich herzt es diese ganze Nacht;
Sie nahmen mir's, um mich zu kränken,
Und sagen nun, ich hätt es umgebracht.
Und niemals werd ich wieder froh.
Sie singen Lieder auf mich! Es ist bös von den Leuten!
Ein altes Märchen endigt so,
Wer heißt sie's deuten?
FAUST *(wirft sich nieder[3])*.
Ein Liebender liegt dir zu Füßen,
Die Jammerknechtschaft aufzuschließen.
MARGARETE *(wirft sich zu ihm)*.
O lass uns knien, die Heil'gen anzurufen!
Sieh! Unter diesen Stufen,
Unter der Schwelle
Siedet die Hölle!
Der Böse,
Mit furchtbarem Grimme,
Macht ein Getöse!
FAUST *(laut)*. Gretchen! Gretchen!
MARGARETE *(aufmerksam)*.
Das war des Freundes Stimme!
(Sie springt auf. Die Ketten fallen ab.)

---

[1] Geliebter
[2] Sinnbild der reinen Jungfräulichkeit
[3] Den Fußfall, den Faust als Liebender getan hat, deutet Gretchen in religiösem Sinne.

Wo ist er? Ich hab ihn rufen hören.
Ich bin frei! Mir soll niemand wehren.
An seinen Hals will ich fliegen,
An seinem Busen liegen!
Er rief: Gretchen! Er stand auf der Schwelle.
Mitten durchs Heulen und Klappen der Hölle,
Durch den grimmigen, teuflischen Hohn
Erkannt ich den süßen, den liebenden Ton.
FAUST. Ich bin's!
MARGARETE.   Du bist's! O sag es noch einmal!
(Ihn fassend.) Er ist's! Er ist's! Wohin ist alle Qual?
Wohin die Angst des Kerkers? Der Ketten?
Du bist's! Kommst, mich zu retten!
Ich bin gerettet! –
Schon ist die Straße wieder da,
Auf der ich dich zum ersten Male sah.
Und der heitere Garten,
Wo ich und Marthe deiner warten.
FAUST *(fortstrebend)*. Komm mit! Komm mit!
MARGARETE.   O weile!
Weil ich doch so gern, wo du weilest. *(Liebkosend.)*
FAUST. Eile!
Wenn du nicht eilest,
Werden wir's teuer büßen müssen.
MARGARETE. Wie? Du kannst nicht mehr küssen?
Mein Freund, so kurz von mir entfernt,
Und hast 's Küssen verlernt?
Warum wird mir an deinem Halse so bang?
Wenn sonst von deinen Worten, deinen Blicken
Ein ganzer Himmel mich überdrang,
Und du mich küsstest, als wolltest du mich ersticken.
Küsse mich!
Sonst küss ich dich! *(Sie umfasst ihn.)*
O weh! Deine Lippen sind kalt,
Sind stumm.
Wo ist dein Lieben
Geblieben?
Wer brachte mich drum? *(Sie wendet sich von ihm.)*
FAUST. Komm! Folge mir! Liebchen, fasse Mut!
Ich herze dich mit tausendfacher Glut,

⁴⁵⁰⁰ Nur folge mir! Ich bitte dich nur dies!
MARGARETE *(zu ihm gewendet).*
 Und bist du's denn? Und bist du's auch gewiss?
FAUST. Ich bin's! Komm mit!
MARGARETE. Du machst die Fesseln los,
 Nimmst wieder mich in deinen Schoß.
 Wie kommt es, dass du dich vor mir nicht scheust? –
⁴⁵⁰⁵ Und weißt du denn, mein Freund, wen du befreist?
FAUST. Komm! Komm! Schon weicht die tiefe Nacht.
MARGARETE.
 Meine Mutter hab ich umgebracht,
 Mein Kind hab ich ertränkt.
 War es nicht dir und mir geschenkt?
⁴⁵¹⁰ Dir auch. – Du bist's! Ich glaub es kaum.
 Gib deine Hand! Es ist kein Traum!
 Deine liebe Hand! – Ach, aber sie ist feucht!
 Wische sie ab! Wie mich deucht,
 Ist Blut dran.
⁴⁵¹⁵ Ach Gott! Was hast du getan!
 Stecke den Degen ein,
 Ich bitte dich drum!
FAUST. Lass das Vergangne vergangen sein,
 Du bringst mich um.
⁴⁵²⁰ MARGARETE. Nein, du musst übrig bleiben!
 Ich will dir die Gräber beschreiben,
 Für die musst du sorgen
 Gleich morgen;
 Der Mutter den besten Platz geben,
⁴⁵²⁵ Meinen Bruder sogleich darneben,
 Mich ein wenig beiseit,
 Nur nicht gar zu weit!
 Und das Kleine mir an die rechte Brust.
 Niemand wird sonst bei mir liegen! –
⁴⁵³⁰ Mich an deine Seite zu schmiegen,
 Das war ein süßes, ein holdes Glück!
 Aber es will mir nicht mehr gelingen;
 Mir ist's, als müsst ich mich zu dir zwingen,
 Als stießest du mich von dir zurück;
⁴⁵³⁵ Und doch bist du's und blickst so gut, so fromm.
FAUST. Fühlst du, dass ich es bin, so komm!

MARGARETE. Da hinaus?
FAUST. Ins Freie.
MARGARETE.   Ist das Grab drauß,
  Lauert der Tod, so komm!
4540 Von hier ins ewige Ruhebett
  Und weiter keinen Schritt –
  Du gehst nun fort? O Heinrich, könnt ich mit!
FAUST. Du kannst! So wolle nur! Die Tür steht offen.
MARGARETE.
  Ich darf nicht fort; für mich ist nichts zu hoffen.
4545 Was hilft es fliehn? Sie lauern doch mir auf.
  Es ist so elend, betteln zu müssen,
  Und noch dazu mit bösem Gewissen!
  Es ist so elend, in der Fremde schweifen,
  Und sie werden mich doch ergreifen!
4550 FAUST. Ich bleibe bei dir.
MARGARETE. Geschwind! Geschwind!
  Rette dein armes Kind!
  Fort! Immer den Weg
  Am Bach hinauf,
4555 Über den Steg,
  In den Wald hinein,
  Links, wo die Planke steht,
  Im Teich.
  Fass es nur gleich!
4560 Es will sich heben,
  Es zappelt noch!
  Rette! Rette!
FAUST. Besinne dich doch!
  Nur *einen* Schritt, so bist du frei!
4565 MARGARETE. Wären wir nur den Berg vorbei!
  Da sitzt meine Mutter auf einem Stein,
  Es fasst mich kalt beim Schopfe!
  Da sitzt meine Mutter auf einem Stein
  Und wackelt mit dem Kopfe;
4570 Sie winkt nicht, sie nickt nicht, der Kopf ist ihr schwer,
  Sie schlief so lange, sie wacht nicht mehr.
  Sie schlief, damit wir uns freuten.
  Es waren glückliche Zeiten!
FAUST. Hilft hier kein Flehen, hilft kein Sagen,

So wag ich's, dich hinweg zu tragen.
MARGARETE.
Lass mich! Nein, ich leide keine Gewalt!
Fasse mich nicht so mörderisch an!
Sonst hab ich dir ja alles zu Lieb getan.
FAUST. Der Tag graut! Liebchen! Liebchen!
MARGARETE.
Tag! Ja, es wird Tag! Der letzte Tag dringt herein;
Mein Hochzeitstag sollt es sein!
Sag niemand, dass du schon bei Gretchen warst.
Weh meinem Kranze[1]!
Es ist eben geschehn!
Wir werden uns wiedersehn;
Aber nicht beim Tanze.
Die Menge drängt sich, man hört sie nicht.
Der Platz, die Gassen
Können sie nicht fassen.
Die Glocke[2] ruft, das Stäbchen[2] bricht.
Wie sie mich binden und packen!
Zum Blutstuhl[2] bin ich schon entrückt.
Schon zuckt nach jedem Nacken
Die Schärfe, die nach meinem zückt.
Stumm liegt die Welt wie das Grab!
FAUST. O wär ich nie geboren!
MEPHISTOPHELES *(erscheint draußen)*.
Auf! Oder ihr seid verloren.
Unnützes Zagen! Zaudern und Plaudern!
Meine Pferde schaudern.[3]
Der Morgen dämmert auf.
MARGARETE. Was steigt aus dem Boden herauf?
Der! Der! Schick ihn fort!

---

[1] Gemeint ist der Hochzeitskranz.
[2] Bei Hinrichtungen wurde die Glocke geläutet, das Armesünderglöcklein. Über dem Haupt des Hinzurichtenden zerbrach der Richter als Zeichen der endgültigen Verurteilung ein weißes Stäbchen, das er ihm dann vor die Füße warf. Darauf wurde der Verurteilte auf einem Stuhl festgebunden, um den tödlichen Schwertstreich des Henkers zu empfangen.
[3] Geisterpferde zergehen beim Morgengrauen.

Was will der an dem heiligen Ort?[1]
Er will mich!
FAUST. Du sollst leben!
MARGARETE.
⁴⁶⁰⁵ Gericht Gottes! Dir hab ich mich übergeben!
MEPHISTOPHELES *(zu Faust).*
Komm! Komm! Ich lasse dich mit ihr im Stich.
MARGARETE. Dein bin ich, Vater! Rette mich!
Ihr Engel! Ihr heiligen Scharen,
Lagert euch umher, mich zu bewahren!
⁴⁶¹⁰ Heinrich! Mir graut's vor dir.
MEPHISTOPHELES.
Sie ist gerichtet!
STIMME *(von oben)*[2]. Ist gerettet!
MEPHISTOPHELES *(zu Faust).* Her zu mir!
(Verschwindet mit Faust.)
STIMME *(von innen, verhallend).*
Heinrich! Heinrich!

---

[1] Mephisto bringt nur neue Schuld; Kerker und Richtplatz bedeuten für Gretchen dagegen Entsühnung und sind für sie darum heilige Stätten. Darauf hindeutend: Gericht Gottes (V. 4605)

[2] Die „Stimme von oben" erinnert daran, dass die Gretchen-Tragödie zum kosmischen Spiel zwischen Gott und Satan gehört. Mephistos „Her zu mir!" weist auf die Notwendigkeit der Weiterführung des Dramas hin.

Anhang

Negligé und Freudenhaus ...

waren im 18. und zu Beginn des 19. Jahrhunderts durchaus sittsame und keineswegs anstößige Begriffe. Streifte eine weibliche Romanfigur ein „Negligé" über, so erregte dies bei den Lesern keine erotischen Assoziationen – war doch das Negligé lediglich eine züchtige Hausbekleidung.

Damen im Negligé   (© Wolfgang Roos)

Und auch das Freudenhaus war damals nichts anderes als ein von fröhlichen Menschen bewohntes Haus. – Bezeichnete man zu Goethes Zeiten ein Verhalten als „politisch", verwandte man den Begriff im Sinne von „intelligent"; unter „blöden" Zeitgenossen verstand man seine schüchternen Mitmenschen und „Witz" attestierte man demjenigen, der sich durch besondere Intelligenz auszeichnete.

Viele Wörter der Goethezeit bedeuten heute etwas anderes (man kann von etwa 10.000 solcher Begriffe ausgehen!), andere sind inzwischen ganz verschwunden: „daalte" der jugendliche Liebhaber beispielsweise mit seiner Angebeteten, dann alberte er mit ihr herum.

So werden im Laufe der Zeit gerade ältere Texte erläuterungsbedürftig und dieser Prozess macht natürlich auch vor Goethes „Faust I", inzwischen eines der bekanntesten Werke der Weltliteratur, nicht Halt. – Die Worterklärungen im Text dieser Ausgabe und die Materialien im Folgenden dienen deshalb dazu, das Drama aus seiner Zeit heraus zu verstehen. Darüber hinaus sollen die Hinweise unter 5. und 6. zu einer erfolgreicheren schulischen Lektüre, z. B. im Rahmen von Klausuren, verhelfen.

1. Der historische Faust und seine Zeit

Die Existenz eines historischen „Dr. Faustus philosopho" darf trotz der dürftigen Quellenlage als gesichert gelten. Er lebt etwa von 1480 bis 1540 und damit in einer Zeit des Umbruchs in allen Bereichen des Lebens. Die – meist parteiischen – Quellen zeichnen das abenteuerliche Leben eines Nekromanten (Schwarzkünstlers) mit dem Beinamen „Sabellicus", der an ein Zaubervolk nordöstlich von Rom erinnert. Seinen Lebensunterhalt verdient er u. a. mit dem Weissagen aus Handlinien, der Luft, dem Feuer oder dem Wasser. Für seinen spektakulären Tod, vermutlich durch eine Explosion bei alchemistischen Experimenten, hatten seine Zeitgenossen bald eine Erklärung parat: Den Faust hatte der Teufel geholt! Die in diesem Kapitel zusammengestellten Texte und Bilder informieren zum historischen Faust und veranschaulichen am Beispiel von universitärer Medizin und dem Gasthauswesen die Lebensumstände des ausgehenden 15. und beginnenden 16. Jahrhunderts.

Georg Seeßlen: Der historische Faust

Ganz offensichtlich hat es einen „Doctor Faustus philosopho", der als Astrologe und Philosoph in verschiedenen Städten auftaucht, wirklich gegeben. Der Name „Faustus" (der Glückliche) ist so etwas wie ein humanistisches Programm: Die Suche nicht nach jenseitiger Erlösung allein, sondern als diesseitiges Lebensziel. Was die Quellen über diesen Jörg (oder Georg) Faustus von Helmstadt verraten, ergibt ein eher widersprüchliches Bild. Zum einen muss er als Astrologe einen so guten Ruf genossen haben, dass sich sogar ein Bischof von ihm die Zukunft sagen ließ, zum anderen wurde ihm als „Sodomiten" und „Nigromanten" im Jahr 1532 die Einreise nach Nürnberg verweigert. Ob damit ganz explizit der Vorwurf sexueller Perversion oder eher eine verklausulierte Anklage wegen Geisterbeschwörung und Ketzerei gemeint war, wissen wir nicht.
Aus den Erinnerungen von Philip Melanchthon (1497–1560) ist ein anderer Dr. Faustus, nun mit dem Vornamen Johannes, erhalten, und über einen Johannes Faust aus

Symmern (einer Stadt im Hunsrück) bzw. Johann Faustus aus Knittlingen ist die Promotionsurkunde an der Universität von Heidelberg aus dem Jahr 1509 erhalten. Und schließlich existiert ein Brief von Johannes Trithemius von Sponheim, in dem er einem Gelehrten Auskunft gibt über jenen „Magister Sabellicus, Faust der Jüngere, Quellbrunn der Nekromanten, Astrolog, Zweiter der Magier, Chiromant, Aeromant, Pyromant, Zweiter der Hydromantie". In einer Reihe von anderen Briefen und Dokumenten ist, in wechselnden Schreibweisen, von diesem Magier Faust die Rede, und die meisten Zeitgenossen, vor allem die Humanisten, scheinen eine eher ablehnende Haltung gegen ihn eingenommen zu haben. Mit großer Wahrscheinlichkeit kann aus diesen Dokumenten auch geschlossen werden, dass Faust etwa 1540 in Staufen im Breisgau gestorben ist. Faust lebte also in einer Zeit des Umbruchs in allen Bereichen des menschlichen Lebens, der Religion (die Reformation), der Macht (der Feudalismus geriet in die Krise), der Wissenschaft (Kopernikus revolutionierte das Weltbild) und des Alltags. Und wie stets in solchen Umbruchzeiten ging die Entwicklung nicht einfach direkt nach vorne, sondern es brachen auch alte, archaische Formen wieder hervor. Während sich die „weiße" Magie als Fortschritt der Erkenntnis und des Wissens zeigte, erhielten auch die „schwarze" Magie, die Geisterbeschwörung und die vorchristlichen Kulte wieder Auftrieb. Nach allem, was wir von ihm wissen, war dieser Faust ein Wanderer zwischen diesen beiden Welten, ein Mann der Erkenntnis und zugleich der Magie, und so sehr er von Wissenschaftlern seiner Zeit als „Scharlatan" bezeichnet wurde, so sehr liebte ihn das Volk, dem er offenkundig das Wissen in ein Schauspiel zu verwandeln wusste. Den Grundstein für einen Mythos als „Volkshelden" legte dieser Faust offenbar dadurch, dass er die Wiederkehr des Magischen mit durchaus weltlichen, kleinen und größeren Betrügereien gegenüber den Mächtigen zu verbinden wusste. Für seine Zeitgenossen war es offenbar kein allzu großer Widerspruch, den Magier und den listigen Spieler an den Höfen zugleich zu bewundern.

Mit den neuen Wissenschaften schienen sich die abenteuerlichsten Möglichkeiten für die Menschen aufzutun: Sieg über die Krankheit, ewige Jugend, alchemistisch erworbener Reichtum, die Macht über die Naturgesetze. Das Wunder und die Wissenschaft schlossen sich zu dieser Zeit also keineswegs aus, vielmehr war Wissenschaft die Verheißung des gewissermaßen demokratisierten, verfügbaren Wunders. Faust war nicht nur eine populäre Gestalt, die das Wissen gegen das Dogma, ebenso wie die Zauberei gegen die Theologie verteidigte, sondern auch im sozialen Sinn ein Wanderer zwischen den Welten, eine mythische Verbindung zwischen Fürstenhof und Jahrmarkt. Denn um dieses neue Wissen war, bereits während es entstand, ein heftiger sozialer Krieg entstanden. Wem würde es gehören, wem würde es vorenthalten werden? Der legendäre Volksheld Faust, wie viel oder wenig er mit dem wirklichen Menschen zu tun haben mochte, versprach, dieses neue Wissen auch dem Volk zugänglich zu machen.

So wird er bereits zu Lebzeiten zum Objekt der volkstümlichen Legende und noch in den Anekdoten und Geschichten, die man sich über ihn erzählt, tritt das Widersprüchliche am meisten zutage. In den Dreißigerjahren des sechzehnten Jahrhunderts kommt Martin Luther in mehreren Tischreden auf Faustus zu sprechen. 1548 erzählt der protestantische Pfarrer Johannes Gast in Basel Geschichten von seinen teuflischen Zaubereien und sechs Jahre später behandelt Philip Melanchthon Faust in seinen Wittenberger Vorlesungen: Da ist die Rede von einem Magier, der den Versuch unternommen habe, in den Himmel zu fliegen, und der bei einem Duell den Kontrahenten ganz einfach aufgefressen habe. Das Böse in Dr. Faust war indes durchaus faszinierend. Zur gleichen Zeit treten in den Volkserzählungen die Züge des positiven Zauberers immer mehr in den Vordergrund. Faust wird ein klassischer Volksheld, ein Rebell gegen die Macht und die Ungerechtigkeit, ein Erlöser, der die Grenzen des „gewöhnlichen" Menschenlebens überschreitet, aber auch eine moralische Gestalt, einer, der die Spannungen der Zeit zwischen Renaissance und Reformation wiedergibt und sie zugleich zu überwinden verspricht. Faust ist der Mensch, in dem sich das Gute und das Böse in einer neuen Form treffen. Er entspricht einer „Totalität" des Wissens, die man ersehnte als Mittel zur Neuschaffung der Welt (vielleicht mit einem „Stein der Weisen") und zugleich fürchtete. Diese Furcht äußerte sich schließlich in der Verknüpfung des magischen Volkshelden mit der älteren Fantasie vom Teufelspakt.

(Aus: Der historische Faust. In: Georg Seeßlen: Materialien zu einem Film von Peter Gorski. Faust, Atlas-Film + AV, Duisburg 1992, S. 6–9. © Atlas Medien)

Darstellung einer Sektion im 15. Jahrhundert

Zunächst erinnern wir an einen bestimmten, zwischen dem 15. und dem 18. Jahrhundert in Europa sehr beliebten Gegenstand der darstellenden Kunst: die Anatomievorlesung. Nicht zufällig wurde bis zur Mitte des 16. Jahrhunderts der
5 Lehrer außerhalb des Geschehens auf einem erhöhten Standort abgebildet, wo er einen klassischen Text erläutert, während die eigentliche Operation von einem Helfer, einem „Bader", ausgeführt wird: sinnfälliger Ausdruck der bestehenden Trennung zwischen Praxis – der Technik des Sezie-
10 rens – und Wissenschaft, die sich auf den eintönigen Kommentar beschränkte und mit dem Fall, der dem Studenten vorgeführt wurde, in keiner wirklichen Beziehung stand.
Praktisches Sezieren oder philologische Lektion? An einer berühmten Stelle seines Werkes beschrieb Vesalius diese
15 Situation auf eindrucksvolle Weise: „Nach unserem verachtungswürdigen Unterrichtssystem gibt der Lehrer, während ein anderer die Sektion der menschlichen Leiche durchführt, eine literarische Beschreibung der verschiedenen Körperteile. Der Dozent steht hoch auf seinem Podi-
20 um und doziert mit sichtlicher Verachtung über Tatsachen, die er aus eigener Erfahrung nicht kennt, sondern aus den Büchern anderer auswendig gelernt hat oder gar aus dem vor ihm liegenden Buche abliest. Diejenigen, die die Autopsie durchführen, sind so unwissend, daß sie nicht in der
25 Lage sind, den Schülern die von ihnen präparierten Teile zu zeigen und zu erklären; und da der Professor nie die Leiche berührt und seinerseits der Bader die lateinischen Bezeichnungen nicht kennt und daher der Reihenfolge des Vortrags nicht folgen kann, arbeitet jeder auf eigene Faust.
30 Auf diese Weise ist der Unterricht sehr schlecht; ganze Tage gehen durch unsinnige Fragen verloren; und in diesem

Durcheinander lernt der Student weniger, als ein Metzger den Professor lehren könnte.

(Aus: Ruggiero Remano-/-Alberto Tenenti (Hrsg.): Die Grundlegung der modernen Welt. Fischer Weltgeschichte, Bd. 12, Fischer Verlag, Frankfurt a. M. 1967, S. 177f.)

Dieser Text konnte aus lizenzrechtlichen Gründen nicht in reformierter Schreibung gedruckt werden.

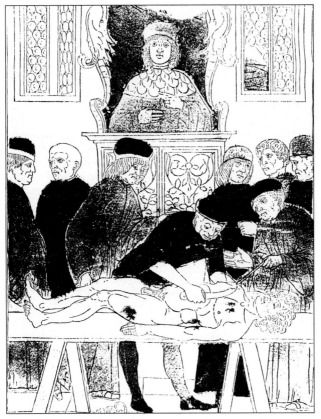

Darstellung einer Sektion, wie sie an den mittelalterlichen Universitäten praktiziert wird. Der Professor doziert, der Bader seziert.

(Holzschnitt des „Meisters der Delphine" aus den „Fasciculo di Medicina", 1493, © AKG, Berlin)

Wirtshausszene aus Fausts Zeit

So kommen in demselben geheizten Raume häufig 80 oder 90 Gäste zusammen, Fußreisende, Reiter, Kaufleute, Schiffer, Fuhrleute, Bauern, Knaben, Weiber, Gesunde und Kranke. [...] Es ist zum Verwundern, welches Lärmen und Schreien sich erhebt, wenn die Köpfe vom Trinken warm werden. Keiner versteht den andern. Häufig mischen sich Possenreißer und Schalksnarren in diesen Tumult und es ist kaum glaublich, welche Freude die Deutschen an solchen Leuten finden, die durch ihren Gesang, ihr Geschwätz und Geschrei, ihre Sprünge und Prügeleien solch ein Getöse machen, dass die Stube den Einsturz droht und keiner den andern hört.

(Aus: Erasmus von Rotterdam, Colloquia. In: Johannes Scherr, Deutsche Kultur- und Sittengeschichte, Leipzig 1876, S. 299)

Wirtshausszene aus Fausts Zeit

2. Fausts Weg zu Goethe

Der historische Faust reizte schon zu seinen Lebzeiten zur literarischen Bearbeitung und unmittelbar nach seinem Tod setzte eine sich über den gesamten deutschen Sprachraum erstreckende Legendenbildung ein. Den Ausgangspunkt bildete das Volksbuch des Druckers Johann Spies aus dem Jahre 1587, dem weitere von anderen Verfassern folgen sollten. Im Folgenden ist die Titelseite der ersten Ausgabe und der Schluss des Buches abgedruckt. Die Erzählung aus dem Neuruppiner Bilderbogen veranschaulicht den Charakter dieser Volksbücher. Die Volksbücher handeln von jenem Gelehrten und Zauberer, der einen Pakt mit dem Teufel schließt, daran elend zugrunde geht (vergleiche dazu die Abbildung „Fausts Tod") und zur Hölle fährt. – Die wichtigste Bearbeitung des Stoffes vor Goethe gelingt dem englischen Dramatiker Christopher Marlowe, der im Faust den unbedingten Erkenntniswillen des neuzeitlichen Menschen entdeckt. Im letzten Teil dieses Kapitels geht es um dieses und weitere „Faust"-Dramen vor Goethe.

Aus dem Volksbuch von „Doctor Johann Fausten" (1587)

HISTORIA

Von D. Johañ Fausten/ dem weitbeschreyten Zauberer vnd Schwartzkünstler/ Wie er sich gegen dem Teuffel auff eine benandte zeit verschrieben/ Was er hierzwischen für seltzame Abenthewr gesehen/ selbs angerichtet vnd getrieben/ biß er endtlich seinen wol verdienten Lohn empfangen.

Mehrertheils auß seinen eygenen hinderlassenen Schrifften/ allen hochtragenden/fürwitzigen vnnd Gottlosen Menschen zum schrecklichen Beyspiel/abschewlichem Exempel/vnnd trewhertziger Warnung zusammen gezogen/vnd in Druck verfertiget.

IACOBI IIII.

Seyt Gott vnderthänig/widerstehet dem Teuffel/so fleuhet er von euch.

CVM GRATIA ET PRIVILEGIO.

Gedruckt zu Franckfurt am Mayn/ durch Johann Spies.

M. D. LXXXVII.

Titelseite der ersten Ausgabe des Volksbuches vom Doctor Faust, Spies, Frankfurt am Main, 1587

67 Folget nun von D. Fausti greulichem und erschrecklichem Ende, ab welchem sich jedes Christen Mensch gnugsam zu spiegeln, und darfür zu hüten hat.

Die 24 Jahr deß Doctor Fausti waren erschienen[1], und eben in solcher Wochen erschiene ihm der Geist, uberantwort ihme seinen Brieff oder Verschreibung, zeigt im darneben an, daß der Teuffel auff die ander Nacht seinen Leib holen werde, dessen solte er sich versehen. Doctor Faustus klagte unnd weynete die gantze Nacht, also daß ihme der Geist in dieser Nacht wider erschiene, sprach ihme zu: Mein Fauste, seye doch nicht so kleinmütig, ob du schon deinen Leib verleurest, ist doch noch lang dahin, biß dein Gericht wirt, du must doch zuletzt sterben, wann du gleich viel hundert Jahr lebtest. Müssen doch die Türcken, Jüden und andere Unchristliche Keyser auch sterben, und in gleicher Verdammnuß seyn, weistu doch noch nicht was dir auffgesetzt[2] ist, seye behertzet, und verzage nicht so gar, hat dir doch der Teuffel verheißen, er wölle dir einen stählin Leib und Seel geben, und solt nicht leyden, wie andere Verdampte. Solchen und noch mehr Trosts gab er ihme, doch falsch und der heyligen Schrifft zu wider. Doctor Faustus, der nicht anders wuste, dann die Versprechung oder Verschreibung müste er mit der Haut bezahlen, gehet eben an diesem Tag, da ihme der Geist angesagt, daß der Teuffel in holen werde, zu seinen vertraueten Gesellen, Magistris, Baccalaureis, und andern Studenten mehr, die in zuvor offt besucht hatten, die bittet er, daß sie mit ihme in das Dorff Rimlich, eine halb Meil wegs von Wittenberg gelegen, wolten spatzieren, unnd allda mit ime eine Malzeit halten, die im solches zusagten. Gehen also mit einander dahin, und essen ein Morgenmahl, mit vielen köstlichen Gerichten, an Speise und Wein, so der Wirt aufftruge. D. Faustus war mit inen frölich, doch nicht auß rechtem Hertzen. Bittet sie alle widerumb, sie solten im so viel zu gefallen seyn, und mit ime zu Nacht essen, und

---

[1] vergangen
[2] bevorsteht

dise Nacht vollendt bey ihme bleiben. Er muste inen was Wichtiges sagen, welches sie ime abermals zusagten, namen auch die Mahlzeit ein. Als nu der Schlafftrunck auch vollendet ward, bezahlt D. Faustus den Wiert, und bathe die Studenten, sie wolten mit ihme in ein ander Stuben gehen, er wolte ihnen etwas sagen, das geschahe. Dr. Faustus sagte zu inen also:

68 Oratio Fausti ad Studiosos.[1]

Meine liebe Vertrauete und gantz günstige Herren. Warumb ich euch beruffen hab, ist diß, daß euch viel jar her an mit bewußt, was ich für ein Mann war, in vielen Künsten und Zauberey bericht[2], welche aber niergendt anders, dann vom Teuffel herkommen, zu welchem Teuffelischen Lust mich auch niemandt gebracht, als die böse Gesellschafft, so mit dergleichen Stücken umbgiengen, darnach mein nichtwerdes Fleisch und Blut, mein Haßstarriger und Gottloser Willen, und fliegende[3] Teuffelische gedancken, welche ich mir fürgesetzet, daher ich mich dem Teuffel versprechen müssen, nemlich, in 24 jaren, mein Leib und Seel. Nu sind solche Jar bis auff diese Nacht zum Ende gelauffen, und stehet mir das Stundtglaß vor den Augen, daß ich gewertig seyn muß, wann es außläufft, und er mich diese Nacht holen wirt, dieweil ich im Leib und Seel zum zweytenmal so theur mit meinem eigen Blut verschrieben habe. Darumb habe ich euch freundtliche günstige liebe Herren, vor meinem Ende zu mir beruffen, und mit euch ein Johanns trunck[4] zum Abschied thun wöllen, und euch mein Hinscheiden nicht sollen verbergen. Bitt euch hierauff, günstige liebe Brüder und Herrn, ihr wöllet alle die meinen, und die meiner in gutem gedencken, von meinet wegen, Brüderlich und freundtlich grüssen, darneben mir nichts für ubel halten unnd wo ich euch damals beleydiget, mir solches hertzlich verzeihen. Was aber die Abentheuer

---

[1] Rede Fausts an die Studenten
[2] erfahren
[3] hochmütige
[4] im Sinne von: Abschiedstrunk

Anhang 167

Dr. Faust in der Volkssage. Holzstich, koloriert, um 1871, nach Zeichnung von Otto Brausewetter
(© AKG)

Johann Faust. Sagengestalt nach Vorbild des Georg Faust (um 1480 – 1536/39), Titelblatt eines Faust-Buchs von 1725 (© AKG)

belanget, so ich in solchen 24 Jahren getrieben habe, das werdt ihr alles nach mir auffgeschrieben finden, und laßt euch mein greulich End euer Lebtag ein fürbildt und erinnerung seyn, daß ir wöllet Gott vor Augen haben, ihn bitten, daß er euch vor deß Teuffels trug unnd List behüten, unnd nicht in Versuchung führen wölle, dagegen ime anhangen, nicht so gar von ihm abfallen, wie ich Gottloser und Verdampter Mensch, der ich veracht und abgesagt habe der Tauffe, dem Sacrament Christi, Gott selbst, allem Himmlischen Heer, und dem Menschen, einem solchen Gott, der nit begert, daß einer solt verloren werden. Laßt euch auch die böse Gesellschaft nit verführen, wie es mir gehet unnd begegnet ist, Besucht fleissig und embsig die Kirchen, sieget und streitet allezeit wider den Teuffel, mit einem guten Glauben an Christum, und Gottseligen Wandel gericht.

Endlich nu und zum Beschluß, ist meine freundliche Bitt, ir wöllt euch zu Bett begeben, mit ruhe schlaffen, und euch nichts anfechten lassen, auch so ir ein Gepölter und Ungestümb im Hauß höret, wöllt ihr drob mit nichten erschrecken, es sol euch kein Leyd widerfahren, wöllet auch vom Bett nicht auffstehen, und so ir meinen Leib tod findet, ihn zur Erden bestatten lassen. Dann ich sterbe als ein böser unnd guter Christ, ein guter Christ, drumb daß ich eine hertzliche Reue habe, und im Hertzen immer umb Gnade bitte, damit meine Seele errettet möchte werden. Ein böser Christ, daß ich weiß, daß der Teuffel den Leib wil haben, unnd ich wil ihme den gerne lassen, er laß mir aber nur die Seele zu frieden. Hierauff bitt ich euch, ihr wöllet euch zu Bette verfügen, unnd wündsche euch eine gute Nacht, Mir aber eine ärgerliche, Böse und Erschreckliche.

Diese Declaration unnd Erzehlung thät Doctor Faustus mit behertztem Gemüt, damit er sie nicht verzagt, erschrocken und kleinmütig machte. Die Studenten aber verwunderten sich auffs höchste, daß er so verwegen gewest, sich nur umb Schelmerey, Fürwitz und Zauberey willen in eine solche Gefahr an Leib unnd Seel begeben hette, war inen hertzlich leydt, dann sie hetten in lieb, und sprachen: Ach mein Herr Fauste, was habt ihr euch geziehen, daß ihr so lang still geschwiegen, und uns solches nicht habt offenbaret, wir wolten euch durch gelehrte Theologos auß dem netz deß Teuffels errettet, und gerissen haben, nun aber ist es zu spat, und euerm Leib und Seel schädlich. Doct. Faustus antwortet: Er hette es nicht thun dörffen, ob ers schon offt willens gehabt, sich zu Gottseligen Leuthen zu thun, raht und hülff zu suchen. Wie mich auch meine Nachbaur darumb angesprochen, daß ich seiner Lehre folgen solte, von der Zäuberey abstehen, und mich bekehren. Als ich dann dessen auch schon willens war, kam der Teuffel, und wolt mit mir fort, wie er diese Nacht thun wird, und sagte: So bald ich die bekehrung zu GOTT annemmen würde, wölle er mir den Garauß machen. Als sie solches von Doctor Fausto verstanden, sagten sie zu ime: Dieweil nun nichts anders zugewarten seye, sol er Gott anruffen, ihn durch seines lieben Sohns Jesu Christi willen, umb verzeihung bitte, und sprechen: Ach Gott sey mir armen Sünder gnädig, unnd gehe nicht mit mir ins Gericht, dann ich vor dir nicht bestehen kan. Wiewol ich dem Teuffel den Leib muß lassen, so wöllst doch die Seel erhalten, ob Gott etwas wircken wolte. Das sagte er inen zu, er wolte beten, es wolte ihme aber nit eingehen, wie dem Cain, der auch sagte: Sein Sünde weren grösser, denn daß sie ihme möchten verziehen werden. Also gedachte er auch immerdar, er hette es mit seiner Verschreibung zu grob gemacht. Diese Studenten und gute Herren, als sie Faustum gesegneten, weyneten sie, unnd umbfiengen einander. D. Faustus aber bleib in den Stuben, unnd da die Herren sich zu Bette begeben, kondte keiner recht schlaffen, dann sie den Außgang wolten hören. Es geschahe aber zwischen zwölff und ein uhr in der Nacht, daß gegen dem Hauß her ein grosser ungetümmer Wind gienge, so das Hauß an allen orten umbgabe, als ob es alles zugrunde gehen, unnd das Hauß zu Boden reissen wolte, darob die Studenten vermeynten zuverzagen, sprangen auß dem Bett, und huben an einander zu trösten, wolten auß der Kammer nicht, Der Wiert lieff auß seinem in ein ander Hauß. Die Studenten lagen nahendt bey der Stuben, da D. Faustus innen war, sie hörten ein greuliches Pfeiffen und Zischen, als ob das Hauß voller Schlangen, Natern und anderer schädlicher Würme were. In dem gehet D.

Fausti thür uff in der Stuben, der hub an umb Hülff und Mordio zuschreyen, aber kaum mit halber Stimm, bald hernach hört man in nicht mehr. Als es nun Tag ward, und die Studenten die gantze Nacht nicht geschlaffen haten, sind sie in die Stuben gegangen, darinnen D. Faustus gewesen war, sie sahen aber keinen Faustum mehr, und nichts, dann die Stuben voller Bluts gesprützet. Das Hirn klebte an der Wandt, weil in der Teuffel von einer Wandt zur andern geschlagen hatte. Es lagen auch seine Augen und etliche Zäen allda, ein greulich und erschrecklich Spectackel. Da huben die Studenten an in zubeklagen und zubeweynen, und suchten in allenthalben. Letzlich aber funden sie seinen Leib heraussen bey dem Mist ligen, welcher greulich anzusehen war, dann ihme der Kopff und alle Glieder schlotterten.

Diese gemeldte Magistri unnd Studenten, so bey deß Fausti todt gewest, haben so viel erlangt, daß man ihn in diesem Dorff begraben hat, darnach sind sie wiederumb hineyn gen Wittenberg, und ins doctor Fausti Behausung gegangen, allda sie seinen Famulum, den Wagner, gefunden, der sich seines Herrn halben ubel gehube. Sie fanden auch diese deß Fausti Historiam auffgezeichnet, und von ihme, beschrieben, wie hievor gemeldt, alles ohn sein Ende, welches von obgemeldten Studenten und Magistris hinzu gethan, unnd was sein Famulus auffgezeichnet, da auch ein neu Buch von ihme außgehet. Deßgleichen eben am selbigen Tage ist die verzauberte Helena, sampt ihrem Son, nicht mehr vorhanden gewest, sondern verschwunden. Es wardt auch forthin in seinem Hauß so Unheimlich, daß niemand drinnen wohnen kondte. D. Faustus erschiene auch seinem Famulo lebhafftig bey Nacht, und offenbarte ihm viel heimlicher ding. So hat man in auch bey der Nacht zum Fenster hinauß sehen gucken, wer fürüber gegangen ist. Also endet sich die gantze warhafftige Historia und Zäuberey Doctor Fausti, darauß jeder Christ zu lernen, sonderlich aber die eines hoffertigen, stoltzen, fürwitzigen und trotzigen Sinnes unnd Kopffs sind, GOTT zu förchten, Zauberey, Bechwerung unnd andere Teuffelswercks zu fliehen, so Gott ernstlich verbotten hat, und den Teuffel nit zu Gast zu laden, noch im raum zu geben, wie Faustus gethan hat. Dann uns hie ein erschrecklich Exempel seiner Verschreibung unnd Ends fürgebildet ist, desselben müssig zu gehen, unnd Gott allein zu lieben, und für Augen zu haben, alleine anzubeten, zu dienen und zu lieben, von gantzem Hertzen und gantzer Seelen, und von allen Kräfften, und dagegen dem Teuffel unnd allem seinem Anhang abzusagen, und mit Christo endtlich ewig selig zu werden. Amen, Amen. Das wündsche ich einem jeden von grunde meines Hertzen, AMEN.

I Pet. V.
Seyt nüchtern und wachet, dann euer Widersacher der Teuffel geht umbher wie ein brüllender Löwe, und suchet welchen er verschlinge, dem widerstehet fest im Glauben.

(Aus: Das Volksbuch von Doktor Faust. 1587. Ausgewählt und eingeleitet von Leander Petzoldt (Editionen für den Literaturunterricht), Ernst Klett Verlag, Stuttgart, S. 3 und 120 – 126. Auf der Basis der kritischen Ausgaben von: Petsch, Robert: Das Volksbuch vom Doctor Faust, Halle ²1911)

Jörn Göres: Die Volksbücher vom Doktor Faust

War auf solche Weise die Verbindung mit dem Teufel einmal ruchbar geworden, spann die Sensationsgier des Volkes ihre Geschichte darum. So entstanden einzelne zuerst mündliche, dann in Chroniken schriftlich festgehaltene Berichte.
Die einzelnen Geschichten, die sich nicht einmal in jedem Falle auf Faust bezogen, erstmals zusammengestellt und daraus eine recht frei gestaltete Lebensgeschichte des Doktor Faust entwickelt zu haben, kommt dem unbekannten Autor des 1587 bei dem Frankfurter Buchhändler Johann Spies erschienenen Werkes zu, dessen Titel lautet: „Historia von D. Johañ Fausten / dem weitbeschreyten Zauberer und Schwartzkünstler / Wie er sich gegen dem Teuffel auff eine benandte Zeit verschrieben / Was er hierzwischen für seltsame Abentheuwer gesehen / selbs angerichtet und getrieben / biß er endtlich seinen wol verdienten Lohn empfangen."
Für die Geschichte der „Faust"-Dichtung ist bemerkenswert, dass in diesem ersten „Faust"-Buch erstmals von ei-

nem formalen Pakt zwischen Faust und dem Teufel die Rede ist, dass der Vertreter der Hölle „Mephistopheles" genannt wird, Fausts Famulus „Wagner" heißt und dass auch erstmals Faust zum Beweis seiner Zauberkunst Helena erscheinen lässt.

Allerdings ist in diesem Buch von dem tragisch-eigentümlichen Hinausbegehren des Menschen über seine Erkenntnismöglichkeiten, das man sich gewöhnt hat, das „Faustische" zu nennen, noch kaum etwas zu merken. Dagegen ist in dieser Zeit der durch Reformation und Gegenreformation religiös aufgewühlten Gemüter der warnende Hinweis auf das schlechte Beispiel unverkennbar. Aber wie diese Warnung ohne eine gewisse Sensation als Wirkung nicht auskommt, so war es gerade die Sensation, die das Volk auf das Buch begierig machte. Der Buchdrucker Spies hätte wenig vom Geschäft verstanden, wenn er das nicht auch gewusst hätte. So vermochte er es, allein schon mit dem ausführlichen Titel des Buches gleichzeitig der Religion und Sittsamkeit als auch der Sensationsgier und Kauflust gerecht zu werden.

Von zwischenzeitlichen Übersetzungen des sogenannten Spies'schen „Faust"-Buches ins Englische, Französische, Flämische, Tschechische und, von einer deutschen Reimfassung abgesehen, gab 1599 – zwölf Jahre nach dem Spies'schen „Faust"-Buch – der hohenlohische Rat und Stadtschreiber Georg Rudolf Widmann ein neues „Faust"-Buch heraus. Der Titel lautete: „Erster Theil des warhafftigen Historien von der grewlichen und abschewlichen Sünden und Lastern (auch von vielen wunderbarlichen und seltzamen ebentheuren / So D. Johannes Faustus / Ein weitberuffener Schwartzkünstler und Ertzzäuberer / durch seine Schwartzkunst / biß an seinen erschrecklichen end hat getrieben." Vermutlich hat sich Widmann einen ähnlichen Erfolg gewünscht, wie er dem vorangegangenen Buch beschieden war. Um ihn zu erlangen, hat er von dem, wovon er meinte, dass es nach dem Geschmack des Volkes sei, aus der damals nur irgend verfügbaren Teufelsliteratur so viel zusammengetragen, dass er dem schmalen Band des Spies'schen „Faust"-Buches am Ende einen dickleibigen Wälzer gegenüberstellte.

Aber wie man einer zu viel genossenen Speise überdrüssig wird, so ging es offenbar auch den Lesern mit den „Faust"-Büchern. Jedenfalls erschien erst wieder fünfundsiebzig Jahre später – 1674 – ein „Faust"-Buch: Unter dem Titel „Das ärgerliche Leben und schreckliche Ende des vielberüchtigten Ertz-Schwarzkünstlers D. Johannis Fausti" hatte der Nürnberger Arzt Johann Nikolaus Pfitzer das Widmann'sche „Faust"-Buch bearbeitet, es auf das Maß einer übersichtlichen Geschichte zurückgeführt und die von Widmann getilgte Helena-Episode wieder eingefügt. Außerdem berichtete er von Fausts Liebe zu einer „ziemlich schönen, doch armen Magd vom Lande". Diese Geschichte könnte als Quelle zur Gretchen-Tragödie in Goethes „Faust"-Dichtung angesehen werden, wenn man nicht wüsste, dass Goethe eigene Quellen gehabt hat (vgl. S. 181) und dass Goethe das Pfitzer'sche Faustbuch erst 1801 kennenlernte, als er es aus der Weimarer Bibliothek entlieh, während er seine Gretchen-Tragödie bereits 1775 mit nach Weimar gebracht hatte. Dennoch ist das Entleihdatum interessant, weil einerseits Pfitzer erstmals Faust in ausdrückliche Analogie zu Hiob stellt, „dem der Teufel nicht konte beykommen, er musste zuvor dessen Erlaubnus von Gott haben", andererseits Goethe das Hiob-Motiv seinem „Prolog im Himmel" zugrunde legt. Möglicherweise ist Goethe dazu durch die Lektüre des Pfitzer'schen „Faust"-Buches angeregt worden, und wir hätten somit eine Möglichkeit, die Entstehung des „Prologs im Himmel" zu datieren.

Obgleich das Pfitzer'sche „Faust"-Buch seine siebente und letzte Auflage erst im Jahre 1726 erfuhr, hatte sich der „Geist der Zeiten" inzwischen erheblich gewandelt. Davon zeugt die letzte Bearbeitung des „Faust"-Buches, die schon 1725 – ein Jahr vor der letzten Auflage von Pfitzers Werk – mit dem Titel „Des durch die ganze Welt berufenen Erz-Schwarz-Künstlers und Zauberers Dr. Johann Fausts mit dem Teufel aufgerichtetes Bündnüs, abentheuerlicher Lebens-Wandel, und mit Schrecken genommenes Ende" erschienen war. Es handelt sich um eine merkwürdige Schrift, die in ihrem Eingeständnis, der Sache nicht gewachsen zu sein, an die Situation des Schreibers Wisolf auf der Reichenau im 10. Jahrhundert erinnert, der mit dem Stoßseufzer „nequeo" („ich kann nicht mehr") die Abschrift des orthographisch höchst seltsamen Georgsliedes abbrach: „Gegenwärtige Blätter", so gesteht der „Christlich Meynende", dessen Name bis heute verborgen geblieben ist, „sollen billig entweder die Wahrheit der Historie des bekannten Schwarz-Künstlers, Doctor Johann Faustens, mit unverwerflichen Gründen behaupten oder, wo diese ja nicht möglich, doch die Falschheit derselben der galanten Welt deutlicher vor Augen legen. Welches auch Anfangs mein Absehen selbst gewesen. Weil aber so unzählich viele Schriften pro & contra davon" erschienen seien und viele „von den Gelehrtesten" seiner Zeit „hierinnen Schiffbruch gelitten" hätten, sei ihm der Mut vergangen – was man ihm in Anbetracht der großen Zahl von zeitgenössischen Abhandlungen zu diesem Thema gern glauben will: So beließ es der „Christlich Meynende" bei der Wiedergabe der knappen Fabel, und die Geschichte der einst stattlich aufgemachten „Faust"-Bücher endet – charakteristisch für den Geisteswandel zur Zeit der Aufklärung – in einem auf Löschpapier gedruckten Heftchen von gerade 48 Seiten Umfang!

(In: Johann Wolfgang von Goethe: Faust. Der Tragödie erster Teil. Nachwort und bibliografische Hinweise von Jörn Göres, Wilhelm Goldmann Verlag, München 1995, 5. Auflage. © Random House)

Erzählung von Dr. Faust

Faust beschwört in einer Mitternachtsstunde die Geister, aus aufsteigendem Dampfe erscheint eine Gestalt, die ihm verspricht, dienstbar zu sein, wenn er sein Leben der Hölle verschriebe.

Der böse Geist überbrachte ihm nun eine Rolle, worauf die Bedingung, dass er sich vor allem Heiligen und Rechtbaren entsage, stand und die er mit seinem Blute unterschreiben musste.

Nun erschien der Geist, der sich Mephistophel nannte, in einem menschlichen Äußern und versprach, für alles zu sorgen, was Fausts Herz nur begehre.

Eine Probe seiner Macht zeigte er in einer Gesellschaft, indem er in den Tisch vier Löcher bohrte, die Anwesenden hielten die Becher darunter und aus den Löchern floss Ungar, Cyper, Rhein und Rotwein.

Einst schuldete er einem Wucherer gegen Unterpfand eines seiner Beine 60 Gulden, und da er nicht zahlen wollte, so sägte der Wucherer ein Bein ab. Faust aber zauberte sich sogleich ein neues und ging davon.

Aus Auerbachs Keller in Leipzig sollte einst ein Fass heraufgeschrotet werden, allein alle Anstrengungen waren vergeblich, da setzte sich Faust darauf und im Augenblick bewegte sich dasselbe nach oben.

Dem Freiherrn von Eisleben zauberte er alle Vögel und alles Wild der Umgegend in seinen Garten, wo dieser bequem jagen konnte, ohne dass der Wildstand sich verminderte.

Anhang 177

Eine Dame hatte im Winter Verlangen nach Früchten. Faust setzte drei silberne Körbe an ein offenes Fenster und nach einigen Minuten waren dieselben mit den schönsten Früchten gefüllt.

Ein frommer Greis suchte Fausten zu rühren und ihn auf den rechten Weg zurückzuführen, allein Faust war zu verstrickt in der Arglist und rief in Verzweiflung »hätt ich meine Handschrift zurück«.

Da erschien der böse Geist, gab ihm die Pergamentrolle zurück, die Faust sogleich verbrannte, allein er war dem Bösen einmal überantwortet und sollte er für seine schlechten Taten büßen.

In einer Nacht hörte man in seinem Zimmer ein furchtbares Getöse, Werfen von Tischen, Angst und Wehruf, am Tage fand man den toten Körper in einem Winkel des Hofes.

(Aus: Neuruppiner Bilderbogen Nr. 1573 (Mitte der Vierzigerjahre des 19. Jahrhunderts. In: Franz Neubert: Vom Doctor Faustus zu Goethes Faust, Leipzig 1932, S. 80)

Fausts Tod

Fausts Tod. Illustration aus der holländischen Faustbuch-Ausgabe von 1685

(Aus: Erasmus von Rotterdam, Colloquia. In: Johannes Scherr, Deutsche Kultur- und Sittengeschichte, Leipzig 1876, S. 299)

Jörn Göres: „Faust"-Dramen vor Goethe

Zwar wurde das Werkchen des „Christlich Meynenden" noch zu Goethes Jugendzeit in den Frankfurter Bücherbuden gehandelt, doch Goethe hat seine Kenntnisse der „Faust"-Fabel von anderer Seite bezogen. Auf dem Theater war die Historie von Doktor Faust einen zweiten Weg gegangen: Nur ein Jahr nach dem Erscheinen des Spies'schen „Faust"-Buches war es in England bekannt geworden, und der Vorläufer Shakespeares, Christopher Marlowe, hatte es bald danach zu einem Drama „The Tragical History of D. Faustus" umgearbeitet. Faust ist unter Marlowes Griff eine titanische Erscheinung, ein Empörer gegen die Grenzen der Menschheit geworden. Er weiß, dass er die Erfüllung seiner Wünsche mit ewiger Verdammnis bezahlen muss; und doch geht er aus Ungenüge an den

Schulwissenschaften den Pakt mit Mephistopheles ein. Aber diesen Pakt versteht Faust dann nicht zu nutzen, dass er „erkenne, was die Welt im Innersten zusammenhält", sondern er lässt sich vom Teufel mit einigen läppischen Zauberstücken vor Papst und Kaiser abspeisen. Faust wird vom Teufel zur Oberflächlichkeit und Scharlatanerie verführt. Hier liegt die Tragik von Marlowes Faust, dass er am Ende dem Teufel seine Seele statt für die Ergründung des Weltzusammenhangs für ein paar billige Scherze verkauft hat.

Das Drama erschütterte die Zeitgenossen tief. Vor allem Fausts großer Eingangsmonolog mit der Absage an die vier Fakultäten und dem Beschluss, sich der Magie zu ergeben, hat die Menschen ungeheuer beeindruckt. Seine Wirkung lässt sich noch bis zur Studierstuben-Szene in Goethes „Faust"-Dichtung verfolgen. Goethe hat jedoch das Werk erst 1818 in der deutschen Übersetzung gelesen.

Dagegen „klang und summte", wie Goethe in „Dichtung und Wahrheit" schrieb, die „bedeutende *Puppenspiel*fabel" seit seinen Knabentagen in ihm wider. Das war möglich, weil die reisenden englischen Komödianten Marlowes Stück schon sehr bald nach Deutschland gebracht hatten, wo es nach zahlreichen Aufführungen – auch in deutscher Sprache – allmählich zum Puppenspiel herabgesunken war. Die „bedeutende Fabel" erregte auch die Aufklärung. Sie sah in Faust vor allem den nach umfassender Erkenntnis strebenden Gelehrten, und man erwartet es nicht anders, als dass sich Lessing, der erklärte, „nicht die Wahrheit, in deren Besitz irgendein Mensch ist, oder zu sein vermeinet, sondern die aufrichtige Mühe, die er angewandt hat, hinter die Wahrheit zu kommen, macht den Wert des Menschen" („Eine Duplik", 1778), im Sinne dieser Worte Fausts annahm. In der Tat arbeitete Lessing schon 1755 an einem „Faust"-Drama, wovon er in einem Brief berichtet. Das Stück sollte – gemäß Lessings Devise vom ethischen Wert des Strebens nach Erkenntnis – als erste „Faust"-Handlung nicht mehr mit Fausts Untergang, sondern mit seiner Rettung enden. Nur einige Szenen des Stückes erschienen im „17. Literaturbrief". Alles andere blieb unausgeführt oder ist verloren gegangen.

Mehr noch als die Aufklärung fühlte sich der Sturm und Drang von Faust angesprochen. Die junge Generation begeisterte sich regelrecht für ihn: Friedrich Müller, der „Maler Müller" – ein Zeitgenosse des jungen Goethe –, zum Beispiel, hatte Faust von früh an als „Kerl", wie ihn der Sturm und Drang liebte, verstanden. 1776 begann Müller, Fausts Leben zu dramatisieren, doch blieb das Werk ein Fragment. Müllers Faust wird durch Geldschulden zum Teufelsbündnis getrieben. Dadurch schien Fausts Schicksal in dem nicht ausgeführten Teil des Werkes bestimmt zu sein. Von Goethes „Faust"-Dichtung will Müller damals nichts gewusst haben, was man sich leicht vorstellen mag, denn sonst hätte er seinen Faust wohl kaum eines so vordergründigen Motives wegen, wie es Geldschulden sind, einen Pakt mit dem Teufel schließen lassen. An der Begründung des Paktes mit dem Teufel scheiden sich die Geister und ist zu erkennen, wes Geistes Kind der Autor ist.

(In: Johann Wolfgang von Goethe: Faust. Der Tragödie erster Teil. Nachwort und bibliografische Hinweise von Jörn Göres, Wilhelm Goldmann Verlag, München 1995, 5. Auflage. © Random House)

3. Biografische Bezüge des Dramas

Goethe war es schließlich, der den Stoff mit seinem Drama „Faust I" zu einem der großen Themen der Weltliteratur gemacht hat. Bereits im Herbst 1775 brachte der junge Goethe 21 Szenen eines Dramas mit nach Weimar, die später von deren Entdecker E. Schmidt als „Urfaust" bezeichnet wurden. Der noch ganz von der Literaturepoche des „Sturm und Drang" geprägte Text enthält bereits das Motiv von Fausts Ungenügen an der Wissenschaft, seinem Erkenntniszweifel und seiner Wendung zur Magie.

In die Arbeit am Stoff flossen auch biografische Bezüge ein. So verarbeitet Goethe in der Gretchentragödie seine Trennung von Friederike Brion und die Hinrichtung von Susanna Margaretha Brandt, die ihr uneheliches Kind getötet hatte und im Jahre 1772 in Frankfurt hingerichtet wurde (s. S. 189 ff.).

Ein entscheidender Impuls für die Weiterarbeit am Drama ging von Friedrich Schiller aus; schließlich erfolgt die Schlussredaktion im Jahre 1806 und zwei Jahre später erscheint „Faust I" im Druck. Nachdem Partien des zweiten Teils schon parallel zur Arbeit am „Faust I" entstanden waren, vollendet Goethe den „Faust II" als 82-Jähriger. 60 Jahre also hat er am Faust-Stoff gearbeitet, bevor er 1831 einem Freund schreiben kann: „Als ich meinen abgeschlossenen Faust einsiegelte, war mir denn doch nicht ganz wohl dabei zumute; denn es musste mir einfallen, dass meine wertesten, im Allgemeinen mit mir übereinstimmenden Freunde nicht alsobald den Spaß haben sollten, sich an diesen ernst gemeinten Scherzen einige Stunden zu ergötzen und dabei gewahr zu werden, was sich viele Jahre im Kopf und Sinn herumbewegte, bis es endlich diese Gestalt angenommen."

Neben einem Text zur Biografie Goethes finden sich in diesem dritten Teil des Anhangs ein Auszug aus den Prozessakten zum Fall „Susanna Margaretha Brandt", einige Zitate, die die fast lebenslange Beschäftigung Goethes mit dem Faust-Stoff dokumentieren, sowie einige Ausführungen R. Friedenthals zum Entstehungsprozess des „Faust".

Goethe im Alter von 24 Jahren. Ölminiatur von Johann Daniel Bager.
Wien, Österreichische Nationalbibliothek

(© AKG, Berlin)

Michael Fuchs:
Johann Wolfgang von Goethe – Kurzbiografie

28.8.1749	Geburt in Frankfurt a. M., Vater: Kaiserlicher Rat Dr. Jur. Johann Caspar Goethe. Mutter: Katharina Elisabeth Goethe, geb. Textor. Eine jüngere Schwester (Cornelia, geb. 1750).
bis 1765	Da die Familie von ererbten Vermögen lebt, kann der Vater sich der Erziehung seines Sohnes widmen. Dieser lernt sechs Sprachen und die entsprechenden Literaturen. Er verfasst selber Erzählungen und kleine Stücke.
1765	Auf Wunsch des Vaters Studium der Rechte in Leipzig, nicht aus Neigung, sondern als Vorbereitung auf eine Erwerbstätigkeit. Gedichte im Stil des Rokoko.
1768–1770	Rückkehr nach Frankfurt wegen schwerer Erkrankung. Bekanntschaft mit Susanna Katharina von Klettenberg, unter deren Einfluss er sich mit Fragen der Alchemie und der Mystik beschäftigt.
1770/1771	Nach langer Genesungszeit Fortsetzung des Studiums in Straßburg (Abschluss 1771). Bekanntschaft mit Johann Gottfried Herder, der ihn mit der deutschen Vergangenheit, mit Shakespeares Dichtung und dem Volkslied vertraut macht. Liebe zur Sesenheimer Pfarrerstochter Friederike Brion. Aus diesen Erfahrungen Entstehen der *Sesenheimer Lieder,* darunter die erste Fassung von *Willkommen und Abschied.*
	Tätigkeit als Rechtsanwalt in Frankfurt a. M., Umgang mit künstlerisch-literarisch interessierten Freunden, die das Lebensgefühl des Sturm und Drang verband: *Zum Schäkespears Tag,* erste Fassung des *Goetz von Berlichingen* („Geschichte Gottfriedens von Berlichingen dramatisiert").

1772	Referendariat am Reichskammergericht in Wetzlar. Unglückliche Liebe zu Charlotte Buff (später verarbeitet im *Werther*). Rückkehr nach Frankfurt.
1772–1775	Frankfurt a. M. Es entstehen *Mahomet, Urfaust, Prometheus, Stella, Clavigo, Das Jahrmarktsfest zu Plundersweilern, Ganymed, An Schwager Kronos, Der König in Thule*. Endfassung von *Götz von Berlichingen*. Im Februar 1774 beginnt Goethe mit der Niederschrift *Die Leiden des jungen Werthers*.
1775	Verlobung mit Lili Schönemann, die aber noch im gleichen Jahr wieder gelöst wird. Beginn der Arbeit an dem Trauerspiel *Egmont*.
1775–1786	Goethe in Weimar. Wichtiger Einschnitt im Leben Goethes: Er wird als Mitglied der Regierung des Herzogtums Sachsen-Weimar und als Vertrauter des Erbprinzen und späteren Herzogs nach Weimar berufen. Damit Ende des jugendlich-ungebundenen Lebens. Als Mitglied des „Geheimen Consiliums", des höchsten Beratungsgremiums des Herzogs, kümmert sich Goethe um Bergbau, Wegebau, Militärwesen und leitet die Direktion der staatlichen Finanzen. Als Leiter des Liebhabertheaters schreibt er kleinere Dramen und Singspiele zur Unterhaltung der Hofgesellschaft.
1777	Gedicht *Harzreise im Winter*, Beginn der Arbeit an *Wilhelm Meisters theatralische Sendung*.
1779	Abfassung der Prosafassung von *Iphigenie auf Tauris*, Ernennung zum Geheimen Rat.
1780	Beginn der mineralogischen und naturwissenschaftlichen Studien. Arbeit an *Torquato Tasso*.
1782	Erhalt des Adeldiploms.
1786	Abschluss der Umarbeitung von *Die Leiden des jungen Werther*.

1786–1788	Italienreise. Goethes heimliche Abreise von Karlsbad nach Italien ist durchaus als Flucht aus Weimar zu verstehen: In der Wahrnehmung alltäglicher Verantwortung im überschaubaren Bereich hatte sich ein Wesenszug Goethes ausgeprägt, der sein weiteres Leben bestimmen sollte: Selbstdisziplin, Angst vor Unruhe und Leidenschaftlichkeit. So hielt er zur verheirateten Hofdame Charlotte von Stein, mit der ihn eine tiefe Liebe verband, immer die gesellschaftlich gebotene Distanz. Dennoch empfand Goethe dieses Leben auch als Verengung, deshalb der Aufbruch zur Italienreise.
1786	Umarbeitung der Prosafassung von *Iphigenie auf Tauris* in Versen.
1787/1788	Abschluss des *Egmont*, Weiterarbeit an *Torquato Tasso* und *Faust*. Neben geologischen und botanischen Studien (Prinzip der Urpflanze) Beschäftigung mit antiker Kunst. Bei Versuchen, sein Zeichentalent auszubilden, wird Goethe klar, dass er zum Dichter, nicht aber zum bildenden Künstler bestimmt sei. Im Oktober 1788 Rückkehr nach Weimar.
1788–1832	Goethe in Weimar: Nach seiner Rückkehr nach Weimar lässt sich Goethe von zahlreichen Verwaltungstätigkeiten entlasten; ihm bleibt die Aufsicht über das Weimarer Theater und die wissenschaftlichen Anstalten von Jena. Abbruch der Beziehung zu Frau von Stein. Die Verbindung mit der Manufakturarbeiterin Christiane Vulpius lässt ihn zum sesshaften Hausherrn werden. Dies wird ihm vor allem in den Jahren der Revolutionskriege wichtig.
1789	Fertigstellung von *Torquato Tasso*.
1791	Übernahme der Leitung des neuerrichteten Weimarer Hoftheaters (bis 1817; davon 1796–1805 in Zusammenarbeit mit Schiller.

1792	Begleitung des Herzogs auf den Kriegsschauplatz nach Frankreich (eine Erfahrung, die er 1822 in der autobiografischen Schrift *Die Campagne in Frankreich* aus der zeitlichen Distanz gestaltet); *Reineke Fuchs*.
1794	Beginn der Freundschaft mit Schiller, die trotz eines gewissen Konkurrenzverhältnisses, das zwischen ihnen herrschte, von intensivem Gedankenaustausch und gegenseitiger Förderung geprägt ist. Schiller drängt seinen Freund zur Weiterführung der Projekte *Wilhelm Meister* und *Faust*, die erst 1829 bzw. 1831 abgeschlossen werden. Auf der Grundlage gemeinsamer Überzeugungen vom Wesen und der Aufgabe der Kunst bilden die beiden Freunde auch eine „Partei", die sich polemisch mit abweichenden Kunstauffassungen auseinandersetzt. *Unterhaltungen deutscher Ausgewanderten*. Naturwissenschaftliche Studien zur Metamorphose und Farbenlehre.
1796	Abschluss von *Wilhelm Meisters Lehrjahre*; Beginn der Arbeit an *Hermann und Dorothea*.
1797–1804	Mehrere Reisen; Auseinandersetzung mit griechischer Antike; Weiterarbeit am *Faust*.
1805	Mit Schillers Tod setzt bei aller Geselligkeit, die Goethe in seinem Haus pflegt, eine gewisse Vereinsamung des Dichters ein. Von den Romantikern, die ihn ursprünglich als großen Anreger betrachteten, distanziert er sich, was ihn allerdings nicht daran hindert, Elemente der Romantik in seine späteren Werke aufzunehmen (*Wahlverwandtschaften*, *Faust II*).
1806	Abschluss von *Faust I*. Hochzeit mit Christiane Vulpius.
1807	Beginn der Arbeit an *Wilhelm Meisters Wanderjahre*.
1808	Gespräche mit Napoleon in Weimar und Erfurt; Beginn der Arbeit an *Aus meinem Leben. Dichtung und Wahrheit* (Teil 1: 1811; Teil 2: 1812; Teil 3: 1813; Teil 4: 1830)

1809	*Die Wahlverwandtschaften.*
1815	Ernennung zum Staatsminister.
1816	Tod von Christiane, Wiederaufnahme der Arbeit an *Faust II*, Herausgeber der Zeitschrift *Über Kunst und Altertum* (bis zu seinem Tod).
1823	Erster Besuch von Johann Peter Eckermann, der zu seinem Vertrauten und literarischen Helfer wird; *Marienbader Elegie.*
1826	Prosaerzählung *Novelle.*
1829	Vollendung von *Wilhelm Meisters Wanderjahre.*
1830	Tod seines Sohnes.
1831	Abschluss von *Faust II.*
1832	Goethe stirbt in Weimar als Letzter seines engsten Lebenskreises, der durch den Tod seiner Frau, seines Sohnes und des Herzogs Carl August (1828) immer kleiner geworden war.

Literatur:
Conrady, Karl Otto: Goethes Leben und Werk, Athenäum Verlag o. J.
Friedenthal, Richard: Goethe. Sein Leben und seine Zeit, Piper Verlag, München 1963

Goethe in seinem Arbeitszimmer, seinem Schreiber John diktierend.
Ölgemälde von Joseph Schmeller, 1831

(© AKG, Berlin)

Leben und Sterben der Kindsmörderin
Susanna Margaretha Brandt

*Nach den Prozessakten der Kaiserlichen Freien Reichsstadt
Frankfurt am Main, den sogenannten Criminalia 1771
Die Gesuchte wird verhaftet und sogleich vernommen.*

quaest. 1
Wie sie heiße, wie alt, wessen Religion, woher und womit
sie sich ernähret?
R: Susanna Margretha Brandtin, 24 Jahre alt, reformirter
Religion, von hier und seye ihr Vatter bey hiesiger Garnison als Gefreyter gewesen, ihr Vatter und Mutter aber wären bereits gestorben, und habe sie bey der Frau Bauerin
in dem Gasthauß zum Einhorn als Magd gedienet.

quaest. 3
Wie lange sie schwanger seye?
R: Das könne sie nicht sagen, weilen sie es nicht gewußt.

quaest. 4
Wie lange es seye, daß sie ihre ordentliche Reinigung nicht
gehabt?
R: Sie könne nicht leugnen, daß sie mit einem im Gasthaus
zum Einhorn einlogirten Holländer dessen Nahmen sie
nicht wisse, gegen abgelaufenes Weynachtsfest den Beyschlaf ausgeführet ...

quaest. 5
Ob sie dann nachhero kein Leben des Kindes, keine Wehen oder Leibesschmertzen empfunden und auch nicht
wahrgenommen, daß ihre Brüste dicker worden?
R: Sie habe weder Schmertzen bis zu ihrer Entbindung
noch ein Leben des Kindes bey sich verspühret. Das aber
habe sich bey ihr zugetragen, daß etwas hartes, wie ein
Stein, dann auf die linke, dann auf die rechte Seite gefallen,
von welchem sie nicht gewußt, daß es ein Kind gewesen,
ansonsten würde sie es ihrer Frau und ihren Schwestern,
welche sie vor etwa vier Wochen etliche mahl visitiret, und
schwanger zu sein geglaubt, sogleich angezeiget haben.

quaest. 6
Wer bey ihrer Niederkunft zugegen gewesen?
Es seye niemand bey ihr gewesen.

quaest. 7
Warum sie denn niemanden dazu genommen oder gerufen?
R: Die Waschküche seye weiter hinter dem Hauß gelegen, sie seie matt gewesen und die Schmertzen hätten sie so schnell überfallen, daß sie nicht mehr rufen können.

quaest. 8
Wohin sie das Kind aus der Bauerischen Wasch-Küche gebracht habe?
R: Als das Kind von ihr geschossen auf die Erde, habe sie dasselbe von der Erde unter dem Halß aufgehoben. In dem Halß habe es etwas geroßelt, sonsten habe sie aber kein Leben an demselben verspühret, wie sie sich dermahlen noch erinnere. Sie habe es hierauf in den Stall getragen und mit etwas Heu und Stroh bedeckt, worauf sie sich eine zeitlang im zweyten Stock des Bauerischen Haußes auf die Treppe gesetzt und biß nach 10 Uhr daselbsten sitzen blieben ...

80) Ob und wie lang sie des Vorhabens gewesen, das Kind umzubringen?
R: Sie könne nicht läugnen, daß von der Zeit an, als sie das Leben des Kindes verspühret, den Satan ihr in den Sinn gegeben habe, daß sie in dem grosen Hauß leicht heimlich gebähren, das Kind umbringen, verbergen und vorgeben könne, daß sie ihre Ordinaire wieder bekommen. Als sie Samstags vor ihrer heimlichen Geburt oben auf dem Boden 3 Stiegen hoch, woselbsten ihr Schwager der Schreiner Hechtel einen Unterschlag machen müssen, den Boden kehren wollen, habe ihr auf einmahl der Satan in den Sinn gegeben, sie solte sich dem grosen Gaubloch hinunterstürtzen, worüber sie aber ein Schauer überfallen, so daß sie den Besen hingelegt und ohnverrichteter Sache hinunter gegangen seye, auch ein Zittern am ganzen Leib verspühret habe.

(Continuatum den 9ten octobris 1771
Coram Iisdem
Hat man die Inquisitin abermahls vor das Verhör bringen lassen und dieselbe unter wiederholter Erinnerung, die Wahrheit zu gestehen, weiter befragt:

106) Ob dann das Kind, wie sie selbiges nach dem Stall getragen, gar kein Leben mehr verspühren lassen?
R: Nein. Es hätte nicht mehr gelebet.

107) Warum sie deme ohngeachtet selbiges dann noch einmahl mit dem Kopf wieder die Wand geschlagen habe?
R: Sie hätte zwar kein Leben mehr an dem Kind gespühret, weilen sie aber befürchtet, es mögte doch noch nicht recht todt seyn, so habe sie ihm den Kopf noch mahlen wieder die Wand geschlagen, und es nach der Hand hingeleget.

108) Warum sie dann das Kind bey dem Erdrosseln im Gesicht so gekratzt habe?
R: Weilen sie geglaubt, daß es desto eher todt seyn würde, und weilen ihr der Satan dieses alles so in den Sinn gegeben habe.

109) Ob sie auch nicht gestehen müsse, daß sie das Kind an verschiedenen Theilen des Leibes verwundet habe?
R: Ja. Sie habe das Kind auch mit der Scheer hier und da verletzt, daß es sich verbluten solle, wo und an welchen Theilen aber eigentlich, könne sie nicht sagen.

110) Ob sie keine Reue in, während oder nach vollbrachter That empfunden habe?
R: Ja. Nach der Hand wie sie auf der Treppe gesessen, hätte sie es hertzlich bereuet, daß sie ihr Kind umgebracht, während der That aber wäre sie gantz verstockt und verblendet gewesen.

111) Zu was Ende oder aus was Ursache sie dann ihr eigen Fleisch umgebracht?
R: Um der Schande und des Vorwurfs der Leute zu entgehen, daß sie ein unehliches Kind gebohren, und weilen sie geglaubt, daß sie in dem grosen Hauß gar leicht heimlich gebähren könte, so daß es niemand gewahr würde.

112) Ob sie mehrere Kinder verthan?
R: Nein: Das wäre leider ihr erstes Kind gewesen, wodurch sie zu Fall gekommen.

113) Ob sie nicht gestehen müsse, daß sie in den ersteren Verhören im Hospital die Unwahrheit geredet?

R: Ja. Sie müsse gestehen, daß sie aus Verstockung die Unwahrheit geredet. [...] Um halb zehen Uhr erschiene der Stöcker und zeigte an, daß währendem Läuten der Vater-Unser Glock in der Barfüßer Kirche die Sturm Glocke zum ersten – eine viertel Stunde hernach zum zweyten – und abermal nach Verlauf einer viertel Stunde zum dritten mal durch ihn angeschlagen worden, auf welche Anzeige dann alles zum Ausführen veranstaltet – und der armen Sünderin beym Austritt aus dem Stübgen an der Stiege die Hände durch den Stöcker und seinen Knecht gebunden – und solche vom Thurm herunter gebracht wurde. Worauf mich in Begleitung der beeden Einspänniger zu Pferd setzte, hinter uns folgte aber die arme Sünderin, welche von denen beeden Herren Geistlichen und 2. ältesten Candidaten unter beständigem Beten und Singen, bis auf das gegen der Catharinen Kirch über aufgeschlagene Gerüste begleitet wurde, woselbst sodann, währendem eifrigen Gebet das Todesurteil durch des Nachrichters Hofmann ältesten Sohn von großen Gera durch einen Hieb glücklich und wohl vollzogen – der Körper hingegen, nachdem sich das Volk ein wenig verlaufen, in einem Sarg durch des Nachrichters Knechte auf dem Karn nach guten Leuten abgeführt und daselbst begraben worden. So geschehen Frankfurt den 14ten Januarii 1772.

Johannes Raal
Obr. Richter und Fisc.

(Aus: Leben und Sterben der Kindesmörderin Susanna Margaretha Brandt, ed. S. Birkner, Insel Verlag, Frankfurt 1973, Insel Bücherei Nr. 969, S. 38ff.)

Goethe und sein „Faust"

Goethe an Herzog Carl August. Rom, 8. Dezember 1787

An „Faust" gehe ich ganz zuletzt, wenn ich alles andre hinter mir habe. Um das Stück zu vollenden, werd ich mich sonderbar zusammennehmen müssen. Ich muss einen magischen Kreis um mich ziehen, wozu mir das günstige Glück eine eigne Stätte bereiten möge.

Goethe an Schiller. 22. Juni 1797

Da es höchst nötig ist, dass ich mir in meinem jetzigen unruhigen Zustande etwas zu tun gebe, so habe ich mich entschlossen, an meinen „Faust" zu gehn und ihn, wo nicht zu vollenden, doch wenigstens um ein gutes Teil weiter zu bringen, indem ich das, was gedruckt ist, wieder auflöse und mit dem, was schon fertig oder erfunden ist, in große Massen disponiere und so die Ausführung des Plans, der eigentlich nur eine Idee ist, näher vorbereite. Nun habe ich eben diese Idee und deren Darstellung wieder vorgenommen und bin mit mir selbst ziemlich einig. Nun wünschte ich aber, dass Sie die Güte hätten, die Sache einmal in schlafloser Nacht durchzudenken, mir die Forderungen, die Sie an das Ganze machen würden, vorzulegen und so mir meine eigenen Träume als ein wahrer Prophet zu erzählen und zu deuten. – Da die verschiedenen Teile dieses Gedichts in Absicht auf die Stimmung verschieden behandelt werden können, wenn sie sich nur dem Geist und Ton des Ganzen subordinieren, da übrigens die ganze Arbeit subjektiv ist, so kann ich in einzelnen Momenten daran arbeiten, und so bin ich auch jetzt etwas zu leisten imstande.

Schiller an Goethe. 23. Juni 1797

Ihr Entschluss, an den „Faust" zu gehen, ist mir in der Tat überraschend, besonders jetzt, da Sie sich zu einer Reise nach Italien gürten. Aber ich hab es einmal für immer aufgegeben, Sie mit der gewöhnlichen Logik zu messen, und bin also im Voraus überzeugt, dass Ihr Genius sich vollkommen gut aus der Sache ziehen wird. – Ihre Aufforderung an mich, Ihnen meine Erwartungen und Desideria mitzuteilen, ist nicht leicht zu erfüllen. Aber soviel ich kann, will ich Ihren Faden aufzufinden suchen, und wenn auch das nicht geht, so will ich mir einbilden, als ob ich die Fragmente von „Faust" zufällig fände und solche auszuführen hätte. So viel bemerke ich hier nur, dass der „Faust" (das Stück nämlich) bei aller seiner dichterischen Individualität die Forderung an eine symbolische Bedeutsamkeit nicht ganz von sich weisen kann, wie auch wahrscheinlich Ihre eigne Idee ist. Die Duplizität der menschlichen Natur und das verunglückte Bestreben, das Göttliche und Physische im Menschen zu vereinigen, verliert man nicht aus den Augen; und weil die Fabel ins Grelle und Formlose geht und gehen muss, so will man nicht bei dem Gegenstand stille stehen, sondern von ihm zu Ideen geleitet werden. Kurz, die Anforderungen an den „Faust" sind zugleich philosophisch und poetisch, und Sie mögen sich wenden, wie Sie wollen, so wird Ihnen die Natur des Gegenstandes eine philosophische Behandlung auflegen, und die Einbildungskraft wird sich zum Dienst einer Vernunftidee bequemen müssen. – Aber ich sage Ihnen damit schwerlich etwas Neues, denn Sie haben diese Forderung in dem, was bereits da ist, schon in hohem Grade zu befriedigen angefangen. *(Briefe an Goethe, Bd. 1, S. 270f.)*

Goethes Tagebuch. Juni 1797

23. Juni. Ausführlicheres Schema zum „Faust". – 24. Juni. Zueignung an „Faust" ...Nachmittag weiter an „Faust". – 26. Juni. An Faust. – 27. Juni. An Faust.

Schiller an Cotta. 10. Dezember 1801

Sie fragen mich nach Goethen und seinen Arbeiten ... Er ist zu wenig Herr über seine Stimmung; seine Schwerfälligkeit macht ihn unschlüssig; und über den vielen Liebhaber-Beschäftigungen, die er sich mit wissenschaftlichen Dingen macht, zerstreut er sich zu sehr. Beinahe verzweifle ich daran, dass er seinen „Faust" noch vollenden wird.

Gespräch mit Eckermann. 6. Mai 1827

„Die Deutschen sind übrigens wunderliche Leute! Sie machen sich durch ihre tiefen Gedanken und Ideen, die sie überall suchen und überall hineinlegen, das Leben schwerer als billig. Ei, so habt doch endlich einmal die Courage, euch den Eindrücken hinzugeben, euch ergötzen zu lassen, euch rühren zu lassen, euch erheben zu lassen ... Da kommen sie und fragen, welche Idee ich in meinem ‚Faust' zu verkörpern gesucht. Als ob ich das selber wüsste und aussprechen könnte! ... Dass der Teufel die Wette verliert und dass ein aus schweren Verirrungen immerfort zum Bessern aufstrebender Mensch zu erlösen sei, das ist zwar ein wirksamer, manches erklärender guter Gedanke, aber es ist keine Idee, die dem Ganzen und jeder einzelnen Szene im Besondern zugrunde liege ... Es war im Ganzen nicht meine Art, als Poet nach Verkörperung von etwas Abstraktem zu streben. Ich empfing in meinem Innern Eindrücke, und zwar Eindrücke sinnlicher, lebensvoller, lieblicher, bunter, hundertfältiger Art, ... und ich hatte als Poet weiter nichts zu tun, als solche Anschauungen und Eindrücke in mir künstlerisch zu runden und auszubilden ..."

Goethes Tagebuch. 29. August 1829
Abends allein. Aufführung von „Faust" im Theater.
Das Jahr 1829 brachte die ersten Aufführungen des „Faust I", am 19. Januar in Braunschweig, am 8. Juni in Hannover und dann zur Feier von Goethes 80. Geburtstag die Aufführungen am 27. August in Dresden, am 28. August in Leipzig und am 29. August in Weimar. Goethe nahm an der Weimarer Aufführung nicht teil, billigte sie aber. Über die Leipziger Aufführung erhielt er sofort Nachricht durch Rochlitz, dem er dann umgehend am 2. September dankte.

Goethe an Rochlitz. 2. September 1829
... Dank für die ausführliche Kenntnis, die Sie mir von der Aufführung „Fausts" geben. Es ist wunderlich genug, dass diese seltsame Frucht erst jetzo gleichsam vom Baume fällt. Auch hier hat man ihn gegeben, ohne meine Anregung, aber nicht wider meinen Willen und nicht ohne meine Billigung der Art und Weise, wie man sich dabei benommen ... *(Briefe Bd. 4, S. 341)*

Gespräch mit Eckermann. 3. Januar 1830
Über die neue französische „Faust"-Übersetzung von Gérard de Nerval. Anschließend sagt Goethe:
Der „Faust" ist doch etwas ganz Inkommensurables und alle Versuche, ihn dem Verstande näher zu bringen, sind vergeblich. Auch muss man bedenken, dass der erste Teil aus einem etwas dunklen Zustand des Individuums hervorgegangen. Aber eben dieses Dunkel reizt die Menschen

und sie mühen sich daran ab wie an allen unauflösbaren Problemen.

Goethe an Wilhelm v. Humboldt. 17. März 1832

Es sind über sechzig Jahre, dass die Konzeption des „Faust" bei mir jugendlich von vorneherein klar, die ganze Reihenfolge hin weniger ausführlich vorlag. Nun hab ich die Absicht immer sachte neben mir hergehn lassen und nur die mir gerade interessantesten Stellen einzeln durchgearbeitet, sodass im 2. Teile Lücken blieben, durch ein gleichmäßiges Interesse mit dem Übrigen zu verbinden. Hier trat nun freilich die große Schwierigkeit ein, dasjenige durch Vorsatz und Charakter zu erreichen, was eigentlich der freiwilligen tätigen Natur allein zukommen sollte. Es wäre aber nicht gut, wenn es nicht auch nach einem so lange tätig nachdenkenden Leben möglich geworden wäre, und ich lasse mich keine Furcht angehen, man werde das Ältere vom Neuern, das Spätere vom Frühern unterscheiden können; welches wir denn den künftigen Lesern zu geneigter Einsicht übergeben wollen.
Ganz ohne Frage würd es mir unendliche Freude machen, meinen werten, durchaus dankbar anerkannten, weit verteilten Freunden auch bei Lebzeiten diese sehr ernsten Scherze zu widmen, mitzuteilen und ihre Erwiderung zu vernehmen. Der Tag aber ist wirklich so absurd und konfus, dass ich mich überzeuge, meine redlichen, lange verfolgten Bemühungen um dieses seltsame Gebäu würden schlecht belohnt und an den Strand getrieben wie ein Wrack in Trümmern daliegen und von dem Dünenschutt der Stunden zunächst überschüttet werden. Verwirrende Lehre zu verwirrtem Handel waltet über die Welt, und ich habe nichts angelegentlicher zu tun, als dasjenige, was an mir ist und geblieben ist, womöglich zu steigern und meine Eigentümlichkeiten zu kohobieren, wie Sie es, würdiger Freund, auf Ihrer Burg ja auch bewerkstelligen.

(Briefe Bd. 4, S. 481)

(Zitate aus: Goethe. Faust. Hg. u. komm. von Erich Trunz, Verlag C. H. Beck, München [16]1996 (1986), S. 425, 427f., 433f., 452, 459, 460, 468f.)

Richard Friedenthal:
Goethe. Sein Leben und seine Zeit

Sechzig Jahre hat für Goethe die Arbeit gedauert, und sie hat noch eine Vorgeschichte von dreihundert Jahren. Aus dem dunklen Mutterboden der alten Sage ist der Faust erwachsen, Goethe hat ihn nicht „erfunden", aber er hat ihn gestaltet und umgeformt aus einer sehr rohen Figur, die dennoch, schon in ihrer frühen Ungestalt, vorbestimmt war, ein Weltgedicht zu werden. [...]
Aus welchen Quellen sein [...] Faust-Drama stammt, ist [ungewiss].
Goethe selber hat ein Geheimnis daraus gemacht. Es gab die Puppenspiele, die Groschenhefte vom Dr. Faust, Volksschauspiele, von denen er vielleicht in Straßburg eines gesehen hat. Es „quillt" aber aus allen Ecken und Enden von Faust-Gestalten, auch wenn Marlowes kühner Himmelsstürmer inzwischen zu einem fahrenden Quacksalber mit roter Clownsnase entartet war. Das Publikum lachte bereits erwartungsvoll, wenn ein Dr. Faust auftreten sollte, und Lessing wurde, als er ein Faust-Drama plante, von wohlmeinenden Freunden gewarnt, sich mit dieser komischen Jahrmarktsfigur zu befassen. Lessing schrieb dann doch ein Faust-Drama oder zwei und veröffentlichte ein Bruchstück; das Übrige ging verloren. Er wollte jedenfalls die Gestalt bereits veredeln und in ihr das Streben nach Wahrheit zum Ausdruck bringen. Es gab noch andere Faust-Dramen, ein Wiener Hofkanzlist schrieb unter anderer Dutzendware auch einen *Faust* mit frommen Engelschören, der Maler Müller, den Goethe in Rom wieder sah, lose Faust-Szenen im Stil der Sturm-und-Drang-Zeit mit einer genialischen Titelradierung, die das Beste daran ist. All das zeigt nur, dass die Gestalt darauf zu warten schien, neu erweckt zu werden.
Auch Goethe hat zunächst in seiner Geniezeit wie Müller nur lose Szenen „hingewühlt", auf losen Blättern und Fetzen. Er hat diese Anfänge vernichtet. Fünfzig Jahre nach seinem Tode wurde im Nachlass des buckligen Weimarer Hoffräulein von Göchhausen eine Abschrift früher Szenen gefunden, die man in der Begeisterung über die große Ent-

deckung hoffnungsvoll den *Ur-Faust* taufte. Und seither ist man nicht müde geworden zu vergleichen, zu deuten, zu spekulieren – denn sehr vieles muss Spekulation bleiben –, vom *Ur-Faust* bis zu den letzten nachgelassenen Fragmenten, die obendrein aus verschiedensten Lebensaltern und Stadien des Werkes stammen. Auch Goethes Leben ist ein „höchst mannigfaltiges", wie das seines Faust, das er so verstanden wissen wollte. Es hat viele Widersprüche und seine Aussagen über den *Faust* bezeichnen jeweils nur die Stimmung eines bestimmten Alters oder den Versuch, ihm schon fremd gewordene frühere Stadien im Sinne eines neu gewonnenen Standpunktes zu deuten. Und oft genug spricht er als Mephisto zum Schüler.

Aber nicht nur der Schluss war „schwer zu machen". Und so kommt es immer wieder zu langen Unterbrechungen. In der Frankfurter Jugend werden die ersten Szenen geschrieben. Zehn, zwölf Jahre dichtet er kaum etwas hinzu, in Italien eine Szene, nach der Rückkehr noch einiges, und so erscheint *Faust, ein Fragment 1790* zum ersten Male vor dem Publikum in der Ausgabe seiner *Gesammelten Schriften*. Wiederum durch den Zwang einer neuen Gesamtausgabe veranlasst, schließt Goethe den Ersten Teil ab und veröffentlicht ihn 1808. Und die *Ausgabe letzter Hand* ist dann der Anlass, den Zweiten Teil 1831 zu vollenden. Das sind die knappen Daten. Den *Ur-Faust* schrieb er als fünfundzwanzigjähriger Jüngling, den Ersten Teil der Tragödie als Mann von fünfzig, den Zweiten Teil als Greis, um es summarisch zu sagen.

Er bietet noch einmal alle seine Kräfte auf, die er oft verzettelt hat, und es sind gewaltige Kräfte. Er verwendet wie oft äußere Zwangsmittel, veröffentlicht die Helena, die Anfangsszenen des Zweiten Teils, im Voraus in den ersten Bänden seiner *Ausgabe letzter Hand* mit dem kategorischen Imperativ: „Ist fortzusetzen". Er lässt sich das Manuskript mit weißen Bogen für die Lücken heften, so wie Richard Wagner seine Partituren vorher liniert und einteilt, ehe er eine Note niederschreibt. Diesen Folianten, als Forderung, hat er vor sich. Am 22. Juli 1831 schreibt er die Notiz: „Alles Reingeschriebene eingeheftet." Im August versiegelt er das Paket. Die Unruhe arbeitet in ihm weiter. Er bricht wenige Wochen vor dem Tode die Siegel noch einmal auf und notiert: „Neue Aufregung zu Faust in Rücksicht größerer Ausführung der Hauptmotive, die ich, um fertig zu werden, zu lakonisch behandelt hatte." Aber er muss es bei dem belassen, was er geschrieben hat. Mag es nun genug sein. Es ist genug. [...]

Der *Faust* ist durch Goethes große epigrammatische Kunst – hier stärker als in den ausdrücklich *Epigramme* benannten Gedichten – zur meistzitierten deutschen Dichtung geworden. Nicht zu ihrem Heil; man könnte sogar in der Hohlform eine ganze Psychologie des deutschen Spießertums aus dem ablesen, was aus dem *Faust* „Allgemeingut" geworden ist. „Hier bin ich Mensch, hier darf ichs sein", zitierte der Bürger, wenn er sich im Biergarten niederließ oder in ein Seitengässchen davonschlich. Es ließe sich aber auch, wir sagen das ohne Hochmut, eine Psychologie des deutschen Gelehrtentums entwerfen aus dem, was in den *Faust* hineingedeutet oder aus ihm herausgelesen worden ist. Der Beruf des Gelehrten ist ein entsagender. Und so hat man dann immer wieder Goethes „Entsagung" betont. Er ist jedoch kein Entsagender. Er hat zuweilen, im Alter naturgemäß mehr als in der Jugend, verzichten müssen, selten freiwillig. Entsagt hat er bis zu seiner letzten Stunde nicht. Er will weiterkämpfen. Das ist denn auch der Wesenszug seines Faust, der zum Schluss noch die Elemente besiegen möchte. Tätigkeit, rastlose, unbegrenzte – nicht „die Tat", Faust ist nicht der „Tatmensch", ebenso wenig wie Goethe. Es ist bezeichnend, dass er zwar sonst fast alle Züge der alten Volkssage wieder aufgenommen hat, nicht aber die Beschwörung Alexanders des Großen, des Mannes der Tat. Und eine der groteskesten Verirrungen der Faust-Auslegung wurde es dann, das „faustische Streben" bis auf die Gründung des zweiten deutschen Kaiserreiches oder den Expansionsdrang „der germanischen, wenn man will, der west-arischen Völkerfamilie" ausdehnen zu wollen, was schon bald nach 1871 von einem sonst sehr feinen Goethe-Kenner gesagt wurde, der im Zivilberuf Finanzberater des Hohenzollernhauses war.

Tätigkeit: Das wird Faust im Prolog vom Herrn zugewiesen, da die Menschheit sonst leicht erschlafft. Der Teufel, der „Schalk", soll ihn reizen und dahin wirken, dass er sich nicht der unbedingten Ruhe ergibt. Auch von einer „Wette" ist die Rede, denn das Stück hat nun einmal einen Rahmen. Und so fällt das unendlich zitierte Wort: „Ein guter Mensch in seinem dunklen Drange / Ist sich des rechten Weges wohl bewusst." Unendliche Ironie wetterleuchtet auch um diese Szene, so gewaltig sie von den Erzengeln mit einer Weltschöpfung intoniert wird. Nicht umsonst verwendet Mephisto die Worte vom „Alten", der „so menschlich mit dem Teufel selbst" spricht. Den „Alten" – so bezeichnet Goethe ihn auch im Brief. Den „guten Menschen" Faust nennt er ein andermal „den armen Menschen", was nicht ganz weit ab ist von dem „armen Hund", als den er seinen Wilhelm Meister bezeichnet. „In jeden Quark begräbt er seine Nase", das steht gleich nach den feierlichsten Versen, die Goethe geschrieben hat. In diesem Schillern, dieser Spannung zwischen Höchstem und Gewöhnlichstem, liegt Goethes unvergleichlicher Ton, und jedes Herausgreifen einer Einzelzeile zerstört diese Einheit und führt nur zu Pedanterien oder Aufsatzthemen.

(Aus: Richard Friedenthal: Goethe. Sein Leben und seine Zeit, Deutscher Bücherbund, Stuttgart/Hamburg 1963, S. 619–628.)

4. Der Ausgang der Wette – „Faust II"

Am Schluss von „Faust I" hat Faust mit knapper Not seine Haut, Gretchen aber ihre Seele gerettet, nachdem sie als Liebende alle Abgründe des Lebens durchschritten hat und am Ende dem Wahnsinn verfällt. Faust hat allen Grund, sie um die Sicherheit ihres Glaubens zu beneiden: Mitschuldig am Tod von Gretchens Mutter, ihres Bruders und letztlich auch am Tod Gretchens selbst, lässt Goethe ihn am Beginn von „Faust II" in einen „Heilschlaf des Vergessens" fallen. Dann brechen Faust und Mephisto in die „große Welt" auf. Am Kaiserhof sorgt Faust als Magier für Unterhaltung, während Mephisto die leeren Staatskassen mithilfe der Erfindung des Papiergeldes saniert. – Faust zwingt Paris und Helena als Geistererscheinungen herbei, wird von Liebe zu Helena ergriffen und von Mephisto in seine Studierstube zurückgebracht, wo Wagner gerade einen künstlichen Menschen erzeugt. – Dieser nimmt Faust und Mephisto mit zur klassischen Walpurgisnacht, einer Fantasiewelt aus Kunst und Wissen, Ernsthaftem und Spielerischem, in der auch Fausts und Helenas Sohn, Euphorion, geboren wird. – Der Sohn stirbt, Helena verschwindet in der Nacht und der ernüchterte Faust will Großes tun. Faust und Mephisto helfen dem Kaiser in einer Schlacht und zum Dank erhält Faust das Recht auf alles zu gewinnende Land am Meer. Dieser lässt Kanäle ziehen, einen Palast erbauen und alles beiseite räumen, was seinen Vorhaben im Wege steht, auch die kleine Hütte der beiden Alten, Philemon und Baucis; so steht auch am Ende des zweiten Teils die Schuld.
Im Folgenden ist eine Inhaltsangabe von „Faust II", der Beginn des ersten Aktes sowie ein größerer Teil des letzten, fünften Aktes abgedruckt. Hier erblindet der 100-jährige Faust vom Anhauch der „Sorge". Sterbend erfährt er dennoch ein „Vorgefühl von solchem hohen Glück" (V. 11585), sodass Mephisto sich schon als Sieger der Wette fühlt. Doch am Ende entreißen ihm die Engel Fausts „Unsterbliches" mit den Worten:
„Wer immer strebend sich bemüht, /
Den können wir erlösen." (V. 11936ff.)

Klaus Jürgen Seidel:
Ausblick auf „Faust. Der Tragödie zweiter Teil"
(Inhaltsangabe)

Faust, tief erschüttert und von Selbstvorwürfen geplagt, findet auf einer blumenübersäten Wiese im Hochgebirge Schlaf. Ein Geisterkreis hilft ihm, die grauenvollen Ereignisse und das tragische Ende Gretchens zu vergessen. Faust, vom Heilschlaf erwacht, fühlt sich von der Erde und der Natur um ihn herum wunderbar erquickt und hat alle seine Gewissensbisse vergessen.

Der regenerierte Faust gelangt mit Mephisto an den Hof des Kaisers, in die Welt der unumschränkten Staatsmacht, der hohen Finanz- und Sozialpolitik.

Der junge Kaiser ist in Schwierigkeiten. Die Staatskasse ist leer; die Wirtschaft ruiniert und das Reich droht zu zerfallen. Mephisto tritt an die Stelle des Hofnarren, den er hat verschwinden lassen, und verspricht Hilfe. Faust organisiert ein gewaltiges Maskenfest am Hof, in dem er als Plutus, als Gott des Geldes, auftritt. Mephisto ist der Geiz und die Verkörperung der üblen Nachrede. Im Verlauf des Festes lässt Mephisto den Kaiser eine Anweisung auf die noch ungehobenen Bodenschätze des Reiches unterschreiben. Die Anweisung wird vervielfältigt und unter das Volk gebracht. Damit kommt Papiergeld in Umlauf, das durch Bodenschätze gedeckt sein soll, und Mephisto und Faust werden als Retter der Volkswirtschaft gefeiert. Die Finanzmisere ist damit nur scheinbar überwunden, doch niemand erkennt die Gefahr der Inflation und den Selbstbetrug, der hinter dem nur zweifelhaft gedeckten Geld steckt.

Das Fest nimmt einen chaotischen Verlauf. Faust lässt mit einem Zaubertrick eine Goldkiste erscheinen, auf die sich die Menge stürzt. Die Kiste fängt Feuer und der Palast droht abzubrennen. Faust beendet den Zauber.

Der Kaiser will amüsiert werden. Er verlangt, die Idealbilder menschlicher Schönheit vor sich zu sehen, Paris und Helena. Mephisto muss passen. Seine magischen Künste wirken bei dem „Heidenvolk" der antiken Mythologie nicht. Aber er gibt Faust einen Tipp: Er soll in das „Reich der Mütter" eindringen, wo die Urbilder aller Dinge wohnen, wo der „Ewige Sinn" herrscht. Mit einem Schlüssel, den er Faust mitgibt, soll dieser den Dreifuß der „Mütter" berühren, der ihm dann nachfolgen wird. Mit Hilfe dieses Dreifußes kann Faust auf der Erde Erscheinungen längst vergangener Zeiten heraufbeschwören.

So geschieht es auch. Im Rittersaal lässt Faust Paris und Helena körperlich vor dem Kaiser und der versammelten Hofgesellschaft erscheinen. Doch während sich die Höflinge in albernen Scherzen über das antike Liebespaar ergehen, ist Faust hingerissen von der Schönheit Helenas. Er verliebt sich in sie, will sie auch gleich ganz real besitzen und greift nach dem Phantom. Mit einem ohrenbetäubenden Knall verschwinden die Erscheinungen und Faust stürzt bewusstlos zu Boden.

Mephisto hat den besinnungslosen Faust wieder in seine frühere Studierstube zurückversetzt. Der Schüler taucht auf, dem Mephisto schon einmal Studienberatung hat angedeihen lassen. Im Professorentalar Fausts will Mephisto ihm erneut das entsprechende Rezept im Umgang mit den Wissenschaften verabreichen. Doch der Schüler, inzwischen zum niederen Akademikergrad des Baccalaureus aufgerückt, liest jetzt Mephisto die Leviten. Seine Arroganz und Blasiertheit sind so übermäßig, seine jugendliche Überheblichkeit dem Alter gegenüber ist so groß, dass selbst dem Teufel die Puste ausgeht.

In Fausts Labor hat mittlerweile der einstige Famulus Wagner, jetzt Doktor der Naturwissenschaften, an der Entwicklung eines künstlichen Menschen gearbeitet. Es ist ihm gelungen, ein Männchen herzustellen, das als reiner Geist allerdings nur im Reagenzglas existieren kann. Dieser „Homunculus" sehnt sich danach, körperliche Gestalt zu erlangen. Homunculus erkennt Fausts Sehnsucht nach der mythischen Welt der griechischen Antike und nach dem Idol Helena. Er rät Mephisto, Faust doch zur klassischen Walpurgisnacht nach Griechenland mitzunehmen. Er selbst könne als Führer dienen. Mephisto, der als nordischer Teufel und Chef der romantischen Walpurgisnacht mit dem ganzen Griechenmythos eigentlich nichts im Sinn hat, lässt sich erst durch die Aussicht auf einige „thessalische Hexen" zur Reise überreden.

Auf einem ehemaligen Schlachtfeld in Thessalien, wo einst Cäsar den Pompeius besiegt hatte, treffen sich die Geister der Antike zur klassischen Walpurgisnacht, einem Gegenstück zum nordischen Hexentreffen auf dem Brocken. Antike Götter und mythische Fabelwesen, Philosophen und Monster, Zwittergestalten wie Sphinxe, Greife und Kentauren und Figuren der griechischen Sage geben sich hier ein mitternächtliches Stelldichein. Dazwischen Faust, Mephisto und Homunculus, die in dieser Nacht alle drei ihre eigenen Wege gehen werden.
Schnell wechseln nun die Bilder:
Faust ist auf der Suche nach Helena.
Mephisto streitet sich mit den Greifvögeln und trifft Faust bei den Sphinxen wieder. Die Sphinxe schicken Faust zu dem weisen Kentauren Chiron, und die vampirhaften Lamien locken Mephisto von den Sphinxen weg.
Faust hat Chiron gefunden, der ihm viel von Helena erzählt. Er verweist Faust an die Sibylle Manto, eine Wahrsagerin, die ihm den Weg in die Unterwelt zu Helena zeigen kann.
Homunculus trifft Mephisto wieder und erzählt ihm, dass er dem Philosophen Thales auf der Spur sei.
Der Geist Seismos macht ein kleines Erdbeben und baut dabei einen Berg.
Mephisto kommt mit den antiken Fabelwesen nur mühsam zurecht. Im Erdbeben verliert er fast die Orientierung. Er humpelt geil hinter den Lamien her, die ihn schließlich mit seinen Hoffnungen auf Sex hereinlegen.
Homunculus ist immer noch auf der Suche nach jemanden, der ihm sagen könnte, wie man ein vollständiger Mensch werden kann. Thales führt Homunculus zum Meeresgott Nereus, der beide an den sich immer wieder verwandelnden Kollegen Proteus weiterschickt.
Von den drei hässlichen Phorkyaden-Schwestern, die gemeinsam nur ein Auge und einen Raffzahn besitzen, borgt sich Mephisto die Gestalt und wird zu einem Abbild absoluter Hässlichkeit.
Thales und Homunculus sind bei Proteus angelangt, der sich in allen möglichen Gestalten zeigt und Homunculus schließlich den Rat gibt, im Meer seine Entstehung zu vollenden. Homunculus zerbricht seine gläserne Hülle am

Thron der Meeresnymphe Galatee und ergießt sich ins Meer.
Am Ende der klassischen Walpurgisnacht hört man den Jubel der Sirenen: „So herrsche denn Eros, der alles begonnen!"
Szenenwechsel. Am Hof von Troja steht die Rückkehr des Königs Menelaos unmittelbar bevor. Menelaos hat seine ungetreue Gemahlin Helena, die ihm mit Paris einst Hörner aufgesetzt hatte, im Trojanischen Krieg zurückerobert und sie mit einer Schar gefangener Troerinnen nach Sparta vorausgeschickt. Helena fürchtet die Rache ihres Mannes. An den Palaststufen trifft sie auf die hässliche Phorkyas. Diese – es ist niemand anderes als Mephisto – bestätigt Helenas Verdacht: Menelaos möchte sie zusammen mit den gefangenen Frauen aus Troja den Göttern opfern. Das ist natürlich eine glatte Lüge, denn Mephisto will in Phorkyas' Gewand nur den edlen Retter für Helena spielen, um Faust endlich sein lang ersehntes Idol zu verschaffen.
Rasch zaubert er eine mittelalterliche Burg herbei, in deren Innenhof Faust in festlicher Ritterkleidung Helena empfängt. Faust macht Helena zu seiner Mitregentin und vermählt sich mit ihr. Der Ehe entspringt ein Sohn, Euphorion. Die Truppen des heranrückenden Menelaos, der seine Frau Helena erneut zurückerobern will, werden geschlagen.
Der heranwachsende Euphorion, in dem das Nordische und die Antike eine Verbindung eingegangen sind, entwickelt ein ungestümes Temperament. Sein Übermut und sein Erlebnisdrang sind kaum mehr zu bremsen. Vergebens halten ihn seine Eltern zu Maß und Besinnung an. Euphorion will höher und immer höher hinaus. Er löst sich von der Erde, steigt in die Lüfte und stürzt ab. Aus der Unterwelt ruft die Stimme Euphorions nach seiner Mutter. Helena folgt ihrem Sohn ins Reich der Schatten. Zurück bleiben Helenas Kleid und Schleier, die sich in Wolken verwandeln und Faust hinwegtragen. Die antike Welt verschwindet. Mephisto hebt Kleid, Mantel und Lyra des toten Euphorion auf, um sie weniger begabten Poeten der Nachwelt als Talentersatz auszuborgen. Die Epigonen, die dichterischen Nachahmer ohne eigene Ideen, werden also nie aussterben. Dann nimmt er die hässliche Phorkyas-

Maske ab und zeigt sich wieder in seiner ursprünglichen Gestalt.

Die Wolke trägt Faust in heimische Landschaft, in ein nordisches Hochgebirge, zurück. Noch einmal hat er die Vision antiker Frauenschönheit, aber auch seine reale irdische Liebe taucht in der Erinnerung auf: Gretchen. Von beiden fühlt er sich wunderbar angezogen und motiviert. Das „Ewig-Weibliche" hilft ihm über die Depression hinweg, die ihn jetzt befallen hat, und gibt ihm Kraft für neue Taten.

Faust denkt an Landgewinn und Vermögensbildung. Er möchte „die zwecklose Kraft unbändiger Elemente" sich nutzbar machen, möchte Dämme ins Meer bauen und Land gewinnen. Vorher müssen allerdings noch die Besitzverhältnisse des zu erschließenden Landes geklärt werden. Mephisto schlägt vor dem Kaiser zu helfen im Bürgerkrieg, der im Augenblick das Reich erschüttert. Als Lohn für die Hilfe soll Faust das gesamte Meerufer fordern.

Die Entscheidungsschlacht steht unmittelbar bevor. Mephisto übernimmt den Oberbefehl, nachdem er Faust die „drei Gewaltigen", Schlägertypen namens Raufebold, Habebald und Haltefest, zur Seite gestellt hat. Mit Hilfe einer Gespensterarmee und magischer Geheimwaffen verhilft er dem Kaiser zum Sieg. Faust wird mit der Küste belohnt.

Die „drei Gewaltigen" plündern das Lager des Besiegten. Die Fürsten des Reiches bringen ebenfalls ihr Schäfchen ins Trockene. Am gierigsten gebärdet sich die Kirche: Der Erzbischof weiß zwar, dass der Sieg des Kaisers über die Rebellen nur durch „Satans Kunst" zustande gekommen ist und dass auch die künftige Landgewinnung Fausts Teufelswerk sein wird. Trotzdem erpresst er immer höhere Schenkungen an die Kirche und nützt das schlechte Gewissen des Kaisers schamlos für seine Interessen aus. Schließlich lässt er sich noch zehn Prozent aus dem Gewinn des neuen Landes verschreiben, das Faust erst noch erschließen muss.

Faust wird Unternehmer und Technokrat. Seine Energie und sein Tatendrang konzentrieren sich voll auf Landgewinnung und Industrialisierung. Für Millionen von Menschen möchte er neuen Grund und Boden schaffen und Arbeitsplätze errichten. Er selbst hat sich eine Prunkvilla

auf dem neuen Land gebaut. Weitere Projekte zur Vergrößerung des Landimperiums schweben ihm vor Augen.
Nun gibt es da ein Grundstück, das seinem Flurbereinigungsprogramm bislang im Wege gestanden hat. Es gehört einem alten Ehepaar, Philemon und Baucis. Da die beiden Alten sich nicht von ihrem Besitztum trennen wollen, beauftragt Faust den Mephisto mit der Regelung dieser Grundstücksfrage. Mephisto regelt die Umsiedlung auf seine Weise. Er lässt die Hütte von den „drei Gewaltigen" niederbrennen. Die beiden Alten kommen um und ein Wanderer, der bei dem Paar rastete, wird erschlagen. Faust distanziert sich von diesem Verbrechen. Mephisto sollte einen Grundstückstausch anbieten und keinen Raubmord begehen.
„Vier Graue Weiber" versuchen bei Faust Einlass zu finden. Es sind der Mangel, die Sorge, die Schuld und die Not. Während Mangel, Schuld und Not bei dem reichen Faust keine Chance haben, schleicht sich die Sorge durchs Schlüsselloch ein. In der Ferne wird ihr Bruder sichtbar, der Tod.
Durch den Anhauch der Sorge erblindet Faust. Zugleich wird er aber sehend für die Fragwürdigkeit seiner Existenz. Immer noch nimmt Faust regen Anteil an seinem Landgewinnungs- und Besiedelungsprojekt. Lemuren, Geister der Verstorbenen, die im Vorhof der Palastvilla im Auftrag Mephistos bereits das Grab für Faust schaufeln, hält er für Arbeiter am Kanalbau. Angesichts seines sich nunmehr vollendenden Kolonisierungsprogramms genießt Faust das Vorgefühl jenes Augenblickes vollkommenen Glücks, zu dem er sagen dürfte „Verweile doch, du bist so schön" – und stirbt.

(Aus: Klaus-Jürgen Seidel: Ausblick auf Faust. Der Tragödie zweiter Teil. In: dtv junior Schauspielführer, Deutscher Taschenbuchverlag, München 1996, 3. Auflage, S. 155–159)

Guido Stein: Von der „kleinen Welt" zur „großen Welt" – Zur Struktur von Faust II

Der zweite Teil ist kein Handlungsdrama mehr, das eine psychologisch motivierte, von äußerer und innerer Kausalität bestimmte Entwicklung darstellt. Der erste Teil ist „fast ganz subjektiv", kommentiert Goethe, „es ist alles aus einem befangeneren, leidenschaftlicheren Individuum hervorgegangen [...]. Im zweiten Teil aber ist fast gar nichts Subjektives, es erscheint hier eine höhere, breitere, hellere, leidenschaftslosere Welt" (zu Eckermann, 17.2.1831). Die „kleine Welt" weitet sich zur „großen Welt", das Geschehen verlagert sich aus der düsteren Gelehrtenstube Fausts und der bescheidenen bürgerlichen Häuslichkeit Gretchens in den Kaiserpalast mit seinem bunten, verschwenderischen höfischen Treiben. Der nach Erkenntnis strebende Wissenschaftler Faust tritt in die politische Sphäre ein und wird zum Staatsmann, Feldherrn und Fürsten. Das Spiel nimmt neue, z. T. ins Unendliche hineinragende Dimensionen an: Es reicht vom nebeligen „Norden", Fausts Heimat, bis ins alte, sagenumwobene Griechenland, vom Hades, der antiken Unterwelt, bis zur Symbolik des christlichen Himmels, vom raum- und zeitlosen „Reich der Mütter" mit seinen Urbildern aller Dinge bis zu Fausts Visionen eines „freien Volks" auf „freiem Grund". Einige Motive kehren in gesteigerter Form wieder: So werden aus dem betörenden Teufelsspuk in Auerbachs Keller groß angelegte Gaukeleien, die den ganzen Hofstaat des Kaisers in Rausch und Verwirrung versetzen; die Walpurgisnacht auf dem Blocksberg findet ihr Pendant in der „Klassischen Walpurgisnacht", in der sich Fabelwesen der griechischen Mythologie ihr Stelldichein geben; Gretchen wird von Helena, die als Inbegriff der Schönheit gilt, abgelöst. Die Figuren neben Faust und Mephisto werden weitgehend zu Typen, denen, wie z. B. dem namenlos bleibenden Kaiser, universelle Bedeutung zukommt; selbst Helena ist nicht als einmalige historische Person, sondern als bildhafte Verkörperung einer Idee aufzufassen. Mitbestimmend für die Struktur des zweiten Teils ist die Vielfalt der symbolischen Anspielungen, in denen Goethe seine Vorstellungen von Natur und Kunst, von Erkenntnis und tätigem Erleben, von unendlichem Streben und höchster Erfüllung poetischen Ausdruck verleiht.

(Aus: Guido Stein: Johann Wolfgang von Goethe, Faust. Der Tragödie erster Teil, Verlag Schwann-Bagel, Düsseldorf 1986, S. 165. © Cornelsen, Berlin)

Johann Wolfgang von Goethe: Faust II

Erster Akt

Anmutige Gegend.
Faust, auf blumigen Rasen gebettet, ermüdet, unruhig,
Schlaf suchend. Dämmerung.
Geisterkreis, schwebend bewegt, anmutige kleine Gestalten.

ARIEL[1] *(Gesang, von Äolsharfen begleitet).*
      Wenn der Blüten Frühlingsregen
      Über alle schwebend sinkt,
4615   Wenn der Felder grüner Segen
      Allen Erdgebornen blinkt,
      Kleiner Elfen Geistergröße
      Eilet, wo sie helfen kann;
      Ob er heilig, ob er böse,
4620   Jammert sie der Unglücksmann.

Die ihr dies Haupt umschwebt im luft'gen Kreise,
Erzeigt euch hier nach edler Elfen Weise,
Besänftiget des Herzens grimmen Strauß,
Entfernt des Vorwurfs[2] glühend bittre Pfeile,
4625 Sein Innres reinigt von erlebtem Graus.
Vier sind die Pausen[3] nächtiger Weile,
Nun ohne Säumen füllt sie freundlich aus.
Erst senkt sein Haupt aufs kühle Polster nieder,
Dann badet ihn im Tau aus Lethes Flut[4];
4630 Gelenk sind bald die krampferstarrten Glieder,
Wenn er gestärkt dem Tag entgegenruht;
Vollbringt der Elfen schönste Pflicht,
Gebt ihn zurück dem heiligen Licht.

---

[1] menschenfreundlicher Luftgeist
[2] Erinnerung an Gretchens bitteres Ende
[3] Die Römer teilten die Nacht in 4 Abschnitte zu je 3 Stunden (Vigilien): Abend, Nacht, Morgendämmerung, Sonnenaufgang. Dementsprechend folgten 4 Strophen des Chores, die in der ersten Handschrift die Überschriften Serenade, Notturno, Matutino, Reveille trugen.
[4] Lethes Flut soll ihm Vergessen und Genesung schenken. Nur so, d. h. aus den heilenden Kräften der Natur, kann Faust aus dem tragischen Zusammenbruch zu sich selbst zurückfinden.

CHOR *(einzeln, zu zweien und vielen, abwechselnd und gesammelt).*

    Wenn sich lau die Lüfte füllen
4635   Um den grün umschränkten Plan,
    Süße Düfte, Nebelhüllen
    Senkt die Dämmerung heran.
    Lispelt leise süßen Frieden,
    Wiegt das Herz in Kindesruh;
4640   Und den Augen dieses Müden
    Schließt des Tages Pforte zu.

    Nacht ist schon hereingesunken,
    Schließt sich heilig Stern an Stern,
    Große Lichter, kleine Funken
4645   Glitzern nah und glänzen fern;
    Glitzern hier im See sich spiegelnd,
    Glänzen droben klarer Nacht,
    Tiefsten Ruhens Glück besiegelnd
    Herrscht des Mondes volle Pracht.

4650   Schon verloschen sind die Stunden,
    Hingeschwunden Schmerz und Glück;
    Fühl es vor! Du wirst gesunden;
    Traue neuem Tagesblick.
    Täler grünen, Hügel schwellen,
4655   Buschen sich zu Schattenruh;
    Und in schwanken Silberwellen
    Wogt die Saat der Ernte zu.

    Wunsch um Wünsche zu erlangen,
    Schaue nach dem Glanze dort!
4660   Leise bist du nur umfangen,
    Schlaf ist Schale, wirf sie fort!
    Säume nicht, dich zu erdreisten,
    Wenn die Menge zaudernd schweift;
    Alles kann der Edle leisten,
4665   Der versteht und rasch ergreift.

(Ungeheures Getöse verkündet das Herannahen der Sonne.)
ARIEL.   Horchet! Horcht dem Sturm der Horen[1]!
    Tönend wird für Geistesohren

---
[1] Die Horen öffnen das Himmelstor.

Schon der neue Tag geboren.
Felsentore knarren rasselnd,
Phöbus' Räder rollen prasselnd,
Welch Getöse bringt das Licht!
Es trommetet, es posaunet,
Auge blinzt und Ohr erstaunet,
Unerhörtes hört sich nicht.
Schlüpfet zu den Blumenkronen,
Tiefer, tiefer, still zu wohnen,
In die Felsen, unters Laub;
Trifft es euch, so seid ihr taub.

FAUST. Des Lebens Pulse schlagen frisch lebendig
Ätherische Dämmerung milde zu begrüßen;
Du, Erde, warst auch diese Nacht beständig
Und atmest neu erquickt zu meinen Füßen,
Beginnest schon mit Lust mich zu umgeben,
Du regst und rührst ein kräftiges Beschließen,
Zum höchsten Dasein immerfort zu streben. –
In Dämmerschein liegt schon die Welt erschlossen,
Der Wald ertönt von tausendstimmigem Leben,
Tal aus, Tal ein ist Nebelstreif ergossen,
Doch senkt sich Himmelsklarheit in die Tiefen,
Und Zweig' und Äste, frisch erquickt, entsprossen
Dem duft'gen Abgrund, wo versenkt sie schliefen;
Auch Farb an Farbe klärt sich los vom Grunde,
Wo Blum und Blatt von Zitterperle triefen –
Ein Paradies wird um mich her die Runde.

Hinaufgeschaut! – Der Berge Gipfelriesen[1]
Verkünden schon die feierlichste Stunde;
Sie dürfen früh des ewigen Lichts genießen,
Das später sich zu uns hernieder wendet.
Jetzt zu der Alpe grün gesenkten Wiesen
Wird neuer Glanz und Deutlichkeit gespendet,

---

[1] Der Glanz der Sonne (Bild der Unendlichkeit) blendet Faust, doch in der Hinwendung zum „farbigen Abglanz" der Welt offenbart sich ihm das Göttliche gleichnishaft, wie es dem Menschen allein gemäß ist. Hier äußert sich Goethes immer wieder ausgesprochene Grundanschauung, dass unsre Welt Widerschein und Gleichnis des Absoluten ist.

Und stufenweis herab ist es gelungen; —
Sie tritt hervor! — Und leider schon geblendet,
Kehr ich mich weg, vom Augenschmerz durchdrungen.

So ist es also, wenn ein sehnend Hoffen
₄₇₀₅ Dem höchsten Wunsch sich traulich zugerungen,
Erfüllungspforten findet flügeloffen;
Nun aber bricht aus jenen ewigen Gründen
Ein Flammenübermaß, wir stehn betroffen;
Des Lebens Fackel wollten wir entzünden,
₄₇₁₀ Ein Feuermeer umschlingt uns, welch ein Feuer!
Ist's Lieb? Ist's Hass, die glühend uns umwinden,
Mit Schmerz und Freuden wechselnd ungeheuer,
So dass wir wieder nach der Erde blicken,
Zu bergen uns in jugendlichstem Schleier.

₄₇₁₅ So bleibe denn die Sonne mir im Rücken!
Der Wassersturz, das Felsenriff durchbrausend,
Ihn schau ich an mit wachsendem Entzücken.
Von Sturz zu Sturzen wälzt er jetzt in tausend,
Dann abertausend Strömen sich ergießend,
₄₇₂₀ Hoch in die Lüfte Schaum an Schäume sausend.
Allein wie herrlich, diesem Sturm ersprießend,
Wölbt sich des bunten Bogens Wechseldauer,[1]
Bald rein gezeichnet, bald in Luft zerfließend,
Umher verbreitend duftig kühle Schauer.
₄₇₂₅ *Der* spiegelt ab das menschliche Bestreben.
Ihm sinne nach und du begreifst genauer:
Am farbigen Abglanz haben wir das Leben.

[Nachdem Faust nun mit dem Beginn von „Faust. Der Tragödie zweiter Teil" den „Heilschlaf des Vergessens" gefunden hat, nimmt die Handlung ihren Lauf (vgl. dazu die Inhaltsangabe S. 202 ff.). — Der Beginn des fünften Aktes zeigt in der ersten Szene („Offene Gegend") einen Wanderer, der bei dem alten Ehepaar, Philemon und Baucis, gerastet hat. Die drei bezweifeln, dass das sich vor ihnen erstreckende neue Land Fausts auf rechtmäßigen Wegen zustande gekommen

---

[1] Die Wassertropfen wechseln, das Sonnenlicht, das von ihnen bunt gebrochen wird und den Regenbogen erzeugt, dauert.

*ist … Im Folgenden sind nun alle sich an diese Eingangs-
szene des fünften Aktes anschließenden Szenen abgedruckt,
sodass damit der komplette Schluss von „Faust II" vorliegt.]*

Fünfter Akt

Palast.

*Weiter Ziergarten, großer, gradgeführter Kanal, Faust im
höchsten Alter, wandelnd, nachdenkend.*

LYNKEUS DER TÜRMER *(durchs Sprachrohr).*
  Die Sonne sinkt, die letzten Schiffe,
  Sie ziehen munter hafenein.
11145   Ein großer Kahn ist im Begriffe,
  Auf dem Kanale hier zu sein.
  Die bunten Wimpel wehen fröhlich,
  Die starren Masten stehn bereit;
  In die preist sich der Bootsmann selig,
11150   Dich grüßt das Glück zur höchsten Zeit.

    Das Glöckchen läutet auf der Düne.

FAUST *(auffahrend).* Verdammtes Läuten! Allzu schändlich
  Verwundet's, wie ein tückischer Schuss;
  Vor Augen ist mein Reich unendlich,
  Im Rücken neckt mich der Verdruss,
11155   Erinnert mich durch neidische Laute:
  Mein Hochbesitz, er ist nicht rein,
  Der Lindenraum, die braune Baute[1],
  Das morsche Kirchlein ist nicht mein.
  Und wünscht ich, dort mich zu erholen,
11160   Vor fremdem Schatten schaudert mir,
  Ist Dorn den Augen, Dorn den Sohlen;
  O! wär ich weit hinweg von hier!
TÜRMER *(wie oben).* Wie segelt froh der bunte Kahn
  Mit frischem Abendwind heran!
11165   Wie türmt sich sein behender Lauf
  In Kisten, Kasten, Säcken auf!

---

[1] Hütte

Prächtiger Kahn, reich und bunt beladen mit Erzeugnissen fremder Weltgegenden.
Mephistopheles. Die drei gewaltigen Gesellen.

CHORUS. Da landen wir,
Da sind wir schon.
Glück an dem Herren,
Dem Patron[1]!

Sie steigen aus, die Güter werden ans Land geschafft.

MEPHISTOPHELES. So haben wir uns wohl erprobt,
Vergnügt, wenn der Patron es lobt.
Nur mit zwei Schiffen ging es fort,
Mit zwanzig sind wir nun im Port.
Was große Dinge wir getan,
Das sieht man unsrer Ladung an.
Das freie Meer befreit den Geist,
Wer weiß da, was Besinnen heißt!
Da fördert nur ein rascher Griff,
Man fängt den Fisch, man fängt ein Schiff,
Und ist man erst der Herr zu drei,
Dann hakelt man das vierte bei;
Da geht es denn dem fünften schlecht,
Man hat Gewalt, so hat man Recht.
Man fragt ums *Was*, und nicht ums *Wie*.
Ich müsste keine Schifffahrt kennen:
Krieg, Handel und Piraterie,
Dreieinig sind sie, nicht zu trennen.

DIE DREI GEWALTIGEN GESELLEN.
Nicht Dank und Gruß!
Nicht Gruß und Dank!
Als brächten wir
Dem Herrn Gestank.
Er macht ein
Widerlich Gesicht;
Das Königsgut
Gefällt ihm nicht.

MEPHISTOPHELES. Erwartet weiter
Keinen Lohn!
Nahmt ihr doch
Euren Teil davon.

---

[1] Gemeint ist Faust.

Die Gesellen.	Das ist nur für
	Die Langeweil;
	Wir alle fordern
	Gleichen Teil.
11205 Mephistopheles.	Erst ordnet oben
	Saal an Saal
	Die Kostbarkeiten
	Allzumal!
	Und tritt er zu
11210	Der reichen Schau,
	Berechnet er alles
	Mehr genau,
	Er sich gewiss
	Nicht lumpen lässt
11215	Und gibt der Flotte
	Fest nach Fest.
	Die bunten Vögel kommen morgen,
	Für die werd ich zum Besten sorgen.

Die Ladung wird weggeschafft.

Mephistopheles *(zu Faust).*
    Mit ernster Stirn, mit düstrem Blick
11220 Vernimmst du dein erhaben Glück.
Die hohe Weisheit wird gekrönt,
Das Ufer ist dem Meer versöhnt[1];
Vom Ufer nimmt, zu rascher Bahn,
Das Meer die Schiffe willig an;
11225 So sprich, dass hier, hier vom Palast
Dein Arm die ganze Welt umfasst.
Von dieser Stelle ging es aus,
Hier stand das erste Bretterhaus;
Ein Gräbchen ward hinabgeritzt,
11230 Wo jetzt das Ruder emsig spritzt.
Dein hoher Sinn, der deinen Fleiß
Erwarb des Meers, der Erde Preis.
Von hier aus –
Faust.   Das verfluchte *Hier!*
    Das eben, leidig lastet's mir.

---
[1] Durch Fausts Deich- und Hafenbau kann das Land fruchtbar werden.

Dir Vielgewandtem muss ich's sagen, 11235
Mir gibt's im Herzen Stich um Stich,
Mir ist's unmöglich zu ertragen!
Und wie ich's sage, schäm ich mich.
Die Alten droben sollten weichen,
Die Linden wünscht ich mir zum Sitz, 11240
Die wenig Bäume, nicht mein eigen,
Verderben mir den Weltbesitz.
Dort wollt ich, weit umherzuschauen,
Von Ast zu Ast Gerüste bauen,
Dem Blick eröffnen weite Bahn, 11245
Zu sehn, was alles ich getan,
Zu überschaun mit einem Blick
Des Menschengeistes Meisterstück,
Betätigend mit klugem Sinn
Der Völker breiten Wohngewinn. 11250
So sind am härtsten wir gequält,
Im Reichtum fühlend, was uns fehlt.
Des Glöckchens Klang, der Linden Duft
Umfängt mich wie in Kirch und Gruft.
Des allgewaltigen Willens Kür 11255
Bricht sich an diesem Sande hier.
Wie schaff ich mir es vom Gemüte!
Das Glöcklein läutet, und ich wüte.

MEPHISTOPHELES. Natürlich! Dass ein Hauptverdruss
Das Leben dir vergällen muss. 11260
Wer leugnet's! Jedem edlen Ohr
Kommt das Geklingel widrig vor.
Und das verfluchte Bim-Baum-Bimmel,
Umnebelnd heitern Abendhimmel,
Mischt sich in jegliches Begebnis, 11265
Vom ersten Bad bis zum Begräbnis,
Als wäre zwischen Bim und Baum
Das Leben ein verschollner Traum.

FAUST. Das Widerstehn, der Eigensinn
Verkümmern herrlichsten Gewinn, 11270
Dass man, zu tiefer, grimmiger Pein,
Ermüden muss, gerecht zu sein.

MEPHISTOPHELES. Was willst du dich denn hier genieren?
Musst du nicht längst kolonisieren?

FAUST. So geht und schafft sie mir zur Seite[1]! –
Das schöne Gütchen kennst du ja,
Das ich den Alten ausersah.
MEPHISTOPHELES. Man trägt sie fort und setzt sie nieder,
Eh man sich umsieht, stehn sie wieder;
Nach überstandener Gewalt
Versöhnt ein schöner Aufenthalt.

Er pfeift gellend. Die Drei treten auf.

MEPHISTOPHELES. Kommt, wie der Herr gebieten lässt!
Und morgen gibt's ein Flottenfest.
DIE DREI. Der alte Herr empfing uns schlecht,
Ein flottes Fest ist uns zu Recht.
MEPHISTOPHELES *(ad spectatores).*
Auch hier geschieht, was längst geschah,
Denn Naboths Weinberg war schon da. (Regum I, 21.[2])

Tiefe Nacht

LYNKEUS DER TÜRMER *(auf der Schlosswarte, singend).*
Zum Sehen geboren,
Zum Schauen bestellt,
Dem Turme geschworen[3];
Gefällt mir die Welt.
Ich blick in die Ferne,
Ich seh in der Näh
Den Mond und die Sterne,
Den Wald und das Reh.
So seh ich in allen
Die ewige Zier,
Und wie mir's gefallen,
Gefall ich auch mir.
Ihr glücklichen Augen,

---

[1] missverständlicher Auftrag an Mephistopheles, die beiden „Alten", Philemon und Baucis, betreffend
[2] Im Alten Testament (1 Könige, 21) wird erzählt, wie der fromme Naboth vom reichen König Ahab um seinen Weinberg betrogen wird.
[3] Ausguck und Feuermeldung waren die Aufgaben eines Türmers, auf die er mit einem Schwur verpflichtet wurde.

Was je ihr gesehn,
Es sei wie es wolle,
Es war doch so schön! *(Pause.)*

Nicht allein mich zu ergetzen,
Bin ich hier so hoch gestellt;
Welch ein gräuliches Entsetzen
Droht mir aus der finstern Welt!
Funkenblicke seh ich sprühen
Durch der Linden Doppelnacht,
Immer stärker wühlt ein Glühen,
Von der Zugluft angefacht.
Ach! Die innre Hütte lodert,
Die bemoost und feucht gestanden;
Schnelle Hülfe wird gefordert,
Keine Rettung ist vorhanden.
Ach! Die guten alten Leute,
Sonst so sorglich um das Feuer,
Werden sie dem Qualm zur Beute!
Welch ein schrecklich Abenteuer!
Flamme flammet, rot in Gluten
Steht das schwarze Moosgestelle;
Retteten sich nur die Guten
Aus der wild entbrannten Hölle!
Züngelnd lichte Blitze steigen
Zwischen Blättern, zwischen Zweigen;
Äste dürr, die flackernd brennen,
Glühen schnell und stürzen ein.
Sollt ihr Augen dies erkennen!
Muss ich so weitsichtig sein!
Das Kapellchen bricht zusammen
Von der Äste Sturz und Last.
Schlängelnd sind, mit spitzen Flammen,
Schon die Gipfel angefasst.
Bis zur Wurzel glühn die hohlen
Stämme, purpurrot im Glühn. –

Lange Pause, Gesang.

Was sich sonst dem Blick empfohlen,
Mit Jahrhunderten ist hin.

FAUST *(auf dem Balkon, gegen die Dünen).*
Von oben welch ein singend Wimmern?
Das Wort ist hier, der Ton zu spät.
11340 Mein Türmer jammert; mich, im Innern,
Verdrießt die ungeduld'ge Tat.
Doch sei der Lindenwuchs vernichtet
Zu halbverkohlter Stämme Graun,
Ein Luginsland ist bald errichtet,
11345 Um ins Unendliche zu schaun.
Da seh ich auch die neue Wohnung,
Die jenes alte Paar umschließt,
Das, im Gefühl großmütiger Schonung,
Der späten Tage froh genießt.

MEPHISTOPHELES UND DIE DREI *(unten).*
11350 Da kommen wir mit vollem Trab;
Verzeiht! Es ging nicht gütlich ab.
Wir klopften an, wir pochten an,
Und immer ward nicht aufgetan;
Wir rüttelten, wir pochten fort,
11355 Da lag die morsche Türe dort;
Wir riefen laut und drohten schwer,
Allein wir fanden kein Gehör.
Und wie's in solchem Fall geschicht,
Sie hörten nicht, sie wollten nicht;
11360 Wir aber haben nicht gesäumt,
Behende dir sie weggeräumt.
Das Paar hat sich nicht viel gequält,
Vor Schrecken fielen sie entseelt.
Ein Fremder, der sich dort versteckt
11365 Und fechten wollte, ward gestreckt[1].
In wilden Kampfes kurzer Zeit
Von Kohlen, ringsumher gestreut,
Entflammte Stroh. Nun lodert's frei,
Als Scheiterhaufen dieser drei.

11370 FAUST. Wart ihr für meine Worte taub?
Tausch wollt ich, wollte keinen Raub.

---
[1] getötet

Dem unbesonnenen wilden Streich,
Ihm fluch ich; teilt es unter euch!
CHORUS. Das alte Wort, das Wort erschallt:
Gehorche willig der Gewalt!
Und bist du kühn und hältst du Stich,
So wage Haus und Hof und – dich. *(Ab.)*
FAUST *(auf dem Balkon).* Die Sterne bergen Blick und Schein,
Das Feuer sinkt und lodert klein;
Ein Schauerwindchen fächelt's an,
Bringt Rauch und Dunst zu mir heran.
Geboten schnell, zu schnell getan! –
Was schwebet schattenhaft heran?

Mitternacht.
Vier graue Weiber treten auf.

ERSTE. Ich heiße der Mangel.
ZWEITE.   Ich heiße die Schuld.
DRITTE. Ich heiße die Sorge.
VIERTE.   Ich heiße die Not.
ZU DREI. Die Tür ist verschlossen, wir können nicht ein;
Drin wohnet ein Reicher, wir mögen nicht 'nein.
MANGEL. Da werd ich zum Schatten.
SCHULD.   Da werd ich zu nicht.
NOT. Man wendet von mir das verwöhnte Gesicht.
SORGE.
Ihr Schwestern, ihr könnt nicht und dürft nicht hinein.
Die Sorge, sie schleicht sich durchs Schlüsselloch ein.
(Sorge verschwindet.)
MANGEL. Ihr, graue Geschwister, entfernt euch von hier.
SCHULD. Ganz nah an der Seite verbind ich mich dir.
NOT. Ganz nah an der Ferse begleitet die Not.
ZU DREI. Es ziehen die Wolken, es schwinden die Sterne!
Da hinten, da hinten! Von ferne, von ferne,
Da kommt er, der Bruder, da kommt er, der – – – Tod.
(Ab.)
FAUST *(im Palast).*
Vier sah ich kommen, drei nur gehn;
Den Sinn der Rede konnt ich nicht verstehn.
Es klang so nach, als hieß es – Not,

Ein düstres Reimwort folgte – Tod.
Es tönte hohl, gespensterhaft gedämpft.
Noch hab ich mich ins Freie nicht gekämpft.
Könnt ich Magie von meinem Pfad entfernen,
Die Zaubersprüche ganz und gar verlernen,
Stünd ich, Natur! Vor dir ein Mann allein,
Da wär's der Mühe wert, ein Mensch zu sein.

Das war ich sonst[1], eh ich's im Düstern suchte,
Mit Frevelwort mich und die Welt verfluchte.
Nun ist die Luft von solchem Spuk so voll,
Dass niemand weiß, wie er ihn meiden soll.
Wenn auch ein Tag uns klar vernünftig lacht,
In Traumgespinst verwickelt uns die Nacht;
Wir kehren froh von junger Flur zurück,
Ein Vogel krächzt; was krächzt er? Missgeschick.
Von Aberglauben früh und spat umgarnt:

Es eignet sich[2], es zeigt sich an, es warnt.
Und so verschüchtert, stehen wir allein.
Die Pforte knarrt und niemand kommt herein.
(Erschüttert.)
Ist jemand hier?
SORGE.   Die Frage fordert Ja!
FAUST. Und du, wer bist denn du?
SORGE.   Bin einmal da!
FAUST. Entferne dich!
SORGE.   Ich bin am rechten Ort.
FAUST *(erst ergrimmt, dann besänftigt, für sich).*
    Nimm dich in Acht und sprich kein Zauberwort.
SORGE.   Würde mich kein Ohr vernehmen,
Müsst es doch im Herzen dröhnen;
In verwandelter Gestalt
Üb ich grimmige Gewalt.
Auf den Pfaden, auf der Welle,
Ewig ängstlicher Geselle,
Stets gefunden, nie gesucht,

---
[1] Ein Mensch war er, bevor er sich der Magie ergab.
[2] es tritt vor Augen, es spukt; ältere Form „eräugnen" von mhd. „erougen"

> So geschmeichelt wie verflucht. –
> Hast du die Sorge nie gekannt?
>
> FAUST. Ich bin nur durch die Welt gerannt;
> Ein jed Gelüst ergriff ich bei den Haaren,
> Was nicht genügte, ließ ich fahren,
> Was mir entwischte, ließ ich ziehn.
> Ich habe nur begehrt und nur vollbracht,
> Und abermals gewünscht und so mit Macht
> Mein Leben durchgestürmt; erst groß und mächtig,
> Nun aber geht es weise, geht bedächtig.
> Der Erdenkreis ist mir genug bekannt,
> Nach drüben ist die Aussicht uns verrannt;[1]
> Tor, wer dorthin die Augen blinzelnd richtet,
> Sich über Wolken seinesgleichen dichtet!
> Es stehe fest und sehe hier sich um;
> Dem Tüchtigen ist diese Welt nicht stumm.
> Was braucht er in die Ewigkeit zu schweifen!
> Was er erkennt, lässt sich ergreifen.
> Er wandle so den Erdentag entlang;
> Wenn Geister spuken, geh er seinen Gang.
> Im Weiterschreiten find er Qual und Glück,
> Er, unbefriedigt jeden Augenblick!
>
> SORGE.   Wen ich einmal mir besitze,
> Dem ist alle Welt nichts nütze,
> Ewiges Düstre steigt herunter,
> Sonne geht nicht auf noch unter,
> Bei vollkommnen äußern Sinnen
> Wohnen Finsternisse drinnen,
> Und er weiß von allen Schätzen
> Sich nicht in Besitz zu setzen.
> Glück und Unglück wird zur Grille,
> Er verhungert in der Fülle;
> Sei es Wonne, sei es Plage,
> Schiebt er's zu dem andern Tage,
> Ist der Zukunft nur gewärtig,
> Und so wird er niemals fertig.

---

[1] nicht Leugnung des Daseins Gottes, sondern Ablehnung der vermenschlichten Gottesvorstellung und Bekenntnis zu einem Leben der Tat im Diesseits

FAUST. Hör auf! So kommst du mir nicht bei!
Ich mag nicht solchen Unsinn hören.
Fahr hin! Die schlechte Litanei,
Sie könnte selbst den klügsten Mann betören.
SORGE. Soll er gehen, soll er kommen?
Der Entschluss ist ihm genommen;
Auf gebahnten Weges Mitte
Wankt er tastend halbe Schritte,
Er verliert sich immer tiefer,
Siehet alle Dinge schiefer,
Sich und andre lästig drückend,
Atem holend und erstickend;
Nicht erstickt und ohne Leben,
Nicht verzweiflend, nicht ergeben.
So ein unaufhaltsam Rollen,
Schmerzlich Lassen, widrig Sollen,
Bald Befreien, bald Erdrücken,
Halber Schlaf und schlecht Erquicken,
Heftet ihn an seine Stelle
Und bereitet ihn zur Hölle.
FAUST. Unselige Gespenster! So behandelt ihr
Das menschliche Geschlecht zu tausend Malen;
Gleichgültige Tage selbst verwandelt ihr
In garstigen Wirrwarr netzumstrickter Qualen.
Dämonen, weiß ich, wird man schwerlich los,
Das geistig-strenge Band ist nicht zu trennen;
Doch deine Macht, o Sorge, schleichend groß,
Ich werde sie nicht anerkennen.
SORGE. Erfahre sie, wie ich geschwind
Mich mit Verwünschung von dir wende!
Die Menschen sind im ganzen Leben blind,
Nun, Fauste, werde du's am Ende!
(Sie haucht ihn an. Ab.)
FAUST *(erblindet).*
Die Nacht scheint tiefer tief hereinzudringen,
Allein im Innern leuchtet helles Licht;
Was ich gedacht, ich eil es zu vollbringen;
Des Herren Wort, es gibt allein Gewicht.
Vom Lager auf, ihr Knechte! Mann für Mann!
Lasst glücklich schauen, was ich kühn ersann.

11505 Ergreift das Werkzeug, Schaufel rührt und Spaten!
Das Abgesteckte muss sogleich geraten.
Auf strenges Ordnen, raschen Fleiß
Erfolgt der allerschönste Preis;
Dass sich das größte Werk vollende,
11510 Genügt *ein* Geist für tausend Hände.

Großer Vorhof des Palasts
Fackeln.

MEPHISTOPHELES *(als Aufseher voran).*
Herbei, herbei! Herein, herein!
Ihr schlotternden Lemuren,
Aus Bändern, Sehnen und Gebein
Geflickte Halbnaturen!
11515 LEMUREN[1] *(im Chor).* Wir treten dir sogleich zur Hand,
Und, wie wir halb vernommen,
Es gilt wohl gar ein weites Land,
Das sollen wir bekommen.

Gespitzte Pfähle, die sind da,
11520 Die Kette lang zum Messen;
Warum an uns der Ruf geschah,
Das haben wir vergessen.
MEPHISTOPHELES. Hier gilt kein künstlerisch Bemühn;
Verfahret nur nach eignen Maßen!
11525 Der Längste lege längelang sich hin,
Ihr andern lüftet rings umher den Rasen;
Wie man's für unsre Väter tat,
Vertieft ein längliches Quadrat!
Aus dem Palast ins enge Haus,
11530 So dumm läuft es am Ende doch hinaus.
LEMUREN *(mit neckischen Gebärden grabend).*
Wie jung ich war und lebt und liebt,[2]
Mich deucht, das war wohl süße;
Wo's fröhlich klang und lustig ging,
Da rührten sich meine Füße.

---

[1] gequälte und quälende Geister Verstorbener; auffällig ist der Gegensatz zwischen dem Grotesken dieser Gestalten und dem Erhabenen in Fausts höchster Steigerung.
[2] nach der älteren Fassung des Totengräberliedes im „Hamlet" (V, 1); Goethe aus Percys „Reliques" bekannt

11535   Nun hat das tückische Alter mich
         Mit seiner Krücke getroffen;
         Ich stolpert über Grabes Tür,
         Warum stand sie just offen!
FAUST *(aus dem Palaste tretend, tastet an den Türpfosten).*
    Wie das Geklirr der Spaten mich ergetzt!
11540   Es ist die Menge, die mir frönet,
         Die Erde mit sich selbst versöhnt,
         Den Wellen ihre Grenzen setzt,
         Das Meer mit strengem Band umzieht.
MEPHISTOPHELES *(beiseite).*
    Du bist doch nur für uns bemüht
11545   Mit deinen Dämmen, deinen Buhnen;
         Denn du bereitest schon Neptunen,
         Dem Wasserteufel, großen Schmaus.
         In jeder Art seid ihr verloren; –
         Die Elemente sind mit uns verschworen,
11550   Und auf Vernichtung läuft's hinaus.
FAUST. Aufseher![1]
MEPHISTOPHELES.   Hier!
FAUST.   Wie es auch möglich sei,
    Arbeiter schaffe Meng auf Menge,
    Ermuntere durch Genuss und Strenge,
    Bezahle, locke, presse bei!
11555   Mit jedem Tage will ich Nachricht haben,
    Wie sich verlängt der unternommene Graben.
MEPHISTOPHELES *(halblaut).*
    Man spricht, wie man mir Nachricht gab,
    Von keinem Graben, doch vom Grab.
FAUST. Ein Sumpf zieht am Gebirge hin,[2]
11560   Verpestet alles schon Errungene;
    Den faulen Pfuhl auch abzuziehn,
    Das Letzte wär das Höchsterrungene.
    Eröffn ich Räume vielen Millionen,

---

[1] Im 5. Akt behandelt Faust Mephisto als den Untergebenen, Diener. Im ganzen 2. Teil ist Mephisto nur der Begleiter, nicht mehr der Führer Fausts.

[2] großartiges Wunschbild des weiterhin strebenden, aber immer noch in Schuld verstrickten Faust; Fortsetzung seiner Absage an die Magie

Nicht sicher zwar, doch tätig-frei[1] zu wohnen,
Grün das Gefilde, fruchtbar; Mensch und Herde
Sogleich behaglich auf der neusten Erde,
Gleich angesiedelt an des Hügels Kraft,
Den aufgewälzt kühn-emsige Völkerschaft.
Im Innern hier ein paradiesisch Land,
Da rase draußen Flut bis auf zum Rand,
Und wie sie nascht, gewaltsam einzuschießen,
Gemeindrang eilt, die Lücke zu verschließen.
Ja! Diesem Sinne bin ich ganz ergeben,
Das ist der Weisheit letzter Schluss:
Nur der verdient sich Freiheit wie das Leben,
Der täglich sie erobern muss.
Und so verbringt, umrungen von Gefahr,
Hier Kindheit, Mann und Greis sein tüchtig Jahr.
Solch ein Gewimmel möcht ich sehn,
Auf freiem Grund mit freiem Volke[2] stehn,
Zum Augenblicke dürft[3] ich sagen:
Verweile doch, du bist so schön!
Es kann die Spur von meinen Erdetagen
Nicht in Äonen untergehn. –
Im Vorgefühl von solchem hohen Glück
Genieß ich jetzt den höchsten Augenblick.
(Faust sinkt zurück, die Lemuren fassen ihn auf und legen ihn auf den Boden.)

MEPHISTOPHELES.
Ihn sättigt keine Lust, ihm gnügt kein Glück,
So buhlt er fort nach wechselnden Gestalten;
Den letzten, schlechten, leeren Augenblick,
Der Arme wünscht ihn festzuhalten.
Der mir so kräftig widerstand,
Die Zeit wird Herr, der Greif hier liegt im Sand.
Die Uhr steht still –

---

[1] hier: frei von Mangel, Schuld, Sorge, Not
[2] Volk bedeutet bei Goethe meist nur eine Menge von Menschen; die heute übliche Bedeutung entstammt dem Denken der Romantik.
[3] Auffällig ist die bedingte Form des Ausspruchs. Ursprünglich stand hier: „Ich darf zum Augenblicke sagen."

CHOR. Steht still! Sie schweigt wie Mitter-
nacht.
　Der Zeiger fällt.
MEPHISTOPHELES. Er fällt, es ist vollbracht.
11595 CHOR. Es ist vorbei.
MEPHISTOPHELES. Vorbei! ein dummes Wort.
　Warum vorbei?
　Vorbei und reines Nicht, vollkommnes Einerlei!
　Was soll uns denn das ew'ge Schaffen!
　Geschaffenes zu nichts hinwegzuraffen!
11600 „Da ist's vorbei!" Was ist daran zu lesen?
　Es ist so gut, als wär es nicht gewesen,
　Und treibt sich doch im Kreis, als wenn es wäre.
　Ich liebte mir dafür das Ewig-Leere.

Grablegung

LEMUR *(Solo)*. Wer hat das Haus so schlecht gebaut,[1]
11605　Mit Schaufeln und mit Spaten?
LEMUREN *(Chor)*. Dir, dumpfer Gast im hänfnen Gewand,
　Ist's viel zu gut geraten.
LEMUR *(Solo)*. Wer hat den Saal so schlecht versorgt?
　Wo blieben Tisch und Stühle?
11610 LEMUREN *(Chor)*. Es war auf kurze Zeit geborgt;
　Der Gläubiger sind so viele.
MEPHISTOPHELES.
　Der Körper liegt, und will der Geist entfliehn,
　Ich zeig ihm rasch den blutgeschriebnen Titel; –
　Doch leider hat man jetzt so viele Mittel,
11615　Dem Teufel Seelen zu entziehn.
　Auf altem Wege stößt man an,
　Auf neuem sind wir nicht empfohlen;
　Sonst hätt ich es allein getan,
　Jetzt muss ich Helfershelfer holen.

11620　Uns geht's in allen Dingen schlecht!
　Herkömmliche Gewohnheit, altes Recht,
　Man kann auf gar nichts mehr vertrauen.

---

[1] Lemurenlied: nach der 3. Strophe des Totengräberliedes im „Hamlet" gebildet

Sonst mit dem letzten Atem fuhr sie aus,
Ich passt ihr auf und, wie die schnellste Maus,
Schnapps! Hielt ich sie in fest verschlossnen Klauen.
Nun zaudert sie und will den düstern Ort,
Des schlechten Leichnams ekles Haus nicht lassen;
Die Elemente, die sich hassen,
Die treiben sie am Ende schmählich fort.
Und wenn ich Tag und Stunden mich zerplage,
Wann? Wie? Und Wo? Das ist die leidige Frage;
Der alte Tod verlor die rasche Kraft,
Das *Ob?* sogar ist lange zweifelhaft;
Oft sah ich lüstern auf die starren Glieder –
Es war nur Schein, das rührte, das regte sich wieder.
(Fantastisch-flügelmännische Beschwörungsgebärden.)
Nur frisch heran! Verdoppelt euren Schritt,
Ihr Herrn vom graden, Herrn vom krummen Horne,
Von altem Teufelsschrot und -korne,
Bringt ihr zugleich den Höllenrachen[1] mit.
Zwar hat die Hölle Rachen viele! Viele!
Nach Standsgebühr und Würden schlingt sie ein;
Doch wird man auch bei diesem letzten Spiele
Ins Künftige nicht so bedenklich sein.
(Der gräuliche Höllenrachen tut sich links auf.)
Eckzähne klaffen; dem Gewölb des Schlundes
Entquillt der Feuerstrom in Wut,
Und in dem Siedequalm des Hintergrundes
Seh ich die Flammenstadt[2] in ewiger Glut.
Die rote Brandung schlägt hervor bis an die Zähne,
Verdammte, Rettung hoffend, schwimmen an;
Doch kolossal zerknirscht sie die Hyäne,
Und sie erneuen ängstlich heiße Bahn.
In Winkeln bleibt noch vieles zu entdecken,
So viel Erschrecklichstes im engsten Raum!
Ihr tut sehr wohl, die Sünder zu erschrecken;
Sie halten's doch für Lug und Trug und Traum.
(Zu den Dickteufeln vom kurzen, graden Horne.)
Nun, wanstige Schuften mit den Feuerbacken!

---

[1] Der Höllenrachen gehört zum Bühnenbild der Mysterienspiele.
[2] die Höllenstadt in Dantes „Divina Commedia"

Ihr glüht so recht vom Höllenschwefel feist;
Klotzartige, kurze, nie bewegte Nacken!
Hier unten lauert, ob's wie Phosphor gleißt:
Das ist das Seelchen, Psyche mit den Flügeln,
Die rupft ihr aus, so ist's ein garstiger Wurm;
Mit meinem Stempel[1] will ich sie besiegeln,
Dann fort mit ihr im Feuerwirbelsturm!

Passt auf die niedern Regionen,
Ihr Schläuche, das ist eure Pflicht;
Ob's ihr beliebte, da zu wohnen,
So akkurat weiß man das nicht.
Im Nabel ist sie gern zu Haus –
Nehmt es in Acht, sie wischt euch dort heraus.
(Zu den Dürrteufeln vom langen, krummen Horne.)
Ihr Firlefanze, flügelmännische Riesen,
Greift in die Luft, versucht euch ohne Rast!
Die Arme strack, die Klauen scharf gewiesen,
Dass ihr die Flatternde, die Flüchtige fasst.
Es ist ihr sicher schlecht im alten Haus,
Und das Genie, es will gleich obenaus.

Glorie von oben rechts.

HIMMLISCHE HEERSCHAR.
    Folget, Gesandte,
    Himmelsverwandte,
    Gemächlichen Flugs:
    Sündern vergeben,
    Staub zu beleben;
    Allen Naturen
    Freundliche Spuren
    Wirket im Schweben
    Des weilenden Zugs!

MEPHISTOPHELES.
Misstöne hör ich, garstiges Geklimper,[2]
Von oben kommt's mit unwillkommnem Tag;

---

[1] Eigentum durch einen aufgedrückten oder eingebrannten Stempel kenntlich machen

[2] Dem Geist, „der stets verneint", ist alles Schöne ein Misston.

Es ist das bübisch-mädchenhafte[1] Gestümper,
Wie frömmelnder Geschmack sich's lieben mag.
Ihr wisst, wie wir in tiefverruchten Stunden
Vernichtung sannen menschlichem Geschlecht;
Das Schändlichste, was wir erfunden,
Ist ihrer Andacht eben recht.

Sie kommen gleisnerisch, die Laffen!
So haben sie uns manchen weggeschnappt,
Bekriegen uns mit unsern eignen Waffen;
Es sind auch Teufel, doch verkappt.
Hier zu verlieren, wär euch ew'ge Schande;
Ans Grab heran und haltet fest am Rande!

CHOR DER ENGEL *(Rosen streuend).*
    Rosen[2], ihr blendenden,
    Balsam versendenden!
    Flatternde, schwebende,
    Heimlich belebende,
    Zweiglein beflügelte,
    Knospen entsiegelte,
    Eilet zu blühn.

    Frühling entsprieße,
    Purpur und Grün;[3]
    Tragt Paradiese
    Dem Ruhenden hin.

MEPHISTOPHELES *(zu den Satanen).*
Was duckt und zuckt ihr? Ist das Höllenbrauch?
So haltet stand und lasst sie streuen.
An seinen Platz ein jeder Gauch!
Sie denken wohl, mit solchen Blümeleien
Die heißen Teufel einzuschneien;
Das schmilzt und schrumpft vor eurem Hauch.
Nun pustet, Püstriche! – Genug, genug!
Vor eurem Broden bleicht der ganze Flug. –
Nicht so gewaltsam! Schließet Maul und Nasen!
Fürwahr, ihr habt zu stark geblasen.

---

[1] Engel gelten als übergeschlechtlich.
[2] Woher sie stammen, sagt V. 11942 f.
[3] Bezieht sich auf die Farbe von Rosenblüte und -blatt.

₁₁₇₂₀ Dass ihr doch nie die rechten Maße kennt!
Das schrumpft nicht nur, es bräunt sich, dorrt, es brennt!
Schon schwebt's heran mit giftig klaren Flammen;
Stemmt euch dagegen, drängt euch fest zusammen! –
Die Kraft erlischt! Dahin ist aller Mut!
₁₁₇₂₅ Die Teufel wittern fremde Schmeichelglut.
ENGEL *(Chor).* Blüten, die seligen
    Flammen, die fröhlichen,
    Liebe verbreiten sie,
    Wonne bereiten sie,
₁₁₇₃₀   Herz wie es mag.
    Worte, die wahren,
    Äther im Klaren,
    Ewigen Scharen
    Überall Tag[1].
MEPHISTOPHELES.
₁₁₇₃₅ O Fluch! O Schande solchen Tröpfen!
Satane stehen auf den Köpfen,
Die Plumpen schlagen Rad auf Rad,
Und stürzen ärschlings in die Hölle.
Gesegn euch das verdiente heiße Bad!
₁₁₇₄₀ Ich aber bleib auf meiner Stelle. –
(Sich mit den schwebenden Rosen herumschlagend.)
Irrlichter, fort! Du! Leuchte noch so stark,
Du bleibst, gehascht, ein ekler Gallert-Quark.
Was flatterst du? Willst du dich packen! –
Es klemmt wie Pech und Schwefel mir im Nacken.
₁₁₇₄₅ ENGEL *(Chor).* Was euch nicht angehört,
    Müsset ihr meiden,
    Was euch das Innre stört,
    Dürft ihr nicht leiden.
    Dringt es gewaltig ein,
₁₁₇₅₀   Müssen wir tüchtig sein.
    Liebe nur Liebende
    Führet herein.
MEPHISTOPHELES.
Mir brennt der Kopf, das Herz, die Leber brennt,
Ein überteuflisch Element!

---

[1] Worte der wahren Liebe geben den ewigen (himmlischen) Scharen, die den klaren Äther bewohnen, Licht.

11755 Weit spitziger als Höllenfeuer. –
Drum jammert ihr so ungeheuer,
Unglückliche Verliebte, die, verschmäht,
Verdrehten Halses nach der Liebsten späht.

Auch mir! Was zieht den Kopf auf jene Seite[1]?
11760 Bin ich mit ihr doch in geschwornem Streite!
Der Anblick war mir sonst so feindlich scharf.
Hat mich ein Fremdes durch und durch gedrungen?
Ich mag sie gerne sehn, die allerliebsten Jungen;
Was hält mich ab, dass ich nicht fluchen darf? –
11765 Und wenn ich mich betören lasse,
Wer heißt denn künftighin der Tor?
Die Wetterbuben, die ich hasse,
Sie kommen mir doch gar zu lieblich vor! –

Ihr schönen Kinder, lasst mich wissen:
11770 Seid ihr nicht auch von Luzifers Geschlecht?
Ihr seid so hübsch, fürwahr, ich möcht euch küssen,
Mir ist's, als kämt ihr eben recht.
Es ist mir so behaglich, so natürlich,
Als hätt ich euch schon tausendmal gesehn,
11775 So heimlich-kätzchenhaft begierlich;
Mit jedem Blick aufs Neue schöner schön.
O nähert euch, o gönnt mir *einen* Blick!
ENGEL. Wir kommen schon, warum weichst du zurück?
Wir nähern uns, und wenn du kannst, so bleib!
(Die Engel nehmen, umherziehend, den ganzen Raum ein.)
MEPHISTOPHELES *(der ins Proszenium gedrängt wird).*
11780 Ihr scheltet uns verdammte Geister
Und seid die wahren Hexenmeister;
Denn ihr verführet Mann und Weib. –
Welch ein verfluchtes Abenteuer!
Ist dies das Liebeselement?
11785 Der ganze Körper steht in Feuer,[2]
Ich fühle kaum, dass es im Nacken brennt. –

---

[1] auf die Seite der Himmlischen
[2] Mephisto ist ganz von Liebe, die bei ihm widernatürlich auftreten muss, entflammt und fühlt daher das von den flammenden Rosen verursachte Brennen im Nacken nicht mehr. Vgl. 11949 ff.

Ihr schwanket hin und her, so senkt euch nieder,
Ein bisschen weltlicher bewegt die holden Glieder,
Fürwahr, der Ernst steht euch recht schön!
Doch möcht ich euch nur einmal lächeln sehn;
Das wäre mir ein ewiges Entzücken.
Ich meine so, wie wenn Verliebte blicken.
Ein kleiner Zug am Mund, so ist's getan.
Dich, langer Bursche, dich mag ich am liebsten leiden,
Die Pfaffenmiene will dich gar nicht kleiden,
So sieh mich doch ein wenig lüstern an!
Auch könntet ihr anständig-nackter gehen,
Das lange Faltenhemd ist übersittlich –
Sie wenden sich – von hinten anzusehen! –
Die Racker sind doch gar zu appetitlich!
CHOR DER ENGEL. Wendet zur Klarheit
    Euch, liebende Flammen!
    Die sich verdammen,
    Heile die Wahrheit;
    Dass sie vom Bösen
    Froh sich erlösen,
    Um in dem Allverein
    Selig zu sein.
MEPHISTOPHELES *(sich fassend).*
    Wie wird mir! – Hiobsartig, Beul an Beule
Der ganze Kerl, dem's vor sich selber graut,
Und triumphiert zugleich, wenn er sich ganz durchschaut,
Wenn er auf sich und seinen Stamm vertraut;
Gerettet sind die edlen Teufelsteile,
Der Liebespuk, er wirft sich auf die Haut;
Schon ausgebrannt sind die verruchten Flammen,
Und wie es sich gehört, fluch ich euch allzusammen!
CHOR DER ENGEL. Heilige Gluten!
    Wen sie umschweben,
    Fühlt sich im Leben
    Selig mit Guten.
    Alle vereinigt
    Hebt euch und preist!
    Luft ist gereinigt,
    Atme der Geist!

(Sie erheben sich, Faustens Unsterbliches entführend.)
MEPHISTOPHELES *(sich umsehend).*

11825 Doch wie? – Wo sind sie hingezogen?
Unmündiges Volk, du hast mich überrascht,
Sind mit der Beute himmelwärts entflogen;
Drum haben sie an dieser Gruft genascht!
Mir ist ein großer, einziger Schatz entwendet:
11830 Die hohe Seele, die sich mir verpfändet,
Die haben sie mir pfiffig weggepascht[1].
Bei wem soll ich mich nun beklagen?
Wer schafft mir mein erworbenes Recht?
Du bist getäuscht in deinen alten Tagen,
11835 Du hast's verdient, es geht dir grimmig schlecht.
Ich habe schimpflich missgehandelt,
Ein großer Aufwand, schmählich, ist vertan;[2]
Gemein Gelüst, absurde Liebschaft wandelt
Den ausgepichten Teufel an.
11840 Und hat mit diesem kindisch-tollen Ding
Der Klugerfahrne sich beschäftigt,
So ist fürwahr die Torheit nicht gering,
Die seiner sich am Schluss bemächtigt.

---

[1] weggeschmuggelt
[2] Die Grenzen der Macht Mephistos treten in dieser Szene unmittelbar hervor, sodass seine Zurechtweisung durch den Richtspruch des Herrn (wie ursprünglich geplant war) nicht mehr nötig ist. Mephisto zeigt sich als der geprellte, dummlüsterne Teufel. So notwendig Mephisto als Verneiner im Plan der Welt ist, so beschränkt ist doch seine Rolle. – Bergschluchten: Motive einer legendenhaften Landschaft, wie sie Goethe etwa aus den Fresken des Campo Santo in Pisa kannte. Die Handlung zieht sich in ständigem Steigen nach oben. Vgl. Goethe zu Eckermann (6.6.1831): „Übrigens werden Sie zugeben, dass der Schluss, wo es mit der geretteten Seele nach oben geht, sehr schwer zu machen war, und dass ich, bei so übersinnlichen, kaum zu ahnenden Dingen, mich sehr leicht im Vagen hätte verlieren können, wenn ich nicht meinen poetischen Intentionen durch die scharf umrissenen christlich-kirchlichen Figuren und Vorstellungen eine wohltätig beschränkende Form und Festigkeit gegeben hätte."

Bergschluchten
Wald, Fels, Einöde.
Heilige Anachoreten gebirgauf verteilt,
gelagert zwischen Klüften.

CHOR und ECHO. Waldung, sie schwankt heran,
Felsen, sie lasten dran,
Wurzeln, sie klammern an,
Stamm dicht an Stamm hinan.
Woge nach Woge spritzt,
Höhle, die tiefste, schützt.
Löwen, sie schleichen stumm-
freundlich um uns herum,
Ehren geweihten Ort,
Heiligen Liebeshort.

PATER ECSTATICUS *(auf- und abschwebend).*[1]
Ewiger Wonnebrand,
Glühendes Liebeband,
Siedender Schmerz der Brust,
Schäumende Gotteslust.
Pfeile, durchdringet mich,
Lanzen, bezwinget mich,
Keulen, zerschmettert mich,
Blitze, durchwettert mich!
Dass ja das Nichtige
Alles verflüchtige,
Glänze der Dauerstern,
Ewiger Liebe Kern.

PATER PROFUNDUS *(tiefe Region).*
Wie Felsenabgrund mir zu Füßen
Auf tiefem Abgrund lastend ruht,
Wie tausend Bäche strahlend fließen
Zum grausen Sturz des Schaums der Flut,
Wie strack, mit eignem kräftigen Triebe,

---

[1] Die drei Patres bezeichnen sich steigernde Grade der auf die reinste Liebe gerichteten Betrachtung: exstaticus – der Welt entrückt, verzückt; profundus – tiefempfindend, gedanklich; seraphicus – engelgleich.

>   Der Stamm sich in die Lüfte trägt,
>   So ist es die allmächtige Liebe,
>   Die alles bildet, alles hegt.
>
>   Ist um mich her ein wildes Brausen,
>   Als wogte Wald und Felsengrund,
>   Und doch stürzt, liebevoll im Sausen,
>   Die Wasserfülle sich zum Schlund,
>   Berufen, gleich das Tal zu wässern;
>   Der Blitz, der flammend niederschlug,
>   Die Atmosphäre zu verbessern,
>   Die Gift und Dunst im Busen trug;
>
>   Sind Liebesboten, sie verkünden,
>   Was ewig schaffend uns umwallt.
>   Mein Innres mög es auch entzünden,
>   Wo sich der Geist, verworren, kalt,
>   Verquält in stumpfer Sinne Schranken,
>   Scharf angeschlossnem Kettenschmerz[1].
>   O Gott! Beschwichtige die Gedanken,
>   Erleuchte mein bedürftig Herz!
>
> PATER SERAPHICUS *(mittlere Region)*.
>   Welch ein Morgenwölkchen schwebet
>   Durch der Tannen schwankend Haar!
>   Ahn ich, was im Innern lebet?
>   Es ist junge Geisterschar.
>
> CHOR SELIGER KNABEN.[2]
>   Sag uns, Vater, wo wir wallen,
>   Sag uns, Guter, wer wir sind?
>   Glücklich sind wir, allen, allen
>   Ist das Dasein so gelind.
>
> PATER SERAPHICUS. Knaben! Mitternachts Geborne,
>   Halb erschlossen Geist und Sinn,
>   Für die Eltern gleich Verlorne,
>   Für die Engel zum Gewinn.

---

[1] verursacht durch die Fesseln (Einengung) der Leiblichkeit und der Sinne

[2] Chor der gleich nach der Geburt gestorbenen Knaben. Sie bedürfen der Belehrung, die ihnen Faust geben kann. Sie wiederum sind ihm an Reinheit überlegen. Faust tritt nun in die Seinsform dieses Geisterreiches ein; diese Seinsform ist wechselseitiges Helfen und Belehren.

Dass ein Liebender zugegen,
Fühlt ihr wohl, so naht euch nur;
Doch von schroffen Erdewegen,
Glückliche! Habt ihr keine Spur.
Steigt herab in meiner Augen[1]
Welt- und erdgemäß Organ,
Könnt sie als die euern brauchen,
Schaut euch diese Gegend an!
(Er nimmt sie in sich.)
Das sind Bäume, das sind Felsen,
Wasserstrom, der abestürzt[2],
Und mit ungeheurem Wälzen
Sich den steilen Weg verkürzt.

SELIGE KNABEN *(von innen).*
Das ist mächtig anzuschauen,
Doch zu düster ist der Ort,
Schüttelt uns mit Schreck und Grauen.
Edler, Guter, lass uns fort!

PATER SERAPHICUS. Steigt hinan zu höherm Kreise,
Wachset immer unvermerkt,
Wie, nach ewig reiner Weise,
Gottes Gegenwart verstärkt.
Denn das ist der Geister Nahrung,
Die im freisten Äther waltet:
Ewigen Liebens Offenbarung,
Die zur Seligkeit entfaltet.

CHOR SELIGER KNABEN *(um die höchsten Gipfel kreisend).*
Hände verschlinget
Freudig zum Ringverein,
Regt euch und singet
Heil'ge Gefühle drein!
Göttlich belehret,
Dürft ihr vertrauen;
Den ihr verehret,
Werdet ihr schauen.

ENGEL *(schwebend in der höheren Atmosphäre, Faustens Unsterbliches tragend).* Gerettet ist das edle Glied

---

[1] Symbol der Hilfe, die ein Geist dem andern gibt
[2] mhd. und mundartliche Form – hinabgestürzt

11935 Der Geisterwelt vom Bösen:
"Wer immer strebend sich bemüht,
Den können wir erlösen."[1]
Und hat an ihm die Liebe gar
Von oben teilgenommen,
11940 Begegnet ihm die selige Schar
Mit herzlichem Willkommen.

DIE JÜNGEREN ENGEL. Jene Rosen aus den Händen
Liebend-heiliger Büßerinnen
Halfen uns den Sieg gewinnen,
11945 Uns das hohe Werk vollenden,
Diesen Seelenschatz erbeuten.
Böse wichen, als wir streuten,
Teufel flohen, als wir trafen.
Statt gewohnter Höllenstrafen
11950 Fühlten Liebesqual die Geister;
Selbst der alte Satansmeister
War von spitzer Pein durchdrungen.
Jauchzet auf! Es ist gelungen.

DIE VOLLENDETEREN ENGEL. Uns bleibt ein Erdenrest
11955 Zu tragen peinlich,
Und wär er von Asbest,
Er ist nicht reinlich.
Wenn starke Geisteskraft
Die Elemente
11960 An sich herangerafft,
Kein Engel trennte
Geeinte Zwienatur[2]
Der innigen beiden,
Die ewige Liebe nur
11965 Vermag's zu scheiden.

---

[1] Goethe zu Eckermann (6.6.1831): "In diesen Versen ist der Schlüssel zu Fausts Rettung enthalten: in Faust selbst eine immer höhere und reinere Tätigkeit bis ans Ende, und von oben die ihm zu Hilfe kommende ewige Liebe. Es steht dieses mit unserer religiösen Vorstellung durchaus in Harmonie, nach welcher wir nicht bloß durch eigene Kraft selig werden, sondern durch die hinzukommende göttliche Gnade." Vgl. V. 309 und 317.

[2] Wesen aus Körper (Stoff) und Geist.

DIE JÜNGEREN ENGEL. Nebelnd um Felsenhöh
    Spür ich soeben,
    Regend sich in der Näh,
    Ein Geisterleben.
    Die Wölkchen werden klar,
    Ich seh bewegte Schar
    Seliger Knaben,
    Los von der Erde Druck,
    Im Kreis gesellt,
    Die sich erlaben
    Am neuen Lenz und Schmuck
    Der obern Welt.
    Sei er zum Anbeginn,
    Steigendem Vollgewinn
    Diesen gesellt!
DIE SELIGEN KNABEN. Freudig empfangen wir
    Diesen im Puppenstand;
    Also erlangen wir
    Englisches Unterpfand.
    Löset die Flocken los,
    Die ihn umgeben!
    Schon ist er schön und groß
    Von heiligem Leben.
DOCTOR MARIANUS[1] *(in der höchsten, reinlichsten Zelle).*
    Hier ist die Aussicht frei,
    Der Geist erhoben.
    Dort ziehen Fraun vorbei,
    Schwebend nach oben.
    Die Herrliche mitteninn
    Im Sternenkranze,
    Die Himmelskönigin,
    Ich seh's am Glanze.
    (Entzückt.)
    Höchste Herrscherin der Welt!
    Lasse mich im blauen,
    Ausgespannten Himmelszelt

---

[1] Künder der Marienverehrung, der höchsten Liebeserkenntnis; wie die drei Patres kein bestimmter Mensch, sondern ein Sinnbild

Dein Geheimnis[1] schauen.
Billige, was des Mannes Brust
Ernst und zart beweget
Und mit heiliger Liebeslust
Dir entgegenträget.

Unbezwinglich unser Mut,
Wenn du hehr gebietest;
Plötzlich mildert sich die Glut,
Wie du uns befriedest.
Jungfrau, rein im schönsten Sinn,
Mutter, Ehren würdig,
Uns erwählte Königin,
Göttern ebenbürtig.

Um sie verschlingen
Sich leichte Wölkchen,
Sind Büßerinnen,
Ein zartes Völkchen,
Um ihre Knie
Den Äther schlürfend,
Gnade bedürfend.

Dir, der Unberührbaren,
Ist es nicht benommen,
Dass die leicht Verführbaren
Traulich zu dir kommen.

In die Schwachheit hingerafft,
Sind sie schwer zu retten;
Wer zerreißt aus eigner Kraft
Der Gelüste Ketten?
Wie entgleitet schnell der Fuß
Schiefem, glattem Boden?
Wen betört nicht Blick und Gruß,
Schmeichelhafter Odem?

---

[1] Jungfrau – Mutter – Königin (Steigerung ihres Frauentums ins Göttliche). Vgl. 12009–12012

Mater Gloriosa schwebt einher.

CHOR DER BÜSSERINNEN. Du schwebst zu Höhen
           Der ewigen Reiche,
           Vernimm das Flehen,
12035   Du Ohnegleiche,
           Du Gnadenreiche!
MAGNA PECCATRIX[1] *(St. Lucae VII,36).*
           Bei der Liebe, die den Füßen
           Deines gottverklärten Sohnes
           Tränen ließ zum Balsam fließen,
12040   Trotz des Pharisäerhohnes;
           Beim Gefäße, das so reichlich
           Tropfte Wohlgeruch hernieder,
           Bei den Locken, die so weichlich
           Trockneten die heil'gen Glieder –
MULIER SAMARITANA[2] *(St. Joh. IV).*
12045   Bei dem Bronn, zu dem schon weiland
           Abram ließ die Herde führen,
           Bei dem Eimer, der dem Heiland
           Kühl die Lippe durft berühren;
           Bei der reinen, reichen Quelle,
12050   Die nun dorther sich ergießet,
           Überflüssig, ewig helle
           Rings durch alle Welten fließet –
MARIA AEGYPTIACA[3] *(Acta Sanctorum).*
           Bei dem hoch geweihten Orte,
           Wo den Herrn man niederließ,
12055   Bei dem Arm, der von der Pforte
           Warnend mich zurücke stieß;
           Bei der vierzigjährigen Buße,
           Der ich treu in Wüsten blieb,
           Bei dem seligen Scheidegruße,
12060   Den im Sand ich niederschrieb –

---

[1] große Sünderin
[2] Samariterin
[3] Maria von Ägypten: nicht die biblische Maria, sondern aus der Acta sanctorum (Taten der Heiligen)

ZU DREI. Die du großen Sünderinnen
Deine Nähe nicht verweigerst
Und ein büßendes Gewinnen
In die Ewigkeiten steigerst,
12065 Gönn auch dieser guten Seele,
Die sich einmal nur vergessen,
Die nicht ahnte, dass sie fehle,
Dein Verzeihen angemessen!
UNA POENITENTIUM[1] (*sonst Gretchen genannt, sich anschmiegend*).
Neige, Neige,
12070 Du Ohnegleiche,
Du Strahlenreiche,
Dein Antlitz gnädig meinem Glück!
Der früh Geliebte,
Nicht mehr Getrübte,
12075 Er kommt zurück.
SELIGE KNABEN (*in Kreisbewegung sich nähernd*).
Er überwächst uns schon
An mächtigen Gliedern,
Wird treuer Pflege Lohn
Reichlich erwidern.
12080 Wir wurden früh entfernt
Von Lebechören[2];
Doch dieser hat gelernt,
Er wird uns lehren.
DIE EINE BÜSSERIN (*sonst Gretchen genannt*).
Vom edlen Geisterchor umgeben,
12085 Wird sich der Neue kaum gewahr,
Er ahnet kaum das frische Leben,
So gleicht er schon der heiligen Schar.
Sieh! Wie er jedem Erdenbande
Der alten Hülle sich entrafft,
12090 Und aus ätherischem Gewande
Hervortritt erste Jugendkraft.
Vergönne mir, ihn zu belehren,
Noch blendet ihn der neue Tag.

---

[1] eine Büßerin; „sonst Gretchen genannt" fügt Goethe nachträglich in die Handschrift ein
[2] Gemeinschaft der Lebendigen

MATER GLORIOSA.
>Komm! Hebe dich zu höhern Sphären!
>Wenn er dich ahnet, folgt er nach.

DOCTOR MARIANUS *(auf dem Angesicht anbetend).*
>Blicket auf zum Retterblick,
>Alle reuig Zarten,[1]
>Euch zu seligem Geschick
>Dankend umzuarten.
>Werde jeder bessre Sinn
>Dir zum Dienst erbötig;
>Jungfrau, Mutter, Königin,
>Göttin, bleibe gnädig!

CHORUS MYSTICUS. Alles Vergängliche
>Ist nur ein Gleichnis[2];
>Das Unzulängliche[3],
>Hier wird's Ereignis;
>Das Unbeschreibliche,
>Hier ist's getan;
>Das Ewig-Weibliche[4]
>Zieht uns hinan.

Finis.

---

[1] alle zarten Seelen, die Reue empfinden (fast das einzige Mal, dass mit deutlicher Beziehung auf Faust von Reue gesprochen wird)
[2] Abbild, Sinnbild, „farbiger Abglanz"
[3] das, was nicht erlangt werden kann
[4] Sinnbild einer von irdischem Begehren entlasteten, verzeihenden und läuternden Liebe, im irdischen Bereich verwirklicht von Gretchen, in überirdischem Glanz dargestellt von Maria

5. Eine Szene analysieren – Tipps und Techniken

Ein gewichtiger Teil der Arbeit an dem Drama wird für Sie darin bestehen, einzelne Szenen zu analysieren, d. h. zu beschreiben und zu deuten, und die Ergebnisse in einem Text zusammenzufassen. Im Folgenden erhalten Sie einige Tipps, wie Sie dabei sinnvoll vorgehen können und wie eine Textanalyse aufgebaut werden kann.

1. Vorarbeiten

Lesen Sie die entsprechende Textstelle sorgfältig durch und markieren Sie alle Auffälligkeiten, z. B. sprachliche Besonderheiten, Bezüge zu Textstellen, die Sie bereits bearbeitet haben, mögliche Untersuchungsgesichtspunkte, Deutungsansätze. Markieren Sie nach Möglichkeit mit unterschiedlichen Farben oder unterschiedlichen Unterstreichungen (durchgezogene Linie, Wellenlinie, gestrichelte Linie ...).

2. Auswahl einer geeigneten Analysemethode

Texte können auf unterschiedliche Weise analysiert werden, im Wesentlichen geht es dabei um zwei Methoden:

---

a) Die Linearanalyse:

Der Text wird von oben nach unten bzw. vom Beginn bis zum Ende bearbeitet. Dabei geht man nicht Satz für Satz vor, sondern kennzeichnet zunächst den Aufbau des Textes und bearbeitet die einzelnen Abschnitte nacheinander. Der Vorteil dieser Methode besteht darin, dass ein Text sehr detailliert und genau bearbeitet wird. Vor allem bei kürzeren Auszügen ist diese Analysemethode zu empfehlen.

Man kann sich jedoch auch im Detail verlieren und die eigentlichen Deutungsschwerpunkte zu sehr in den Hintergrund drängen und den Zusammenhang aus dem Auge verlieren, wenn man zu kleinschrittig vorgeht.

> b) Die aspektgeleitete Analyse:
>
> Der Schreiber bzw. die Schreiberin legt vorab bestimmte Untersuchungsaspekte fest und arbeitet diese nacheinander am Text ab. Der Vorteil dieser Methode besteht darin, dass der eigene Text einen klaren Aufbau erhält und der Leser/die Leserin von Beginn an auf die Untersuchungsaspekte hingewiesen werden kann.
>
> Ein Nachteil kann darin bestehen, dass einige Deutungsaspekte, die als nicht so gewichtig angesehen werden, unter den Tisch fallen.

3. Der Aufbau einer Linearanalyse

1. Einleitung: Hinweise auf den Text geben, aus dem die Szene stammt; evtl. über den historischen Hintergrund informieren; Ort, Zeit und Personen der zu behandelnden Szene angeben, kurze Inhaltsübersicht darbieten
2. Einordnung der Szene in den inhaltlichen Zusammenhang (Was geschieht vorher, was nachher?)
3. Zusammenfassende Aussagen zum inhaltlichen Aufbau, zu den Textabschnitten (kann auch in den folgenden Teil einfließen)
4. Genaue Beschreibung und Deutung der Textabschnitte
   – Aussage zum Inhalt des jeweiligen Abschnitts
   – Aussagen zur Deutung, evtl. auch Einordnung der Deutungen in den Gesamtzusammenhang des Dramas (s. auch Schlussteil)
   – Aussagen zur sprachlichen Gestaltung als Beleg für die Deutungen
   – Überleitung zum nächsten Textabschnitt
5. Schlussteil: Zusammenfassung der Analyseergebnisse, Einordnung der Analyseergebnisse in den Gesamtzusammenhang des Dramas und in den zeitgeschichtlichen Hintergrund (falls nicht im Rahmen der Linearanalyse erfolgt), persönliche Wertungen ...

4. Der Aufbau einer aspektgeleiteten Analyse

Die zuvor aufgelisteten Punkte 1., 2. und 5. gelten auch für diese Analysemethode. Es ändern sich die Punkte 3. und 4.:

3. Kennzeichnung der Aspekte im Überblick, die im Folgenden detailliert am Text untersucht werden sollen
4. Analyse des Textes entsprechend den zuvor genannten Schwerpunkten
   - Nennen des Untersuchungsaspekts
   - Kennzeichnung des inhaltlichen Zusammenhangs, in dem er relevant ist
   - Aussagen zur Deutung
   - Aussagen zur sprachlichen Gestaltung als Beleg für die Deutungen

5. Auch das sind wichtige Tipps für eine Szenenanalyse

- Vergessen Sie bei dramatischen Texten nicht, die Regieanweisungen in die Analyse einzubeziehen.
- Beachten Sie, wie die Dialogpartner miteinander sprechen, welche Gesten sie vollführen und welche Beziehung sie zueinander verdeutlichen.
- Belegen Sie Ihre Deutungsaussagen mit dem Wortmaterial des Textes. Verweisen Sie entweder auf sprachliche Besonderheiten oder arbeiten Sie mit Zitaten.
- Bauen Sie Zitate korrekt in Ihren eigenen Satzbau ein oder arbeiten Sie mit Redeeinleitungen. Vergessen Sie nicht, die Fundstelle anzugeben. Beispiel: Mit der Frage „Kennst du den Faust?" (V. 299) erhält der Dialog zwischen dem Herrn und Mephisto eine neue Richtung. Spöttisch erwidert Mephisto: „Fürwahr! Er dient Euch auf besondere Weise." (V. 300).
- Verwenden Sie für die Beschreibung des Wortmaterials die entsprechenden Fachausdrücke (Wortarten, Satzglieder, rhetorische Figuren ...)
- Schreiben Sie im Zusammenhang. Verlieren Sie den „roten Faden" nicht aus dem Auge. Folgt ein neuer Gesichtspunkt, formulieren Sie nach Möglichkeit eine Überleitung.
- Machen Sie die gedankliche Gliederung Ihres Textes auch äußerlich durch Absätze deutlich.

6. Wichtige rhetorische Figuren

Rhetorische Figuren sind Stilmittel, die in der Verssprache mit der Absicht eingesetzt werden, der Sprache eine „stilisierte" Knappheit und Konzentration zu geben, sodass mit einem Minimum an sprachlichen Zeichen ein Maximum an Wirkung erzielt wird.

Die folgende Tabelle führt die wichtigsten rhetorischen Figuren auf und erläutert diese mit Beispielen aus der Szene (3) „Prolog im Himmel" bzw. dem unmittelbaren Kontext dieser Szene.

Rhetorische Figur	Erklärung	Beispiel
Alliteration	Zwei oder mehrere Wörter in unmittelbarer Nähe beginnen mit demselben betonten Anlaut.	„Nur tierischer als jedes Tier zu sein." (V. 286)
Anapher	Mehrere Zeilen oder Sätze beginnen mit demselben Wort.	„Und von der Erde jede höchste Lust, / Und alle Näh und alle Ferne" (V. 305)
Antithese, Antitheon	Gegensätzliche Begriffe oder Gedanken werden gegenübergestellt.	„Staub soll er fressen, und mit Lust" (V. 334; auch V. 353)
Asyndeton	Wörter oder Wortgruppen stehen unverbunden nebeneinander.	„Zwar bin ich gescheiter als alle die Laffen, Doktoren, Magister, Schreiber und Pfaffen" (V. 366 f.; auch V. 236–238)
Bild	Dieser Begriff fasst die Ausdrucksweisen	

Rhetorische Figur	Erklärung	Beispiel
	bildhaften, übertragenen Sprechens zusammen: Symbol, Metapher, Personifikation, Vergleich	
Chiasmus	Jeweils zwei Wörter werden kreuzweise gegenübergestellt.	„Vom Meer aufs Land, vom Land aufs Meer" (V. 260)
Correctio	Ein Sprecher oder eine Sprecherin berichtigt sich während des Vortrags selbst.	„Welch Schauspiel! Aber ach! Ein Schauspiel nur!" (V. 454)
Ellipse	Darunter versteht man einen Satz, der nicht vollständig ist.	„Kennst du den Faust? / Den Doktor? / Meinen Knecht! (V. 299)
Euphemismus	Das Negative eines Sachverhalts wird durch positive Bezeichnungen verhüllt oder beschönigt.	„Der kleine Gott der Welt ..." statt geplagter und wunderlicher Mensch (V. 281)
Hyperbel	Übertreibung, Übersteigerung	„Vollendet sie mit Donnergang" (V. 246)
Inversion	Die übliche Wortfolge wird verändert.	„Es möchte kein Hund so länger leben!" (V. 376)
Ironie	Der Sprecher, die Sprecherin meint das Gegenteil des Gesagten.	„Die Menschen dauern mich in ihren Jammertagen, / Ich mag sogar die Armen selbst nicht plagen." (V. 297f.)

Rhetorische Figur	Erklärung	Beispiel
Klimax	Eine Reihe von Ausdrücken wird in steigernder Anordnung gebraucht.	„Und schnell und unbegreiflich schnelle" (V. 251; auch V. 360 mit Parallelismus und Ellipse)
Litotes	Die Bedeutung eines Sachverhalts wird durch die Verneinung seines Gegenteils gesteigert.	„Nicht irdisch ist des Toren Trank noch Speise." (statt: „himmlisch" ist ...; V. 301)
Metapher	Ein Wort wird aus den Bedeutungszusammenhängen des vertrauten Sprachgebrauchs gelöst und in andere Zusammenhänge so eingeordnet, dass es eine neue Bedeutung erhält.	„Vom Himmel fordert er die schönsten Sterne" (V. 304)
Parallelismus	In aufeinanderfolgenden Sätzen werden die Satzglieder in gleicher Weise angeordnet.	„Bilde mir nicht ein, was Rechts zu wissen, / Bilde mir nicht ein, ich könnte was lehren" (V. 371 f. mit Anapher)
Personifikation	Abstrakten Begriffen, unbelebten Erscheinungen, Tieren und Pflanzen werden Eigenschaften oder Verhaltensweisen zugeordnet, die nur Personen zukommen.	„O sähst du, voller Mondenschein, / Zum letzten Mal auf meine Pein" (V. 386 f.)

Rhetorische Figur	Erklärung	Beispiel
Rhetorische Frage	Ein Sprecher/eine Sprecherin setzt durch eine Scheinfrage, die eine nachdrückliche Aussage enthält, die Zustimmung des Zuhörers als gegeben voraus. Eine Antwort wird nicht erwartet.	„Hast du mir weiter nichts zu sagen? / Kommst du nur immer anzuklagen? / Ist auf der Erde ewig dir nichts recht?" (V. 293–295)
Symbol	Ein konkreter Gegenstand wird als Träger eines allgemeinen Sinnzusammenhangs gesetzt.	Die Sonne in den Versen 243–250 steht für die Unbegreiflichkeit der Werke Gottes.
Vergleich	Durch *wie, so – wie, als ob* u. Ä. wird eine Beziehung zwischen zwei Bereichen hergestellt, zwischen denen eine Gemeinsamkeit besteht.	„Er scheint mir, mit Verlaub von Euer Gnaden, / Wie eine der langbeinigen Zikaden" (V. 287 f.)
Wortwiederholung	Wiederholung einzelner oder mehrerer Worte in unmittelbarer Nähe	„Mein Pathos brächte dich gewiss zum Lachen, / Hättst du dir nicht das Lachen abgewöhnt." (V. 277 f.)